跨界主播

CROSSOVER
LIVESTREAMERS

谢蕾 —— 著

四川人民出版社

图书在版编目（CIP）数据

跨界主播 / 谢蕾著. -- 成都：四川人民出版社，2025.8. -- ISBN 978-7-220-13858-4

Ⅰ．G222.2-39

中国国家版本馆 CIP 数据核字第 20247BH730 号

KUAJIE ZHUBO
跨界主播
谢蕾 著

责任编辑	杨　立
装帧设计	张迪茗
责任校对	蒋东雪
责任印制	周　奇
封面设计	张迪茗
出版发行	四川人民出版社（成都市锦江区三色路238号）
网　　址	http://www.scpph.com
E-mail	scrmcbs@sina.com
新浪微博	@四川人民出版社
微信公众号	四川人民出版社
发行部业务电话	（028）86361653　86361656
防盗版举报电话	（028）86361653
照　　排	⊙四川看熊猫杂志有限公司
印　　刷	四川机投印务有限公司
经　　销	新华文轩出版传媒股份有限公司
成品尺寸	170mm×240mm
印　　张	19.25
字　　数	281 千字
版　　次	2025 年 8 月第 1 版
印　　次	2025 年 8 月第 1 次印刷
书　　号	ISBN 978-7-220-13858-4
定　　价	59.80 元

■版权所有·侵权必究

本书若出现印装质量问题，请与我社发行部联系调换
电话：（028）86361656

自序

有人说：这是一个跨界打劫的时代，你不跨界，就有人跨界打劫你。

二十年前，电视在大众媒体中的头牌地位还固若金汤；十年前，电视媒体面对新媒体冲击还自诩有直播优势。很快，网络直播瞬间将其击破。"不管你是谁，不管你从事何种职业，也不管你身处何方，只要你愿意，在网络世界你都可以成为一名主播！""主播"这个在传统媒体时代专业、令人羡慕的职业，被普通民众轻松替代。作者第一次得知互联网上有"主播"这一职业，且月收入比许多传统媒体资深的新闻主播的年收入还高时，惊问："他们干什么呢？"答案是："在网上与人聊天、唱歌、跳舞、展示才艺……""凭什么叫'主播'？"传统媒体时代，播音员、主持人要想担任"主播"，需要经过多年专业学习、一线岗位磨炼、层层严格筛选……"主播"一词，岂能给没有经过播音专业训练的普通人随便冠用？

一觉醒来，天下大变。移动互联网时代的媒介传播权已层层下放，网络则成为人们接收信息的重要渠道。这个展现自我、张扬个性的时代——网络直播从最初的青涩逐渐成熟，迎来当今的火爆：全民直播时代来临。赶上这个时代，是我们的幸运。

本书的写作，历经2020—2023年新冠疫情暴发的三年。彼时，智能手机功能强大而完善，万里之外的世界已不再遥远。手机连接友情、丰富生活。在互联网"云"端，宅在家中看世界：网络直播授课、惬意"追剧"、紧张的网络游戏、诱人的吃播……直播内容可谓"乱花渐欲迷人眼"。电商直播模式全面爆发，"直播+电商"的新零售业态加速兴起，极大地影响了人们的消费方式，成为当下炙手可热的流量新风口。国内外社交、电商、短视

频平台纷纷加入跨界直播行业，越来越多的影视明星、网红、企业家、领导干部等跨界加入网络直播和电商行业。

"跨界"打破了既往传统媒体固有边界，让不同文化、理念和思想碰撞出更多耀眼的火花。中国电视行业曾在蓬勃之时，就出现过一批新的主持人群体——跨界主持人。律师、学者、歌手等非主持界人士跨界到主持行业，以自身的专业优势在新岗位开创一片天地；他们不仅仅是信息传递者或综艺晚会串联人，还会发表评论和表达态度，以及调动节目氛围，让观众感到快乐和愉悦。

而网络直播时代出现的"跨界主播"，除了具备网络主播的特性之外，还可以借助直播平台传播科学知识、分享专业内容；让原本毫不相干甚至矛盾、对立的元素擦出火花产生创意，使主持特质和生产内容达到契合——以提升网络直播内容的整体质量和可看性，满足用户快速娱乐以及不同形式的精神需要。

跨界主播是内容生产者，需要多元能力的融合。"电视机和网络达到传播目的，一切以娱乐的方式出现，最后，成为娱乐至死的物种。"这是美国批评家尼尔·波兹曼在20世纪80年代发表的《娱乐至死》中，对几十年后的今天全民直播时代的预言。用户需求越多，对跨界主播的要求就越高。一方面，跨界主播用最直观的形式传递信息，极大增强传播效果；另一方面，他们没有经过系统训练，主持经验欠缺、语言规范亟待提高。直播行业野蛮生长过后，渐渐回归理性、精耕细作。既有新东方董宇辉为代表的知识型主播在直播间大放异彩，也有大批行业精英进入直播领域。而跨界主播的个人综合素养，决定能否在网络世界的激烈竞争中脱颖而出。本书写作中，通过对顶流跨界主播的深入研究，越发感受到跨界主播系统学习的复杂性：从网红经济学、播音主持学，到网络素养、行业规范、法律法规，以及个人专业技能，无一不需要掌握和实践。做优质主播，多学科交叉融合至关重要。

"天下大势，浩浩荡荡，顺之者昌，逆之者亡。"当下，传统媒体人已清醒地认识到这一点并积极跨界转型，成为移动直播市场的生力军。他们拥有丰富的内容制作经验和较高的内容敏感度，可以生产出大量优质内容。我们发现，传统媒体的播音员、主持人和记者，纷纷积极进驻抖音、快手等短视频平台，发挥专业优势，制作优质内容，为用户带来更好的观看体验。2021年末，又一个熟悉的身影出现在抖音里，他就是已退休的中央电视台《新闻联播》的主持人张宏民。他在抖音（账号为@张宏民）的第一条短视频里说道："让我们重新认识一下，你好！我是张宏民！"截至2023年底，越来越多已退休和在职的同行进驻网络直播平台。此刻，作为一名从事新闻播音主持工作35年的新闻播音员、主持人，我心情愉悦。在我眼中，人类的生命正被一张无形的、巨大的网络包裹和连接；传统媒体人面前，敞开一扇全新的大门。通过新媒体平台，我们可以突破时空和年龄的限制，延续播音员和主持人的职业生涯……

在那里，你想做的一切，都可以。

2024年10月

谢蕾

目录

第一章 跨界"打劫"进行时

一、跨界融合"触角"无所不及 / 002

（一）跨界竞争，醒得越慢死得越快 / 003

（二）跨界"打劫"来者何人 / 005

（三）互联网跨界"打劫"，传统媒体行业巨变 / 006

（四）"互联网+"时代，大众生活"旧貌换新颜" / 012

二、跨界主持演变 / 015

（一）由明星跨界主持到"草根"跨界主持 / 015

（二）传统媒体主持人跨界新媒体 / 018

第二章 跨界主播前世今生

一、常见主播类型 / 025

（一）新闻主播 / 026

（二）网络主播 / 027

（三）网络节目主播 / 031

（四）户外主播 / 034

（五）其他主播 / 034

二、跨界主播"C"位出道 / 034

（一）"干部主播"助推经济发展 / 035

　　（二）"云概念"主播 / 044

　　（三）"专业"跨界主播，跨界更专业 / 049

第三章　跨界主播优劣势

一、跨界主播长板——"专业"为王 / 060

　　（一）直播内容专业性强 / 060

　　（二）锁定目标用户群体 / 064

　　（三）强大的专业知识背景 / 067

　　（四）"本色化"出镜接地气 / 071

二、跨界主播短板——成于"专业"、败于"专业" / 073

　　（一）语言表达为直播主要障碍 / 073

　　（二）直播呈现缺乏专业性 / 077

　　（三）沟通技能欠缺 / 080

　　（四）"出镜"意识不佳 / 082

第四章　跨界主播核心竞争力

一、跨界主播的"准入门槛" / 085

　　（一）拥有内容创造力 / 085

　　（二）富有激情和感染力 / 091

二、心理抗压能力锻造方法 / 104

　　（一）如何保持乐观自信 / 106

　　（二）如何处理负面信息 / 109

　　（三）如何应对挫折打击 / 113

三、优质主播的必备技能 / 116

　　（一）打造不可替代性 / 116

（二）规范语言表达 / 121

（三）运用倾听能力 / 132

第五章　跨界主播的"网感"培养三要素

一、跨界主播网络行为培养 / 142

（一）规范个人行为 / 143

（二）具备正能量 / 151

（三）强化信息辨识能力 / 156

（四）提升人文素养，拥有人文关怀精神 / 161

二、成为具备"网感"的跨界主播 / 165

（一）"网感"的重要性 / 165

（二）"网感"的核心要素 / 171

（三）"网感"的培养 / 175

第六章　跨界直播全流程设计

一、直播间"前台"要素 / 180

（一）构建优质的网络形象 / 181

（二）获取用户依赖感 / 191

二、跨界主播个性化塑造 / 196

（一）善用"金句" / 197

（二）掌握网络热门语言 / 203

（三）"微时代"擅讲"微故事" / 208

三、直播间吸"粉"三大核心要素 / 218

（一）专业化的直播设计 / 219

（二）擅用"借势"传播 / 225

（三）牢牢吸引"Z世代" / 230

四、直播全流程筹备要点 / 236

　　（一）直播前：不打无准备之仗 / 236

　　（二）直播中：家中有粮，心中不慌 / 241

　　（三）直播后：总结经验，及时复盘 / 243

第七章　跨界直播行业趋势分析

一、5G时代跨界直播行业新特征 / 247

　　（一）跨界直播范围更广 / 248

　　（二）直播更具随意性和生活化 / 250

　　（三）跨界主播队伍愈加庞大 / 251

　　（四）职业要求更趋于专业和规范 / 254

　　（五）跨界融合主播"破壁出圈" / 256

二、语用技能决定跨界主播的职业生涯 / 263

　　（一）艺术性地分享直播内容 / 264

　　（二）精准化展示直播内容 / 276

三、如何寻找优质内容 / 281

　　（一）优质内容是稀缺资源 / 283

　　（二）掌握新媒体技能 / 286

　　（三）直播间"双向话语权" / 290

Chapter I

第一章

跨界"打劫"进行时

进入 2022 年，人类来到了大数据、物联网、人工智能时代。网络普及程度加深，带宽流量资费降低；智能手机的普及，使得人们对移动媒体的使用频率大大增加。人们的一切生活行为，如出行、购物、娱乐、吃饭、看病、支付方式、语音和视频聊天，几乎所有的最普通的生活行为，都可通过移动互联网和智能手机来实现，这已成为每个人的生活常态。如今，出门不带手机，真是"寸步难行"了。随着互联网技术革命的不断发展，传统行业正在被改造，而且速度越来越快！5G 的使用，"互联网+"、人工智能，一个大规模的变革正在来临。透过裂开的门缝，窥视这分分合合的世界，行业界限被打破，创新正在从一个领域进入另一个领域。过去界限清晰的传统行业，被逐一击破，取而代之的是更方便、更快捷、更关联的新模式。人们纷纷走出家庭和办公室，通过互联网的平台，进入一个更为广阔的社交需求时代。业界人士分析，互联网作为单个产业发展的生存状态最终会消失，互联网、移动互联网带来的跨界浪潮正以前所未有之势颠覆传统行业。未来所有的产业都将会互联网化，而"跨界"在其中所起的作用至关重要，因为它的

延伸和发展将抹平几乎所有的壁垒和边界。

何为"跨界"?"跨"指跨越,"界"指界限。跨界,简而言之就是指跨越界限。21世纪的跨界是一种基于互联网的社会性结构,它没有边界,无所不在。跨界的本质是连接和创新,跨界的最终形态是无界。面对着日益变革的"跨界时代",不同行业之间跨界合作模式已如雨后春笋般崛起,其所产生的效应是为实现"1+1>2"。而多元化的跨界,是为了满足公众的各种需求。

一 跨界融合"触角"无所不及

有这样一则小故事:某老板开了一家花店,本意是专门提供花卉园林的设计服务和花艺的教学服务。后来又加上了提供咖啡的项目,当用户去店里学花艺课程的时候,可以获得免费的咖啡和点心。这还不够,老板还经常举办一些花艺作品签名活动,把店铺当作一个平台来经营,只要是用户喜欢的,与用户相关的项目都可以开展。接下来老板又突发奇想地卖起了燕窝。因为喜欢花艺、喜欢喝咖啡的用户,都是一些有消费能力的中高端客户,这些客户又非常注重保养。而老板的玩法是:"1元钱吃燕窝!"这对用户来说肯定有吸引力。当然,这是有条件的,需要用户在该店消费满139元才可以享受该服务。燕窝本身价格较高,只需要额外加1元钱就可以获得,对于用户来说吸引力很大;对于商家来说,不仅可以刺激用户消费,还有利润。因而我们看到这样一个有趣的场景:一个鲜花店的门口挂上了"1元钱吃燕窝"的赚足眼球的广告牌。通过这种活动,不但可以顺利地把之前仅仅前来买鲜花、学花艺的老客户嫁接到消费燕窝;还通过燕窝的品类来增加后续消费,吸引新客户。于是乎,同行一年从一个客户处可能只能盈利500元,而这位老板一年可能从一个客户处盈利2000元!用同样的客户资源,相差无几的运营平台,跨界经营使得实体店的价值最大化。在互联网技术革命的今天,这已不是个别案例和个别现象。

如果有一天,你路过清晨6点的农贸市场,看到一位卖菜的农村大妈开着手机直播，介绍今天市场上的大葱如何新鲜；或是一家火锅店里鲜花生意异常火爆，你大可不必为此惊讶——跨界融合的触角已经深入大众生活的各个层面。每一个行业都在进行着整合、交叉、渗透。《今日头条》不再是一个仅仅提供新闻资讯的平台。你还能在该平台上学做菜、种花、健身，还能刷短视频，"顺便"被某广告链接到某电商平台购物。微博、微信也不再是一个交友聊天的社交平台，还具有医疗健康、生活缴费、保险服务以及覆盖广阔的第三方服务等功能。任何人在微信中建立一个"群"，将亲朋好友拉进来，大家就可以"拼团"去购买价廉物美的商品……这就是互联网对传统行业壁垒的颠覆之势！跨界时代是变革的时代，是体验也是趋势。

（一）跨界竞争，醒得越慢死得越快

"跨界竞争"被誉为当下最激烈的竞争之一！网上有句流行语："你不跨界，就有人跨界打劫你！"面对互联网改造传统行业的浪潮，如果不提前建立躲避灾难的"巢穴"，就可能被时代无情抛弃！不知是否还有人记得"柯达的葬礼"？20世纪七八十年代，美国柯达公司几乎一统摄影江湖，其生产的柯达牌胶卷占据了胶卷时代全球三分之二的市场份额，鼎盛时期拥有全球超过14.5万名员工。柯达，曾是胶卷行业的代名词，在人们心目中似乎是永不落幕的品牌。然而，短短数年间，它却因为没有赶上创新的浪潮，面对新技术的出现和应用反应迟钝，错失转型的最佳时期，被时代无情地淘汰。早在1975年，柯达发明了第一台数码相机，其进入数字摄影行业并不晚，甚至是数字摄影技术的发明者；1991年柯达就与尼康合作推出了一款专业级数码相机。但与其竞争对手富士和奥林巴斯相比，柯达的动作似乎太慢了！当日系数码相机品牌整体崛起时，柯达仍然把主要精力放在传统模拟相机胶卷生意上，导致2002年柯达产品数字化率只有25%左右，而竞争对手富士胶片已达到60%。柯达将大量资金用于传统胶片工厂生产线和冲印店设备的低水平简单重复投资，挤占了对数字技术和市场的投资，增大了退出及更新成本，使公司"船大难掉头"。有关资料显示，2002年年底，仅柯达彩印店在中国的数量就达到8000多家，这些数量庞大的传统店铺正是柯达战

略转型的包袱。当 2003 年柯达宣布全面进军数码产业时,佳能、富士等日本品牌已占据了数码影像的龙头地位。沉湎成就酿危机,在经历近 10 年纠结艰辛的转型后,这个曾经的"黄色巨人"在固执和傲慢中倒下,柯达就此错失了一个时代。

无论企业还是个人,缺乏前行的动力,坐享已有的成绩,都将错失宝贵的机会而被时代淘汰。作为电信三大巨头中国联通、中国移动和中国电信,做梦都没想到,马化腾用一个免费的微信软件,就把运营商舒舒服服收了十几年的通信和短信费市场搅了个天翻地覆。截至 2022 年 3 月 31 日,微信及 WeChat 的月活跃账户 12.9 亿[1],可以免费发文字消息、语音消息,还可以视频通话,直接撼动了中国移动、中国电信和中国联通的地位。在移动互联网时代,无论是互联网企业还是传统企业都要积极地突破思维束缚,打破边界,才能加快产业之间的融合速度。如今,智能应用等数字产品和智能硬件得到了高速发展,新技术支持下的新产品之间形成了良性互动,为扩大互联网市场用户的需求提供了十分重要的帮助,也加快了互联网产业的跨界融合速度。

同样被跨界打劫的中国移动通信集团(以下简称"中移")迅速醒来,2019 年 12 月 3 日,中国移动终端有限公司发布中国移动数字化供应链公共服务平台(M-IoT 平台),推出"出入库、运配、签收、冷链"四类数字化解决方案,升级数字仓库、透明在途、安全签收等管理功能。该平台的建设,标志着中移物流供应链向数字化转型升级。[2] 中移物流在 2017 年正式成立,承接中国移动的物流业务,属于一家物流企业。2018 年,中移物流获评 4A 级物流企业认证,并正式发布"中移物流合作伙伴计划"(CMLP),顺丰、中国邮政、DHL、京东、中通快递、神州数码、鸿讯物流、品骏控股等

---

1. 远洋:《腾讯发布 2022 年一季度财报:营收 1355 亿元同比持平,微信及 WeChat 月活跃账户 12.9 亿》,IT 之家,2022-05-18,https://www.ithome.com/0/619/105.htm。
2.《中国移动发布数字化供应链公共服务平台》,21ic 中国电子网,2019-12-06,http://www.chinaaet.com/article/3000111410。

知名企业率先加入。[1] 原来跨界真的无处不在，过去我们认为仅从事通信行业的中国移动，在今天摇身一变，成为拥有遍布31个省（区、市），覆盖高端快递、经济快递、仓储零担、工程物流、国际物流、冷链物流等领域的综合服务提供商。一个做通信业务的企业，把触角伸进物流业，等到物流业大佬惊醒过来，一大块蛋糕被瓜分了。

在移动互联网跨界时代，"隔行如隔山"的观念被彻底从人们的思想中剔除。当下百姓的生活方式已经发生根本性的改变，人类已经无法依靠工业时代的规则来生存发展了。无论个人还是企业，既要在自己熟悉的领域内深耕细作，也不能对其他行业的发展置若罔闻。"跨界时代的人们，不仅要遵循'干一行爱一行'的古训，还要提倡'朝秦暮楚'的思想，否则将来的生存恐怕都会成为一个问题。这个时代，不管是对个人还是企业来说，处处都充满了机遇，处处也充满了残酷的一面。"[2]

（二）跨界"打劫"来者何人

当你和同行的竞争对手打得不可开交的时候，跨界打劫者已经高举"狼牙棒"，躲在一旁伺机出动。最终干掉你的，居然不是竞争对手。阿里的支付宝对传统银行业的冲击，让银行家们寝食难安。网上流行这样的段子："康师傅方便面的竞争对手不是今麦郎，打败速冻食品的是美团、饿了么电商平台。"共享单车的出现不但让许多自行车实体店和修理自行车的小摊直接关门，还跨界打劫了外卖行业。因为共享单车的流行让部分区域的外卖单量下跌，用户更愿意选择骑共享单车去下馆子。5公里内，更多的人愿意选择骑共享单车出行，因此对于短距离网约车的使用产生一定程度影响。除此之外，移动支付的市场也很热闹。支付宝与微信支付的PK，单车、专车和外卖提供了手机移动支付的场景——中国进入无现金时代。此刻，制作钱包的企业又该关门了。而另一边，共享单车和外卖行业的跨界竞争故事还

---

1. 郭嘉：《"巨无霸"入场！中国移动做物流是认真的》，物流沙龙，2019-12-15，https://xueqiu.com/2596166299/137409488。
2. 林汶奎编：《跨界时代：从颠覆到融合》，人民邮电出版社2016年版，第8页。

没有结束。2018年4月4日,美团CEO王兴通过公司内部邮件发布消息称"美团全资收购摩拜单车,摩拜单车将并入美团"[1]。此消息突然出现在公众视野中,这让不少网友惊呼,简直太任性了!曾经共享单车市场选手多如牛毛,经历一轮洗牌之后,也只剩下几点星辰闪着寒芒。曾经共享单车跨界打劫了美团,美团随即又占领了共享单车的半壁江山,一夜之间隐隐然坐上了"出行老二"这把交椅。"跨界打劫,隔行不一定隔着山!"跨界竞争的大趋势下,所有的一切都有可能被重新定义。

类似的案例还有很多。回顾这几年的商战,许多行业遭受的最大威胁根本不是来自行业内的竞争对手,而是来自毫不相关行业的新产品、新模式。摩拜、OFO、美团、饿了么和滴滴这几家知名的互联网公司已经在多个维度绞杀成一片。很多时候,企业们都不是和自己领域内的对手拼杀,而是被来自完全不同领域的"玩家"冲击。有人说:"这是一个我毁灭你与你无关的时代!一个跨界打劫你却无力反击的时代!一个如果你醒来速度慢就不用再醒来的时代!"在全球经济一体化的今天,"单打独斗"的时代已经过去,要成就一项事业,需要一支队伍、一个组织、一个群体的共同奋斗,需要众人智慧的碰撞!

(三)互联网跨界"打劫",传统媒体行业巨变

早在20世纪80年代初,电视机刚刚进入普通家庭。拥有一台普通的14寸黑白电视机,曾经是一个家庭财富的象征。一部电视剧的热播就能导致大街上空无一人。那时候,吃过晚饭全家人围坐在电视机前,曾经是中国一个普通家庭生活最重要的组成部分。当互联网发展的产物——新媒体一出现,传统媒体遭到强烈冲击。年轻观众不再守候在电视机前,而是转向了互联网。电视人口特征呈现老龄化和低端化。公开资料显示,2012年以来电视

---

1. 周丰:《王兴宣布美团收购摩拜并担任董事长 胡玮炜继续任总裁》,浙江新闻客户端,2018-04-04,https://zj.zjol.com.cn/news/909182.html。

观众的规模大约以2%的速度逐年流失，45—54岁人群是电视的主要受众。[1]回顾历史，无论是广播、电视还是报纸，20年前的人们不会意识到，现今的互联网对人类产生如此重要的影响，对传统媒体进行如此深刻的颠覆。对于传统媒体来说，现在不是"狼来了"，而是"狼真的来了"。新媒体给传统电视业造成的最直接、最强有力的冲击，就是分流电视观众，尤其是年轻观众。

互联网技术浪潮的不断推动，促使各种新媒体、自媒体、全媒体、融媒体竞相抢占市场，新的传播形式不断涌现，给传统主流媒体——广播、报纸、杂志，尤其地方电视媒体造成更加巨大的冲击。因为节目质量和传播渠道难以满足人民群众的需求，因而被互联网跨界打劫，造成观众流失严重。电视观众的锐减，导致资源有限的地方电视台的传统传播优势不能有效发挥，劣势凸显。有的二、三线城市电视台收视率近乎为零，广告断崖式下滑，经营陷入困境，发展举步维艰。

在宽带、移动互联网以及3G、4G、5G网络技术迅速发展的形势下，智能手机、平板电脑、车载电视、车载移动电话等众多的新媒体终端极为多样化。社交网站、微博、微信、网络游戏、网络动画等新媒体形态日新月异，新媒体技术不断推陈出新，并且已经渗透社会生活的各个领域。传统媒体环境下的信息传播流程被打破，受众的信息接触习惯被改变。人类进入了"移动收听、移动收看"的时代。由此，传统媒体也在积极想方设法突破危局，寻求出路，"融媒体"的出现，使得传统媒体在黎明的黑暗中摸索着看到了曙光。

"融媒体"是充分利用媒介载体，把广播、电视、报纸等既有共同点又存在互补性的不同媒体，在人力、内容、宣传等方面进行全面整合，实现"资源通融、内容兼融、宣传互融、利益共融"的新型媒体。2014年被称为媒介融合元年。融媒体首先是理念，即打破传统媒体对人们思维的束缚和固化，以发展为前提，以扬优为手段，把传统媒体与新媒体的优势发挥

---

1. 卢杨、郑蕊：《45-54岁群体为电视收视主力军》，北京商报，2016-08-24，https://finance.sina.com.cn/roll/2016-08-24-doc-ifxvitex8848208.shtml。

到极致，使单一媒体的竞争力变为多媒体共同的竞争力，从而为"我"所用，为"我"服务。通过这种跨界融合，将广播、电视、互联网的优势互为整合，互为利用，使其功能、手段、价值得以全面提升的一种运作模式，是一种实实在在的科学方法。在眼球经济时代，受众的注意力集中到哪个媒体上，财源就随之滚滚而来。以移动互联网为代表的新兴媒体崛起的客户端、网络电视、手机电视、电子报刊、网络广播、手机报等"互联网+"，已成为人们获取信息的普遍方式，它们融合了不同媒体的多种功能，而且这种势头锐不可当。

▶ 传统媒体跨界融合，传播边界消失

在传统媒体时代，一个媒体机构传播的是单一介质，媒介主体之间的界限是清晰的。电视就是以声画传播为主，报纸是以文字传播为主，电台是以声音传播为主。融媒体时代彻底打破了先前的介质割裂，借助数字技术、互联网技术等新媒体技术进行深度的融合，任何一家媒体机构都可以进行多介质的运作，都可以生产视频、音频、文字、图画等多样的新闻产品。一方面，无论是各类通讯社、报刊，还是电视台、广播电台，都在网络平台上借助多媒体信息的传播途径与技术手段报道新闻、传递信息、提供服务。另一方面，广播电台通过媒介融合实现"可视化"，广播不但可以听，还可以"看"。广播与微信合作，推出的"广播微信公众号"大大提高了广播新受众的占有率。新受众中大部分人通过微信接触广播后会采用多种收听方式。不仅如此，各种网络媒体均可提供视频信息，信息的采集、合成和播放，呈现出技术融合的趋向，文字、图片、影像、声音、动画等各种信息已经日益和谐地集成于一个传播平台，并以全新的方式融合成新的业务形式。各类媒体拥有了同样的多媒体信息传播途径与技术手段。跨界融合使得广播、报纸、电视、微信、微博等传播边界消失，真正做到你中有我、我中有你。

第一章 | 跨界"打劫"进行时

▶ 受众主动参与信息传播

融媒体时代新技术带来的重要变革——UGC（User Generated Content，用户原创内容）。传统媒体在融媒体时代华丽转身的核心是将先前的"受众"变成"用户"。用户，就是接受的大众。用户并不是消极被动的接受者，而是积极的参与者。在传统媒体时代，传播的形式是"点—面"传播或"面—面"传播，受众被动接受信息。然而，在融媒体时代特别是手机的普及以及智能化的提高，信息传播的形式变为"点—点"传播，信息传播的速度极快，信息接收具有贴身性。由于手机媒体普及率高且兼具了人际传播和大众传播两种特征，使得信息接收时效性得到了充分的保证。特别是在突发事件的信息传播、公共危机应对方面，这种时效性显得尤其重要。

2011年发生在温州的"7·23"甬温线特别重大铁路交通事故，该事件的第一发布者，就是动车上的旅客新浪微博用户@袁小芫。2011年7月23日20时30分左右，甬温线浙江省温州市瓯江特大桥上，由北京南站开往福州站的D301次列车与后方由杭州站开往福州南站的D3115次列车发生同向动车组列车追尾事故，导致D301次列车的四节车厢从桥上坠下。该事故造成40人死亡、172人受伤，中断行车32小时35分，直接经济损失超过19亿元。2011年12月28日，国务院召开常务会议，认定该事故为一起设计缺陷、把关不严、应急处置不力等因素造成的责任事故，铁道部负责人、铁道部运输局负责人负主要责任。在事故发生4分钟后，新浪微博用户@袁小芫发出第一条消息："D301在温州出事儿了，突然紧急停车了，有很强烈的撞击。还撞了两次！全部停电了！我在最后一节车厢。保佑没事儿！现在太恐怖了！"20时47分，新浪微博用户@羊圈圈羊发出第一条求助微博。该微博瞬时被转发突破10万次，两小时后该网友获救。事故发生两小时后，新浪微博发布献血号召，上千名微博网友前往血站献血，新浪微博用户@yaoyaosz发布的血站现场照片转发量突破10万次。事故发生后，铁道部的"雷击论"出现，这个"不明原因"的原因迅速在微博上引起热议，质疑的网友占绝大多数。由于官方及有关铁道部门的不及时回应，导致网络上谣言四起，各种推测猜疑引发网友强烈不满。舆论呈现一边倒的局面。在这起事件的报道中,传统媒体显然滞后了。[1]

在融媒体平台上,人人都是直击现场的记者和信息的传播者。普通民众通过一定的技术手段,自发地、独立地对相关的社会事物或人物、资讯信息进行报道和传播,成为具备"职业记者"行为特征的非职业化的个体传播者。作为独立于主流媒体之外的新生力量,他们可以重构传统传播生态中的传授关系,帮助用户立体地、多角度地感知事实,拥有更好的双向互动渠道。2020年6月29日,一条湖南湘西男子站在及腰深水中拍摄的救援视频在互联网上快速传播(见图1-1)。视频中的男子撑着雨伞大声喊道:"水已经涨到身上来了,需要人来救援。这边(南门坨)有好多老百姓,有老人家!我现在可以走,但左边有个变压器,还没有断电,目前有安全隐患!"视频发出后,当地立即派人前往救援,关闭总电闸。网友纷纷点赞道:"大哥一条视频,可能救了村里的老人和村民!"

图1-1 洪水中求救男子的视频截图
(图片来源:UGC上传视频)

当突发事件发生时,由于距离、时间等因素,专业媒体不能在第一时间到达现场。草根民众的这种没有进行任何后期编辑的"原生态"视频信息采集和传播行为,弥补了传统媒体记者不在场的缺失,真实、客观体现出了强烈的现场感,达到很好的传播效果。

网络用户与传统的电视观众、听众、读者的最大区别就在于,用户需求具有主动性。用户可以选择需要的内容满足自身需要。媒介只不过是用户手中的工具,用来满足自身情感需求、认知需求、舒缓压力的需求。媒介只有成功地满足了用户的多层次需要,才能够生存下去。媒体的跨界融合,互联网与手机移动网的无缝连接,使得人们可以从手机等便捷移动终端上获取信

---

1. 郝晓伟主编:《网络舆情应对与处置》,国家行政学院出版社2015年版,第51页。

息资讯。公众从被动地接收新闻资讯变为主动地参与资讯的发布与制造，资讯生产者的部分权利已经向受众转移。不但如此，受众还具有根据自己个人的经验和喜好来定制新闻的权利。当受众的身份从观众、听众、读者等角色转换为用户的时候，他就拥有了更多的选择权，以随时随地查看自己需要和感兴趣的新闻资讯。在这样的背景下，用户可以在当今信息过剩的现象中做出正常的反应，忽略那些自己不在意的、不感兴趣的资讯内容而选择收看单个新闻资讯。当下，UGC成为互联网新闻生产的重要组成部分。这些内容或是文字、图片，或是音频、视频，一些民间的话题设置、民间的话语力量，都能够借助新技术手段被传播出去。一些UGC来自论坛、博客、社区、电子商务、视频分享，它使得用户的创造性得到了充分的释放。过去只能由专业媒体人员才能进行的新闻资讯的采集、传播工作，在互联网跨界时代已被彻底颠覆。

▶ 跨界主持人大量涌现

在融媒体时代，出现在电脑和移动终端屏幕上的不再是专业的播音员、主持人。他可以是任何领域的任何人。此外，随着UGC在互联网时代的新闻生产过程占有越来越大的份额，"人人都是记者"的时代导致人人都可以成为移动直播中的"出镜人"。今天，互联网技术革命使得传播边界正在消失。知识重叠，学科交叉，"跨界主持"异军突起。在互联网成功的从来不是什么媒体，而是"媒体平台"。是让"大量的人花大量的时间生产与销售大量信息"的媒体平台。互联网上没有所谓读者、观众和专业出镜主持人。每一个网络用户既是读者，也是作者、表演者、传播者。传播边界的消失，导致了受众的身份模糊。新闻生产流程再造，UGC大量产生，智能手机普及使得小屏直播盛行，造成出镜主持人身份模糊！一方面各类网络媒体，融合后的纸媒人、广播人等纷纷跨界加入移动直播出镜人行列；另一方面"公民记者"时代人人皆可出镜，其身份兼具主持人、现场报道出镜人、网络主播等。

如前所述，融媒体时代传播边界消失，报刊、广播电台、门户网站等通

过网络智能终端、智能手机等新媒体传播通道资源共享、有效融合，通过新闻的生产流程再造，以图片、文字、音频、视频等形式发布信息。不同的门户网站也都拥有了自己的专栏节目和出镜主持人。这些主持人绝大多数不是学播音主持专业的，无论形象、普通话语音标准度、音色都没有科班出身的主持人那么专业，但是他们的个人素养、对节目的把握能力较强，有的人甚至是其所主持的专栏节目的专业行家。由此，传统媒体的出镜主持人岗位遭受严重的危机和挑战。媒体融合，主持人的影响力已经从演播室延伸到电视屏幕之外，主持人不仅是在演播室运用有声语言进行文字的二次创作，还是节目的经营主体与灵魂人物。其工作范围不仅是演播室的播音主持内容，同时还要加入经营行为，如微博的互动、微信的推送、用户的维护等工作。现在，一方面传统媒体的节目主持人在向新媒体的节目靠拢，一些著名主持人纷纷加入新媒体平台；另一方面来自非专业人士加入出镜主持人的行列。一时间，各路人马汇集移动网络直播平台，出镜者的职业界限越来越模糊，所担负的职责也与传统媒体的出镜主持人大不相同了。互联网对媒体的新一轮跨界打劫开始了，这次是针对传统媒体主持人的！

（四）"互联网+"时代，大众生活"旧貌换新颜"

"互联网+"的跨界与融合是行业发展新动能，互联网与各领域融合发展改变了民众生活的方方面面。无论是移动支付的方便快捷，还是远程教育的备受青睐，抑或是共享单车的广受欢迎，都使得大众生活进入一个新的时代。

"互联网+"下的大众生活是什么样子呢？

某人如果邀请朋友吃饭，首先拿出手机在某软件平台查看餐厅；看完餐厅介绍和评论区的点评，挑一家评价较高、价格实惠的餐厅；订好座位，给朋友发个定位，点击导航，直接去吃饭，不用排队。美食端上桌，大家不是立刻拿起筷子大快朵颐，而是拿出手机拍照，发到微博或朋友圈，晒一晒美食，与朋友共享（多么好的免费广告宣传）。有些朋友会凭着这个分享内容去消费，还可以得到优惠。有些商家还会给分享者返利。对消费者来说，既能吃到好东西，又能通过分享餐厅美食赚钱，真的很惬意。吃完饭如果某人还想去看电影，在手机上买好电影票、选好座位，饭后直接去影院，不用再去排队买票啦！当然，消费者购物更不用去商场，用手机上网购物，通过手机绑定的银行卡付款。商家根据消费者预留的地址将货物直接寄到家里。在各种购物软件上，只要你能想到的，都能买到。看病更不用去医院挂号，先用手机下载某医院的 APP，上网预约挂号，然后按约定时间到达指定诊室看病，医生的诊疗单都可通过 APP 缴费完成，不用去窗口排队而大大节省了看病时间。有的医院还开通网上诊疗，通过视频完成异地问诊，更多患者可以享受到优质的医疗服务。如此便捷的生活，放在十年前还觉得是天方夜谭，遥不可及；而今天，已成为每个人的日常生活。

"互联网＋"不再是一个枯燥的概念，"互联网＋"的跨界与融合不仅拓宽了公众获取信息的渠道，而且为商业领域、农业领域、经济领域、环境治理、"智慧城市"建设领域等都注入了新的跨界融合的活力。截至 2021 年 6 月，我国互联网普及率达 71.6%，手机网民规模 10.07 亿，较 2020 年 12 月新增手机网民 2092 万；网民中使用手机上网的比例为 99.6%。我国农村网民规模为 2.97 亿，占网民整体的 29.4%；城镇网民规模为 7.14 亿，较 2020 年 12 月增长 3404 万，占整体网民的 70.6%。[1] 十年前，由于手机硬件和移动网速的限制，视频聊天只是人们美好的愿望。随着手机智能化和网速的不断提高，手机视频聊天已发展成为一种普通的聊天方式，极大地减少了人们沟通的成本。"智能手机＋移动互联网"使得今天的人们能够及时地获取各种信息，也导致了各类纸媒逐渐消失。从前，在一个美好的清晨，坐在餐桌旁，一边惬意地喝着茶或咖啡一边打开当天的报纸，浏览一下世界上发生的大情小事，已经逐渐成为一个时代的记忆。取而代之的是手机的各种资讯类 APP 推送各类信息，而这些信息有一个共同点：及时性、碎片化。当下，无论乘坐地铁、公交、火车，放眼望去，几乎人人都在看手机。有人在聊天，有人在购物，更多的人是在刷微博、刷朋友圈、刷知乎、刷头条、追

---

[1] 张维佳：《2021 年中国网民规模及市场结构分析 上半年网民规模超 10 亿》，前瞻经济学人，2021-09-02，https://www.qianzhan.com/analyst/detail/220/210902-1a3ebeb5.html。

剧,这已经成为当代人的一个行为特征。"低头族"这个新词应运而生。不仅如此,移动互联网及智能手机的普及,使公众拥有更高的曝光度和更高的随身性。它使得人们有更多的机会展示自己,并利用闲暇时间去换来一个全新的领域。智能手机就像随身助手,可以预订餐饮、订购机票车票、告知天气、随时推送热门新闻等,其所拥有的强大功能,超过20年前一个全职秘书所能做到的一切,甚至更多。这一系列的便捷让民众生活效率极大提升。进入2022年,上班族的生活是这样:走在下班回家的路上,虽然路过了菜市场,但考虑到拎着菜回家太沉而放弃,打开手机上某生鲜运送平台APP选择菜品下单,再选择好配送的时间;上了地铁以后,打开有声书平台,一边听着早已下载好的流行小说,一边查验手机上刚刚购买的物品何时到货;预估吃饭时间后,又点开了另一款预约上门按摩放松的服务……"枯藤老树昏鸦,空调Wi-Fi西瓜,懒人同款沙发,夕阳西下,我就往上一趴。"这是目前许多"新兴人类"的生活写照。

进入数字经济时代,数字经济将成为我国经济转型和对外开放的新趋势、新模式、新动能。"数字经济发展对产业跨界融合具有强大推动力。从现实看,数字经济的跨界融合拥有超万亿级的巨大市场。最近研究显示,'数字经济+''人工智能+'等模式,将存在于每一个产品、每一项服务和每一个经济活动中并不断进行业态升级,可以说是无所不在。未来经济结构将不再是独立的行业相加组成,随着数字经济的加入,产业边界会越来越模糊甚至消失,彼此将无缝衔接,真正做到你中有我、我中有你。"[1]没有跨界融合,数字经济就失去了生存的土壤及发展的基础;数字经济时代的技术驱动,大数据、5G、互联网与人工智能等新一代信息技术又为产业延伸与跨界融合提供支撑和原动力。数字经济时代,产业的边界将更加模糊,甚至走向消失。跨界融合将成为新常态、新模式,也会成为实体企业的主要竞争手段和经营策略。结合国家大力推广智能产业,民众将拥抱的是一个互联、繁荣、开放、和谐的数字经济新时代,世界更加智

---

[1] 吴维海:《数字经济助推产业跨界融合》,中国经济网,2019-05-19,http://www.ce.cn/cysc/tech/gd2012/201905/19/t20190519_32118788.shtml。

能，生活更加美好。

跨界主持演变

跨界主持并非互联网时代的产物，早在20世纪80年代初就出现了跨界主持。不过彼时的跨界主持，也就是传统意义上的跨界主持，与互联网时代的跨界主播含义是不一样的。从1983年中央电视台第一届春节联欢晚会开始至1989年期间，春节联欢晚会舞台上共出现过23名主持人，其中明星跨界主持人超过了三分之二，跨界艺人领域类型也很丰富。相声演员姜昆，演员王刚，电影演员李默然、刘晓庆等，都曾在春晚的舞台上担任主持，明星的号召力和跨界主持的新鲜感，是早期春晚节目的一大亮点和特色。这些明星艺人的跨界主持，往往带有非常浓重的个人职业特点，观众对他们的主持表现也是赞赏有加。

（一）由明星跨界主持到"草根"跨界主持

20世纪80年代初期，电视还未得到广泛普及且多数以黑白电视为主。1983年，中央电视台推出的第一届《春节联欢晚会》（后来被证明是一起重大的文化事件），打造了许多第一次，开创了属于"春晚"的新时代。1983年，"春晚"不但首次以直播的形式进行，而且为避免晚会气氛沉闷、单调，导演在主持人的选拔上力排众议，突破过去晚会类节目多为单个报幕员的做法，首次采用"跨界主持人"。该晚会由相声表演艺术家马季、相声演员姜昆、电影演员刘晓庆、哑剧演员王景愚组成"跨界群主持"。四名主持人承包了整场晚会的看点，烘托出过年喜庆、欢乐的气氛，呈现出不一般的效果。1983年至2022年，中央电视台《春节联欢晚会》已经走过了39个年头，而1983年"春晚"成为人们不可替代的美好记忆，被誉为经典之作。

在2000年以后，随着电视事业的发展，特别是在娱乐节目的发展刺激下，跨界主持人不仅在数量上激增，更成为一种流行趋势，并逐渐由明星跨

界到"草根"跨界。而综艺娱乐节目的发展，增加了娱乐节目主持人的需求量，许多歌手、模特、各类演员（影视、话剧、戏剧、相声等）、舞者、著名专家学者甚至是网络红人纷纷加入其中。2000年，影视演员王刚主持中央电视台《朋友》栏目，接着又主持了鉴宝类栏目《天下收藏》。王刚在影视剧中的形象，一定程度上助推了他在节目中的定位，形成了自己特有的主持风格。著名学者易中天先生，在中央电视台《百家讲坛》中主讲《易中天品三国》系列节目，获得很高的知名度，还在谈话节目《一起聊聊》担任主持人。他那方音浓重的普通话，渊博学识和风趣幽默，形成自身独有的风格特色，深受观众喜爱。还有些从事娱乐事业的人士，在某一领域获得成功后进入了大众视野，因收获了人气而被大众熟知，成为公众人物。成名后，他们往往不局限于某一领域，而是多方面发展。如著名相声演员郭德纲，分别在安徽卫视《超级大赢家》、北京电视台《星夜故事秀》、天津卫视综艺节目《笑傲江湖》、辽宁卫视《到底是谁》《你好达尔文》等栏目担任主持人。江苏卫视曾专门为其度身定制节目《郭的秀》。歌手出身的戴军和其搭档李静共同主持谈话节目《超级访问》，节目从多角度挖掘明星的生活故事。戴军凭着机智幽默的"连环拷问"和随机应变的处理能力收获了不少观众的喜爱。综艺节目盛行的台湾地区，很早之前就流行跨界主持：一些台湾著名综艺主持人，在做主持之前都是歌手出身，而后转战荧屏跨界主持。从早期的"跨界主持人"的表现来看，他们大多延续了跨界前的风格和定位，加之有很好的舞台表现力，能够将自身的优势和特点带到主持这一行业中。尤其对于演员来说，由于接受了专业的"声、台、形、表"的训练，能够更加迅速地适应主持人的身份，这些都是明星艺人跨界主持的成功因素。在2014年东方卫视大型喜剧类真人秀节目《笑傲江湖》第一季中，来自江西景德镇的29岁的淮剧演员孙建弘，夺得《笑傲江湖》第一季总冠军，一举成名。接着他以"冠军师兄"的身份接替大鹏成为第二季《笑傲江湖》主持人。凭借着自己的喜剧功底和表演天分，孙建弘又拍电影又参加各类电视综艺节目。不断的跨界为他提供更广阔的平台，赢得热度，使他由一名默默无闻的淮剧演员、喜剧"素人"成长为家喻户晓的人气笑星，也为观众带来更多欢乐。

其实,"跨界主持"并不局限于综艺节目中,不少演员已经在各大颁奖典礼、晚会中拿起了主持话筒;而主持的工作形式也多变,老牌节目《歌手》每期都会邀请一些具有双重身份的人,如胡海泉、张宇、古巨基、张韶涵等,担纲节目中的"音乐串讲人"。可以看到,主持人的双重身份也成了节目的一大看点,类似例子不胜枚举。如今在湖南卫视、江苏卫视、浙江卫视等知名的综艺节目主持中,都能看到众多跨界艺人的身影,或担任主持或充当嘉宾,如《爸爸去哪儿》《奔跑吧》《快乐大本营》《王牌对王牌》等等,此类节目都拥有较高的收视率和影响力。

网红冯提莫本是一名草根主播,2018年凭借一首《佛系少女》走红各大网络视频,超高人气吸引了众人关注。接下来,她又以一首《学猫叫》红遍了全国,获得2021年腾讯娱乐音乐盛典"年度突破女艺人"奖,登上了2020年的山东卫视《春节联欢晚会》,在短短的时间内获得了各个主流卫视的支持,成为一名成功的跨界草根主播。

> **案例:"多面"语文老师——白雪"不务正业"到跨界女神**
>
> 作为成都市实验小学的教师,白雪是另类的。"老师的视野决定孩子的边界。"五天扮演教师角色,两天丰富自己的生活,她有很多身份:小学语文老师、蜗牛电台创始人、美食博主、抖音主播、设计思维践行者……
>
> 创办一个孩子们自己选择书籍、分享阅读的电台——"蜗牛电台"就这么诞生了。为了走进孩子们的心里,找到孩子们感兴趣的话题,白雪变身网红主播。蜗牛电台录制节目717期,拥有小听众7820名,节目的收听超过164万次。白雪说,每一天都遇见真实的问题,真实的人,这个真实的世界带动着她不断地去解决问题。因此,需要不断地生产和反思头脑里的idea(想法、主意)。

> 身份跨界，兴趣跨界，不断地尝试多面身份，让白雪也有百面姿态。
>
> 教师身份使她充满好奇心、想象力，对事物关注保持热情。
>
> 白雪喜欢产品设计，是清华大学终身学习实验室的课程顾问，拥有超过5年的产品研发经验。她的工作是把知识变成可落地的产品，打破时间空间的束缚，让同一片蓝天的孩子们能够享受最优质的教育资源。
>
> 她喜欢文案设计，是《樱桃红了》的编辑；也曾是美食编辑，开了一个叫"大成小厨"的公众号，专门为做家乡菜的"候鸟老人"写文案；关注"候鸟老人"如何用家乡味儿在儿女的城市找到归属感。
>
> 她的主播身份让更多人了解老师的工作；她研究咖啡、茶艺、精酿、花艺，将多元文化与教育巧妙结合；她热爱运动，曾是"劲浪体育"成都城市羽毛球赛混双冠军……
>
> 白雪说：不停地跨界尝试，造就了不一样的自我，将不同的身份运用到教学中，成就了我的班级。从跨界到无界，教育初心始终不变。[1]

（二）传统媒体主持人跨界新媒体

在媒体跨界融合的大背景下，传统媒体升级改造已是时代潮水下的必然选择。社交媒体的壮大加速了传播媒介的格局转变，"电视影响力第一"的时代已一去不复返，传统媒体也必须臣服于时代本身。移动互联网时代彻底改变了大众的获取信息渠道，用户对内容的偏好也发生了翻天覆地的变化。传统媒体要想重获大众关注，必须转变观念、调整策略。伴随着用户习惯的变迁，移动短视频作为一种新兴的媒体形式，成了移动互联网时代用户"碎片化"阅读、接收资讯、休闲娱乐的重要途径。短视频作为5G时

---

1. 上文摘录于"四川观察"公众号，2021-02-22。

代快速发展的移动产品类型,能聚合社交、电商等属性,覆盖人群规模不断扩大,在网民中的普及率一直提高,也诞生了抖音、快手等一些超级应用平台。抖音"记录美好生活"、快手"记录世界记录你"的宣传语具有吸引力和亲和力;用户可将拍摄的短视频随意地上传平台,具有强烈的参与感、体验感。短短15秒的视频,如同打开了新世界大门,带来丰富多彩的内容。平台运用大数据算法可以揣测用户的喜好并推送相关内容,以达到吸引用户眼球,增加用户黏性的目的。短视频具有"交互性"强的特点,一些短视频如生活小窍门、养花知识、医学常识、健身运动、美食制作等内容,在编制过程中还增加字幕说明描述,方便用户在观看的过程中学习到相关的技能知识。短视频因其参与方式简单、不限场景、门槛低而深受用户欢迎。在这样一个瞬息万变的媒介生态环境下,作为广电媒体中最为活跃的主持人,也开始顺应潮流转移轨道,利用自身优势打造短视频时代的主流"网红"。在抖音、快手这些短视频平台上,除了有各行各业的草根、明星艺人入驻其中,也有观众熟悉的知名主播和主持人现身,给受众带来了不一样的感受和体验。

由于职业属性,一直以来广电机构对主持人的管理较为严格,未经允许不能在本台之外的电视屏幕和网络媒体出镜。电视台主持人外接影视剧拍摄或者广告代言等,必须进行严格审核。而新闻节目类主播,由于栏目时政性强,表达样态相对严肃,容易给大众留下刻板印象,欠缺亲和力。加之传统的媒体传播方式受限,不能与观众及时互动,导致观众大量流失,造成观众老龄化,不利于主流媒体的导向传播。在传统媒体被跨界打劫的情况下,主持人转战抖音、快手等短视频平台,不仅是主持人转型进军网络新阵地,也是传统媒体挽救颓势的又一次自救,更是当下新兴媒体思维的一种选择,可以更有效地加强与观众互动,以更亲民的方式拥抱大众,表达更接地气。这既是传播的一种补充,也更利于资讯的传播。2019年7月29日,中央广播电视总台新闻新媒体中心正式推出《主播说联播》短视频,结合当天节目中的重大新闻和热点新闻,用通俗易懂、年轻化的语言表达样态,在行业内引起强烈的反响,业内人士评价"看来央视的融媒体不是说说而已""央视新

媒体制作的《主播说联播》是对传统《新闻联播》的重新解读,采用了创新的方式为老牌节目注入新的能量"。《主播说联播》中,言辞不乏犀利,立场果断坚定,接地气的短评,诙谐幽默的调侃,持续点燃网络热度。自上线以来,@央视新闻发布的《主播说联播》视频博文,累计转发量近60万次,评论量近40万条,点赞量千万次以上,视频播放量达6.6亿次,博文累计阅读量超9.6亿次。《主播说联播》在短视频平台同样引发网友关注和讨论热情,在抖音平台上,《新闻联播》官方抖音号自2019年8月24日发布以来,账号登顶当月涨粉榜的榜首,粉丝总量已突破2200万人;其间共发布37条短视频,累计点赞量达4590.8万次,集均点赞量超100万次。[1]《主播说联播》中,康辉、海霞、李梓萌等主持人一反过去给观众留下的姿态高大上、端架子的印象,语态更年轻化、平民化,频爆金句"神评论"。用更接地气的方式表达主流的声音和态度,深受年轻人的喜爱。《主播说联播》节目播出后,《新闻联播》分类受众中,各类人群都有增长,尤其年轻观众涨幅最大。年轻观众普遍评价《新闻联播》越来越好看了。与此同时,央视的其他节目主持人也纷纷进驻短视频平台,展现他们不为观众所知的另一面。如综艺节目主持人李思思在抖音上分享生活日常和工作日常状态。少儿节目主持人月亮姐姐在抖音上与孩子们进行亲子互动游戏,疫情防控期间带孩子们唱《防疫数字歌》。该视频获得家长和小朋友的广泛参与,点击量上千万次。

在传统媒体与新兴媒体融合发展的过程中,广电主持人转型新媒体平台、打造全媒体主播是重要一环。目前,国内多家广电机构纷纷立足各自资源优势,积极探索并尝试广电主持人转型新媒体主播之路。2018年10月,湖南娱乐率先发力MCN[2],成立Drama TV,帮助旗下主持人向达人转型,进行工作室化的调整、打造直播间。孵化了如"张丹丹的育儿经""叨叨酱

---

1. 佚名:《〈新闻联播〉彻底变成"网红":央视的融媒体不是说说而已》,收视中国,2019-11-06,https://lmtw.com/mzw/content/detail/id/177857/keyword_id/。
2. MCN:英文全称Multi-Channel Network,一种多频道网络的产品形态。将专业内容生产联合起来,在资本的有力支持下,保障内容持续输出,从而最终实现稳定的商业变现。

紫""维密也小曼"等IP。目前，Drama TV在抖音平台上拥有超过200位签约达人，粉丝多达1.12亿，在其他平台的粉丝数也突破千万。Drama TV签约的网红集中分布在泛娱乐、剧情、母婴、美妆这四大垂直领域，其中母婴矩阵位居抖音第一。[1] 湖南娱乐的MCN成功经验启发了其他广电系频道，黑龙江广电、山东广电、北京广电等纷纷向MCN抛出橄榄枝，如2019年12月山东广播电视台推出闪电MCN——Lightning TV，并与抖音平台签署战略合作协议。为了补齐内容生态，引入更多主流正能量的内容，从内容、运营和变现等角度进一步加大对传统媒体转型新媒体平台的扶持，抖音平台专门成立了针对媒体MCN机构的扶持政策和广电主持人账号的孵化计划。快手平台则将扶持重点放在优质广电主持人资源方面的挖掘上。2020年春节以来，快手为认证的广电主持人账号单条短视频扶持最高播放量达20万次，每天可达3条。

河北广播电视台于2019年11月正式组建河北广电MCN机构，集合全台之力形成头部平台，积极探索广电主持人转型全媒体主播的路径与策略。在河北广电MCN机构成功入驻快手、抖音、今日头条、腾讯视频、拼多多等重点第三方平台后，其快手和抖音平台的签约账号总数已经达到210个，数量规模居全国媒体MCN机构之首。通过与台内主持人、主播签约的尝试，以及机构和各大头部平台的良好合作，河北广电MCN机构还成功签约来自全国广电系统的近300位主持人、主播，其中河北台的占60%，其他40%为全国各级广播电视台的，行业影响力和机构吸引力已拓展至全国。鄂尔多斯台主持人建辰自2020年4月25日入驻河北广电MCN后，其快手账号从初始粉丝数11384人，至2020年8月底达81.6万人，孵化4个多月涨粉80万人。河北台主持人小强，2020年4月13日入驻河北广电MCN，快手的初始粉丝数从22382人，截至9月3日达37.7万人，孵化4个多月涨粉35万人，是河北台主持人中涨粉最多、最快的主持人。[2]

---

1. 李志华：《打造MCN 切实可行的方法 才是重中之重》，流媒体网，2019-12-03，https://lmtw.com/mzw/content/detail/id/179395/keyword_id/-1。
2. 王建平：《广电主持人转型全媒体主播，有戏！》，《中国广播影视》2020年第19期。

  以发展的眼光来看，主持人传播的跨界融合不仅是媒介跨界融合的显著特征，也是促进媒介跨界融合的重要推动力量，更是我国媒体的发展战略和发展方向。网络媒介的持续发展需要优质内容的支持，而传统媒体的优势在于不仅拥有优质的制作内容，还有不断吸收新鲜知识的年轻化专业策划团队，以及本身所具备的有才华的主持人、记者和专家。只要传统媒体用心经营，不久的将来，人们一定会看到传统媒体主持人依靠MCN弯道超车，实现二次崛起。

Chapter 2

第二章
跨界主播前世今生

2020年新年伊始,你是否感觉还没来得及苏醒,世界就变了?

2020年是令人难忘的一年,一场新冠疫情,让全世界猝不及防。疫情重创了人类社会和经济发展,引发全球公共安全危机、社会治理危机、经济发展危机。疫情致使第三产业受到巨大冲击,餐饮、旅游、消费娱乐等产业严重受挫,用户需求急剧萎缩,各领域相关在线服务也随之停滞。中国互联网协会关于新冠肺炎疫情对互联网行业发展影响的调研结果显示:疫情对于以轻资产为主的互联网企业影响小于传统产业,但在人力成本等资金问题的影响下,中小企业同样普遍存在较大运营压力。短期来看,在线旅游等网络生活服务业受到较大冲击,网约车、跨境电商、网络营销等产业也受到不同程度的阶段性负面影响,交易规模大幅下滑。与此同时,以网络游戏为代表的网络文化娱乐产业稳中有升,形成新的行业增长点。长期来看,疫情进一步刺激了线上服务需求,互联网医疗、在线教育、远程办公等业务需求激

增,在线旅游等受疫情影响巨大的产业也有望形成"V"形反弹增长。[1]

新冠疫情像一场极限挑战,倒逼很多行业走出舒适区,探寻另一种生存的可能。疫情对世界的影响和产生的后果尚未完全显现,但已经深刻改变了我们的日常生活。防疫期间,出门交际频率减少,让民众进一步迈入"宅生活","宅"成为不少人的生活、工作状态。疫情防控期间,每天醒来,民众打开手机上的生鲜APP为家人买菜,打开电脑让娃上网课,打开办公软件和同事远程会议,进入购物直播间为自己"买买买"……这是许多中国人正在经历的、前所未有的"云上的日子"。"云生活"和"云文化",对生产生活方式带来了重要影响。从长期来看,这种"无接触式"工作、生活方式将给线上产业链带来空前的发展机遇,新产业应运而生,包括"云"上办公、"云"旅游、远程协同办公、在线娱乐、在线教育、在线医疗以及外卖配送等领域,都将形成新的市场增长空间。疫情催生消费新习惯,线上产业链迎来发展机遇。消费方式线上化提速,居家购物成为主流,维持基本生活需要为主的消费通过网购完成,生鲜电商、社区电商等消费场景,成为消费的新契机。

2020年的新冠疫情影响了整体的经济发展,几乎没有办法开展线下活动,线上直播正好填补了这块空缺。在直播心理和技术都不成熟甚至零直播经验的情况下,一大批"十八线主播"应运而生。"十八线"的说法来源于娱乐圈。通常将影视明星分为一线、二线、三线,一线明星网络上被称为"当红炸子鸡",而三线就多是一些配角,延伸到十八线艺人,指的就是没什么名气,可以忽略的人物、角色。此次新冠疫情之下诞生的"十八线主播",指的就是原本和"主播"这一职业毫无关系,没有任何直播经验、技巧、知识的普通职场人员,民间"草根"。时代的发展,移动互联网的普及,使得主播的这一职业被赋予了新的内涵。

---

1. 中商产业研究院:《新冠肺炎疫情对互联网行业的影响分析:疫情给线上产业链带来空前发展机遇》,中商情报网,2020-03-09,https://www.askci.com/news/chanye/20200309/1535071157788.shtml。

一 常见主播类型

在电视诞生的初期，报刊、电影、广播等媒体已经得到普及发展，电视的出现给社会和受众造成了巨大的冲击，成为一种具有极大传播威力的媒体。电视在这一阶段的传播形态是居高临下的，受众被动接受信息。专业的广播电视新闻工作者当中根据对节目的参与程度，在传播中的作用和地位不同，有播音员、节目主持人、主播之分。播音员是撰稿者和受众之间的纽带和桥梁，其主要职能是播读已经编辑好的稿件，将文字信息经过二次加工转换为有声语言。在播音中对稿件进行有声语言的二次创作，把各种信息客观、准确、规范、严谨地传达出去，向观众传递稿件所反映的主旨和感情色彩，所以播音员是其所代表媒介的"转述者"。中国广播电视优秀的播音员代表，被誉为我国播音主持界泰斗级人物的有中央人民广播电台播音员齐越、夏青、葛兰、方明，中央电视台的沈力、赵忠祥、邢质斌等。

随着广播电视事业的不断发展，受众不愿被动接受而是希望积极主动地参与到节目中，广播电视节目形态发生改变，更注重服务于受众，与受众的地位平等，注重交流、沟通，具有鲜明个性特征，节目主持人应运而生了。最早的主持人节目诞生于广播中，荷兰对外广播于1928年推出了一档设有主持人的节目《快乐的电台》，主持人勒达兹一直工作到1969年，被誉为"历史最悠久、最富个人独特风格的国际广播节目主持人"。而最早的电视节目主持人出现在美国的娱乐节目当中。我国第一位节目主持人是被称作"中国荧屏第一人"的中央电视台[1]的沈力。沈力也是新中国第一位电视播音员，早在1958年组建北京电视台（中央电视台前身）时，就开始从事电视新闻播音工作。1982年，中央电视台将《为您服务》栏目设为固定栏目，设立固定主持人。由沈力出任该主持人工作，她也成为中国电视史上第一位电视节目主持人。与播音员不同的是，主持人需参与到节目策划、采访、主持等工作，全面深入掌握节目内容，且主持风格需与栏目风格定位相

---

1. 中央电视台在2018年3月更名为中央广播电视总台。

吻合，这是栏目能取得成功的关键所在。

传统媒体的播音员、节目主持人的选拔非常严格，需从形象、声音、语言表达、专业素养、政治素质等多方面进行严格考核。因为播音员、主持人的一言一行关乎社会正面形象以及行业人员的素质，作为一名合格的播音员或者节目主持人，需要拥有扎实的专业知识基础和较高的行业素质；而作为一位公众人物，又必须具有高度的社会责任感。播音员和主持人的立场和观点具有引导舆论导向，在社会道德和国家政策理念的贯彻执行方面起代表性的作用。伴随着广播电视技术的进一步发展，广播电视出现"主播"一职。在一档栏目中，"主播"身兼数职。既能主持策划选题、编排来自各方记者采集的信息，又能向受众传播事实，并陈述自己的看法，对新闻报道的选题和新闻制作过程具有决策权，在节目制作流程中起内容主导作用。主播即主编，是所主持栏目的决策人。

播音员、主持人、主播，是不同历史时期、不同传播理念下相继产生的不同传播形态，属于不同的范畴，是广播电视媒介根据不同节目表现形态的不同需求而设置的不同的传播方式。传统媒体时代的"主播"与互联网时代出现的"网络主播"，都是时代的产物，都具有主播的某些特征，又在职业要求、传播形态、传播平台、传播中的地位和作用、受众需求中有很大的区别。

（一）新闻主播

当人类进入电视时代，电视机进入千家万户的时候，电视观众对新闻节目提出了更高的要求，不仅需要准确快捷的讯息，更想得到与此相关的新鲜观点和评论。电视新闻节目呼唤那些具有人格魅力、能够影响舆论导向、决定收视率的主播。称得上"主播"的人必须能够做到主持选材、撰写、编辑、编排来自各方记者采集的信息，亲自通过演播室直播，向受

图 2-1　美国哥伦比亚广播公司的《晚间新闻》节目主播沃尔特·克朗凯特

众传播客观事实,并能进行观点鲜明的评论。主播拥有"主编"职权,在节目制作流程中起着内容主导作用。新闻主播（anchor）是电视广播技术发展的必然产物,其主要职能是播报新闻、新闻采访、节目主持及相关节目编辑等工作。广播电视新闻主播,有着端庄的外表和令人愉悦的声音,一般具有播音主持的专业背景或是记者出身。主播是一个很全面的工作,在栏目内容编排上占据主导地位。美国新闻界的传奇和偶像级人物,享誉全球的美国"主持人之父"沃尔特·克朗凯特是完成"播音员"向"主播"角色转变的第一人,诸如肯尼迪遇刺和阿波罗11号宇航员登月等重大新闻都是经由他口传遍了全世界。他一生秉持"公正、客观、准确"的新闻从业人员操守,因此曾多次被全美民众票选为"最值得信任的人"。克朗凯特从1962年起在哥伦比亚广播公司主持《晚间新闻》节目（见图2-1）。在此期间,他独特的新闻报道形式使得《晚间新闻》成为美国人惯常观看的节目。在他和同事的共同努力下,哥伦比亚广播公司在全美电视新闻收视率中首屈一指的地位保持了长达21年。克朗凯特不是一般的播音员（Announcer）,他被哥伦比亚广播公司称为Anchor man（主播）。伴随我国电视事业的发展成熟,各级地方电视台也涌现出不少优秀的新闻主播。代表人物如中央电视台新闻主播白岩松。他也是记者出身,这使其担任主持人具有先天的优势。他善于透过人们司空见惯的现象,探访受访者的内心世界,具有独特的个人风格,其在新闻评论类栏目中的主持艺术、在重点事件中的直播艺术、在访谈类栏目中的采访风格和一些场合的演讲因为独具特色而备受好评。他参与策划并主持的《东方时空》《新闻周刊》《新闻1+1》等一系列栏目都已成为中央电视台的品牌栏目,他本人也成为中央电视台的"明星"主播。

（二）网络主播

互联网时代网络平台上的主播称为网络主播,是互联网时代的产物。网络主播是在互联网各类平台节目或活动中,参与一系列策划、编辑、录制、制作、网友互动等工作,并由本人担当主持工作的人或职业。近两年视频网站的兴起,为网民找到了一个新的互动平台,它吸纳了大量"80后、90

后、00后"的新生代在此聚集、交流、分享、展示自我。随着互联网技术不断发展，视频网站从视频上传和在线点播的简单版2.0，升级为可以在线视频直播秀、直播过程中可与用户互动交流的深度版2.0，由此产生了新的职业——网络主播。2022年6月22日，国家广播电视总局、文化和旅游部共同印发的《网络主播行为规范》中对网络主播作出明确定义：网络主播是指通过互联网提供网络表演、视听节目服务的主播人员，包括在网络平台直播、与用户进行实时交流互动、以上传音视频节目形式发声出镜等人员，包括人工智能技术合成的虚拟主播。[1]网络主播是一个综合能力很强的职业，一个优秀的网络主播一个人常常要面对线上数万人、几十万人甚至上百万人的用户，并且实时与线上用户交流互动。网络主播的出现，标志着互联网络进入了人性化的时代。从以前的人与机器的交流变为人与人的交流，网页从此不再冷漠。网络主播具有不同类型，按内容划分大致有游戏主播、娱乐主播、美食主播、户外主播等。

▶ 游戏主播

游戏类直播是直播行业里所占市场份额较大的一个直播分类，游戏主播按游戏内容分为英雄联盟主播、穿越火线主播、DOTA2主播、魔兽世界主播、地下城与勇士主播、风暴英雄主播、炉石传说主播等。游戏主播通常是由游戏职业玩家、游戏高端玩家、游戏红人等转型而来。游戏主播的特点在于自身就是游戏高手、口齿清楚、表达幽默、具备个人魅力，能很好地讲述游戏。有的游戏主播虽然玩游戏的技术有限，但解说非常有特色，直播时能赢得众多网友围观。近年来随着网络游戏的不断发展，一种基于游戏又超越游戏的运动——电子竞技运动开始出现。电子竞技运动，是利用电子设备作为运动器械开展的人与人之间的智力对抗运动，集科技、竞技、娱乐、社交于一身。2008年以前，我国电子竞技行业还是一个不被大众所理解的行业，但随着我国电子竞技运动行业不断的探索与发展，尤其在2014年7月

---

1. 新华社：《广电总局、文旅部发文规范网络主播从业行为》，新华网，2022-06-23，https://www.1905.com/news/20220623/1583201.shtml。

我国战队 Newbee 在美国西雅图赢得了 Ti4 的比赛，电子竞技运动行业因此备受瞩目并迅速发展起来。早在 2004 年举行的首届全国电子竞技运动会上，时任中华全国体育总会副主席的何慧娴表示，电子竞技运动的开展是一件非常有意义和健康的事情，在广泛、快捷的基础上，满足不同人群对体育的多样化需求。它与网络游戏有着明显的区别，真实的竞技项目和团队的竞技形式有利于青少年的网络娱乐活动健康化。[1] 目前我国电子竞技行业已经逐渐成熟，2016 年我国电子竞技市场规模约为 532.2 亿元，2019 年达到 1076.9 亿元。

现如今电子竞技在中国的普及程度已经非常高了，由此产生了一批优秀的电子竞技主播。电子竞技主播一度成为行业紧缺人才，许多电子竞技主播和电子竞技职业选手成为"90 后""00 后"追捧的对象。中国最具有知名度的电子竞技职业选手和主播代表人物如：英雄联盟 UZI，穿越火线主播 70kg，中国吃鸡界的标杆人物韦神等。近两年电子竞技产业呈爆发式发展，不仅需要更多优秀的竞技选手，更需要有大量的专业解说经验的电子竞技人才，电子竞技主播的缺口相当大。随着直播行业的发展速度越来越快，游戏主播的发展已经超越游戏本身，众多的游戏主播已经纷纷跨界和娱乐明星合作，让游戏变得更有看点。主播们除了日常的直播之外，还在很多大型活动上邀请娱乐圈明星来助阵，明星大咖的加入让活动更有吸引力。这样的跨界合作既给游戏圈带来了很多的乐趣，同时也提升了游戏主播知名度，吸引了大波粉丝。

▶ 娱乐主播

娱乐主播也被称为秀场主播，主要以"90 后"和"00 后"为代表，其特点是接受新鲜事物的能力较快，学习能力相对较强。娱乐主播按内容还可细分为唱歌主播、MC 主播、聊天主播、NJ 主播、舞蹈主播、乐器主播等。唱歌主播对专业性要求比较高，仅凭好的形象和身材而缺乏声音特色和

---

[1] 张逸麟：《中国电竞战队包揽世界冠亚军 玩游戏拿巨额奖金》，《青年报》，2014-07-23，https://www.chinanews.com.cn/ty/2014/07-23/6417469.shtml。

唱功，还是很难成为一名优秀的唱歌主播的。MC、聊天、NJ、舞蹈、乐器等类型的主播都需要一定的专业度，毕竟在直播中会和数以万计的网友互动，缺少技能是玩不转的。娱乐主播一般有以下几点要求：

第一，较好的形象。娱乐主播大部分都是女性，而进入直播间的用户以男性为主，拥有好形象就是留下粉丝的第一大利好条件。

第二，拥有才艺。娱乐主播主要目的是娱乐大众，具备特殊技艺，能表演、会唱歌、会跳舞才能为主播工作加分。缺少才艺的娱乐主播生命力不会长久。

第三，聊天技巧。娱乐主播的主要收入是来自用户打赏、送礼物。直播中有很大一部分时间是在和用户聊天交流，聊得好与不好，用户开不开心，决定用户是否会打赏送礼物。所以，聊天水平对于娱乐主播很重要。

▶ 美食主播

民以食为天，美食是永远不变的话题。人人爱美食自然也喜欢美食节目。网络平台上美食主播总是会去寻找、发现、品尝各地的美食，在吃的同时也会介绍美食文化、美食制作方法和过程，能够使收看者增长知识。美食主播代表人物李子柒，将美食节目做到了极致。李子柒将田园生活与美食结合，展现了一位心灵手巧的女性形象，以及世外桃源的悠然生活。三月桃花熟了，采花酿制桃花酒；四月枇杷熟了，酿制枇杷酒；用紫薯做七巧饼，做苏式鲜肉月饼，用吃剩下的葡萄皮，为自己染一件袅如紫烟的轻纱薄裙……有网友评价说："看李子柒的视频，就像透过这窗子，看到了小时候和小伙伴在田埂上奔跑，在河里捞鱼，在山上摘野果的欢乐时光，仿佛自己也暂时脱离了生活常态，放下了浮躁，游离在田园，体验了一把不属于自己的安宁。"

李子柒在各大平台吸引了无数粉丝，截至时间 2020 年 1 月，新浪微博粉丝 1700 多万人、单条视频播放量过千万次、抖音粉丝 2000 多万人、今日头条粉丝 2000 多万人、美拍粉丝 237 万人、天猫旗舰店粉丝 174 万人、bilibili 粉丝 100 多万人、微视粉丝 10 万人、微信公众号每篇阅读量接近 10 万次、小红书粉丝超 10 万人……截至 2021 年 1 月 25 日，李子柒以 1410 万订阅量，海外总粉丝数 2000 万人的傲人成绩，刷新了吉尼斯纪录，被纳入了《吉尼斯世界纪录大全 2021》。[1] 李子柒的美食节目满足了无数城市人对田园生活的向往，其视频中的文化氛围营造，给用户强烈的代入感，引起了海内外用户共鸣。

▶ 电商主播

电商主播是利用直播手段，以商品为核心，运用一定的艺术或技能手段对商品进行生动的宣传与推销的工作人员。电商主播在直播中需与用户及时互动，其个人推销技能的高低往往决定了用户的购买决策。电商主播是互联网电商平台发展的产物。互联网技术的跨越发展，商业的转型升级带来的是商业模式的改变，从 2016 年电商直播出现就引起了商家和消费者的广泛关注。电商主播在直播中，对商品的讲解、体验分享、商品的直观呈现、用户的评论，使消费者对商品仿佛"看"得见、"摸"得着、"感"得到，能够更为直观、全面地了解产品及服务信息，有效降低试错成本，带给消费者更强的场景体验，使消费者乐于下单。电商直播集娱乐、消费于一身，能够低成本、高效率连接人与商品、服务，具有真实性和参与性。当前，不少直播平台和电商平台都在大力发展直播电商购物模式，尤其是疫情影响之下，多产业的"云复工"，消费者的"云逛街""云购物"的热情高涨，更加助推电商模式的演进。各地都在加速培养和引进电商主播，并出台了一系列扶持措施。未来，电商主播仍有巨大发展空间。

（三）网络节目主播

网络的不断发展，使得网络节目成为目前网络传播非常重要的一种形式，并开始占据越来越重要的位置，网络节目主播随之悄然兴起。网络节目主播分为主流网站视频节目主播、论坛与主题网站的网络节目主播。网络

---

1. 朱国勇：《被央视点名，不接广告却坐拥千万身价！李子柒究竟靠什么赚钱？》，一点资讯，2020-01-07，https://www.yidianzixun.com/article/0OLdyN9Q/amp。

打破了地域限制，网络节目主播没有地方和中央之分，用户不再是以地域而是以类型划分。网络节目涉及内容广泛，如教育节目、理财节目、财经节目、网络综艺节目、网络访谈节目等。

▶ **真人主播与虚拟主播**

网络节目主播是网络节目与网络用户之间的桥梁，具有互动性、个性化、草根化、及时性等特点。随着网络节目的不断发展，网络节目主播群体也不断壮大，一个优秀的网络节目主播要拥有自己固定的粉丝群体，需要具有把握用户心理和需求、把握网络节目动向的能力。网络节目主播代表人物，如搜狐娱乐《大鹏嘚吧嘚》的主播大鹏、《奇葩说》的马东等。

网络节目主播除了真人主播还有虚拟主播。虚拟主播是一种典型的人造物，是被设计出的虚拟偶像。其被赋予虚拟形象、真实的语音，更接近真实人类的风格（尽管还有相当程度的扮演性），从而演变成拥有社交能力的后现代主体。在网络上，虚拟主播同样拥有的庞大粉丝和直播过程、视频

图 2-2 新华社上线的全国首个 AI 合成女主播"新小萌"（图片来源：《全球首个 AI 合成女主播亮相两会 "搜狗分身"技术全球领先》中国新闻网，2019-03-05）

生产中的交互性，体现出了虚拟角色与真实粉丝之间的社会互动。它既是虚拟的，也是现实的。人设是虚拟的，但其虚拟角色背后的行为以及粉丝和粉丝投入的情感，都是现实的。相较于一般的直播文化，虚拟主播能够提供更强的偶像性，提供了虚拟性的更高程度美感和审美取向上的空白填充，实现了拟像与现实的结合。网络上出现的第一位虚拟主播是诞生于 1999 年 4 月（也有资料记录是 2000 年 4 月）英国报业协会新媒体公司推出的新闻播报员 Ananova。2017 年 8 月 12 日，中国第一位虚拟 UP 主——小希在 B 站完成了初次投稿视频，收获不少年轻的粉丝。2018 年 7 月，新华社和搜狗公司联合培育的全球首个 AI 合成主播"新小浩"在声音和图像两大引擎上有了较大的优化和突破，不仅能坐着播报新闻，还能站起来，带着手势、姿态

等多种肢体动作声情并茂地播报新闻，更加智能，更接近于真人。2019年5月25日，人民日报社首款人工智能虚拟主播果果亮相2019中国国际大数据产业博览会。这款智能主播是用科大讯飞的人工智能、语音合成技术，通过技术给传播赋能，其具有更低廉的生产成本、更快的传播速度、更广泛的适用场景、更多的想象空间和适用前景的优势特点。新华社上线的全国首个AI合成女主播"新小萌"于2019年两会期间正式上岗，完成了首秀（见图2-2）。AI女主播可以模仿人类的声音和表情，能够连续工作24小时；还可以运用多种肢体动作为观众播报两会内容，播报效果具有亲切感、持久性、智能化和稳定性。从融媒到智媒，人工智能正渗透整个传媒行业。AI主播的出现，不仅丰富了媒体表达形态，提升了媒体内容的生产效率，助力新闻产业革新，也加速人工智能技术与媒体的融合，为用户提供多样化的服务和创新性的体验。如今，借着人工智能的东风，虚拟主播已广泛应用于新闻、综艺、游戏、演艺、短视频直播等多元化应用场景。

▶ 网络主播短板

那么，对于真人网络节目主播而言，网络的特点使网络节目和网络节目主播有着无法避免的缺点，主要表现在：

主播水平参差不齐，缺直播经验和专业素养；一些主播过度娱乐化，对所主持节目缺少深度思考。

语言方面，活泼与严谨不足，追求"语不惊人死不休"，传播的信息没有严肃可靠的保证。

对网络一些相关技术知识缺乏认识，掌握不好基础性操作。

网络的开放性使每个人都成为信息的一部分，既是主动分享者也是被动接受者，这种既带有获取性质又带有参与性质的特点，赋予了网络极大的魅力。伴随媒体融合，网络视听行业的飞速发展，网络视听节目主播出现的形式也更加丰富，其产生的影响也越来越大。网络节目主持人的素质与专业技能的提升影响着网络视听行业发展，对于网络节目主播而言，面对网络节目内容升级和智能技术创新的大势，应该更加清楚审视自身的发展方向，提升自身竞争力和不可替代性，才能够在快速变化的网络市场环境和众多主播竞争中脱颖而出。

（四）户外主播

户外主播，是不在室内直播而走到户外去直播的一类主播。户外直播相对于室内直播而言更容易制造新奇的节目内容，与用户的互动性更强。在直播越来越全民化的今天，户外直播逐渐进入人们的视野。以其快捷时效性深得民心，该板块也成了各大平台竞争的重头戏。户外直播内容非常广泛，如旅游、动物、美食、极限运动、体育赛事、文旅活动、奇风异俗，等等。户外直播也并非人们想象的那样，手持自拍杆，打开直播软件，随意地走到哪里直播到哪里。作为一名户外主播，首先必须具备强大的社会活动能力和社交能力，在陌生地方偶遇陌生人，能够随机应变，及时捕捉到户外直播的热点和话题，并现场制造新奇的内容，才能吸引用户围观。其次，户外主播必须具备较高的身体素质，体力好、能吃苦耐劳，还要拥有良好的心态。在户外直播常常会遭遇恶劣的自然环境，因此，主播要能忍受风吹日晒、忍饥挨饿。最后，直播前需要做好主题策划、文案制定，没有优质的内容是不能吸引粉丝的。目前比较知名的户外主播如"高冷男神钱小佳""旭旭宝宝"等，都有着不错的内容。

（五）其他主播

除了以上提到的主播类型，在互联网的世界里还有着各种各样的主播，比如农民主播、工地主播，还有卖汽车的主播、做鞋子的主播、种花的主播，总之是五花八门，只有想不到，没有人们做不到。有些主播起初只是拍着好玩，一不小心就成了网红主播。

二 跨界主播"C"位出道

网络的普及和深入，使网络"微文化"日渐盛行，微博、微信、短视频等新的形式，形成了独特的网络文化形态并逐渐成为大众生活不可分割的部分。作为后起之秀的网络直播，随着智能手机覆盖率增高，移动互联网中4G+Wi-Fi 的占比增大，更是异军突起进入爆发阶段，在越来越多的行业发挥它的作用。网络直播作为当今最火爆的移动互联网产品，吸引了越来越多的民众加入其中。网络直播延续了互联网的优势，拥有更加直观、快速、真实、实时、表现形式好、交互性强等特点。网络直播种类繁多，如图书馆直播、考古直播、庭审直播、景观实时动态直播、购物节直播、执法直播等，涉及大众生产、日常生活、精神生活等各个领域。网络直播是顺应信息时代发展的新兴手段，网络直播互动平台既可以丰富用户生活，也能影响用户价值观。正确引导用户尤其是大量的以"00 后""10 后"为代表的年轻用户群体接触网络直播互动平台，发挥好网络直播互动平台带来的正面价值是当前的一个重要课题。网络直播巨大的优势已受到各级党委政府、各行各业的高度重视，纷纷采用各种手段开辟、占领舆论引导、宣传的新战场。

（一）"干部主播"助推经济发展

"媒体问政"是民众和媒体对政府工作的一种公开有效的监督。传统媒体时期，各地电视台纷纷举办过"电视问政"栏目，问政对象为当地政府各级部门，如食药监局、卫健委、教育局等。问政的问题，都是针对一些部门存在的懒政、慵政，不作为、假作为的现象，以及与老百姓生活工作密切相关的问题。通过电视问政，让这些问题直接暴露在观众面前。现场有主持人提问，群众代表提问，特邀观察员的犀利点评。这种方式能使政府部门公开接受群众监督检验，政务工作透明化、公开化，为百姓排忧解难、办实事，真正体现立党为公、执政为民的宗旨。随着互联网技术的发展，媒体的融合，传播方式的改变，"电视问政"已经被新的方式取代。

▷ "县长主播"直播问政

2019 年，内蒙古锡林郭勒盟多伦县县长刘建军成为当地的"新晋网红"（见图 2-3）。他在短短几个月"跨界"了：一重身份是县长，一重身份是中医，还有一重身份就是"网红"。在短视频平台上，他拥有近10万粉丝。刘建军利用出差和下乡视察的时间进行直播，并拍摄大量短视频。平均每次直播1~3小时，他在快手上的直播时长超越了95%的主播。直播的内容包括帮助农民控制虫害、解决夜市的卫生问题、敦促"越野车碾压草场"当事人归案……刘建军说："虽然拍的视频质量都不高，就是随手用手机拍一拍，但是效果也挺好。很多人因为这些视频和直播来到多伦县。"刘建军认为，新媒体平台是一个政府和老百姓互动的新通道，可以有效解决老百姓与政府之间信息的不对称，畅通沟通渠道。了解使用新媒体，从中可以了解民情民

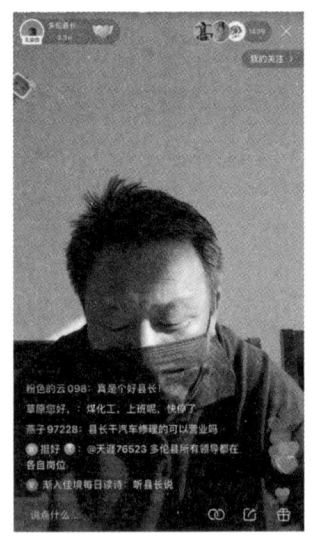

图 2-3 刘建军在直播，指导村民做好防疫（图片来源：快手APP 刘建军账号截图）

意，于是他就开始想到了"新媒体问政"。在刘建军的推动下，2019年8月1日，多伦县"快手问政"正式开播。各部门"一把手"轮流走进直播间，与群众对话。刘建军说，"快手问政"是如今新媒体形态下县域治理的新尝试，接下来还想把直播制度化，推广到乡镇一级单位。让乡镇干部通过直播宣传农业政策，推广农业科技。2019年的多伦县两会期间，刘建军在政府工作报告提出要重点抓好今日头条、微信公众号、抖音三个平台，开放媒体监督，主动向社会公开行政行为，及时回应社会关切；要主动回应群众呼声，主动解决问题；政府所有工作部门都要在上述三个媒体注册单位公众号，开通留言功能；政府所有副科级以上领导都要实名注册抖音，并按要求向网信部门报备；让群众在网上可以找到领导，让领导在阳光下履职。

新冠疫情暴发初期，疫情防控的隐患与压力也从城市转移到了乡村。相较于一线城市，农村人口众多、医疗条件有限、民众防范意识薄弱，也使得工作在乡村的基层干部群体，面临着一场严峻挑战。疫情暴发以来，刘建军坚持下基层，并沿途利用快手直播部署各项防疫工作：从普及防疫知识到发布政令和监督，及时在线解答村民提出的各种问题，村民通过快手获取疫

情信息的频率，仅次于村头大喇叭。也正是通过及时、全面的直播宣传，多伦县普通民众得以广泛参与到全民战"疫"中，从而遏制了疫情在当地的扩散传播。在刘建军的努力下，快手几乎成为多伦县民众了解外部世界的首要渠道。在防控宣传期间，刘建军的直播间平均同时在线人数一般在3000－4000人/次。多伦县高效精准的防疫宣传给全国各地防疫工作带来了新的启发。在刘建军的影响下，各地基层干部纷纷在快手上开启直播，传递最新疫情信息。

刘建军火了，也让多伦县火了。刘建军的这把"火"改变着多伦人，这种与时俱进运用新媒体走"网络群众路线"的方法，使得直播平台上的干部显得更接地气，将新媒体用出了新高度。"直播+短视频"无疑为干群互动带来了新的可能，领导干部能够直接地回应公众关切，更精准地传递信息。

▶ "第一书记·脱贫奔康随手拍"主播带你游乡村

由四川省委组织部、省委城乡基层治理委员会办公室、四川广播电视台联合举办，中国电信四川公司协办的"第一书记·脱贫奔康随手拍"活动自2020年3月6日正式启动以来，收到来自四川省各地众多第一书记、帮扶工作队队员、基层干部们的投稿视频，经全省各地的组工微信公众号（各级组织部门搭建的党政一级的微信公众号平台）纷纷转载，全网点击量近百万次。

乡村第一书记们纷纷当上了跨界主播，带网友游美丽乡村，介绍当地特色文化、推销优质的土特产（见图2-4）。第一书记和基层干部们投稿内容十分丰富："广元市剑阁县武连镇水全村的猕猴桃熟了，第一书记何虹剑化身'网红主播'实力代言。""自

图2-4 "第一书记·脱贫奔康随手拍"眉山市杨场镇金龙村村支部书记郑燕介绍家乡美景（图片来源："四川观察"视频号，2020-03-10）

贡市荣县度假镇芭蕉湾村的两千万斤耙耙柑下树了，皮薄肉多等你来吃哟。""仁寿县曹家镇李庙村的'党员帮帮团'，正在帮农户们送鸡蛋。""绵阳市梓潼县卧龙镇光明村，乡亲们跳起了原汁原味的坝坝舞，演绎出了乡村新时尚。""坐落在乐山马边彝族自治县白岩村大山深处的球场，圆了山里孩子的篮球梦。"这些60秒到120秒的竖屏自拍短视频带着乡土味儿，见证了脱贫奔康路上，第一书记和驻村工作队队员们与当地老百姓一起付出的点点滴滴，记录了越来越有希望的好日子。"第一书记·脱贫奔康随手拍"短视频是四川省乡村第一书记和驻村工作队队员们展示自己的大舞台。

法官主播直播"网拍"

2020年3月26日，四川新津县法院执行局副局长何宇和李建跨界当直播主播，负责"带货"。直播地点在新津法院执行指挥中心，这是四川新津法院第二场网络司法拍卖直播，也是媒体公开报道中四川第一次由法官跨界直播进行无底价拍卖。"这一次给大家带来'大礼包'""买它买它买它"……一个半小时的直播过程中，一共有779名网友观看，直播收获了1.5万个点赞。"Hello，网友宝宝们，我们又见面了。"面对手机摄像头，四川新津县法院执行局副局长何宇娴熟地向网络另一头的网友们打招呼。[1]这是一场网络司法拍卖，"带货"内容包括两套独栋别墅、一套三层住宅和两辆轿车，直播的5件拍品中，豪情牌小轿车已被大量网友围观，512人报名竞拍。疫情之下，人民法院依法通过互联网拍卖平台，以网络电子竞价方式公开处置财产。与传统拍卖相比，互联网拍卖平台克服了环境相对封闭，传播面较窄，信息公开不全面，竞拍者不了解参与的渠道、流程等问题，通过网络技术把所有的司法拍卖信息全网公开，打开网站或是手机APP就可观看、查询，不受时间、空间的限制，甚至可以通过直播与法官面对面交流。信息更公开透明，参与拍卖更加方便。对于案件当事人来说，通过直播使更多人了解拍品，最大限度维护当事人的合法权益。

---

1. 胡挺、颜雪：《法官跨界当主播"带货"：Hello网友宝宝们，别墅住宅轿车买买买》，红星新闻，2020-04-05，http://news.chengdu.cn/2020/0405/2113902.shtml。

2020年3月24日,全国模范法官陈少华首秀福建漳州龙文区法院司法网拍直播,平日雷厉风行的法官摇身一变成了阿里拍卖上的"主播",采用与时俱进的新形式,疫情防控期间零距离、无接触式地带用户"云看样",在线买车位、买店铺(见图2-5)。直播一开始,陈少华法官介绍了

图 2-5　陈少华法官在直播中介绍拍品(图片来源:记者陈惠华、通讯员陈俊伟,《漳州司法网拍直播"首秀"法官变身"带货主播"》,东南网,2020-03-25)

网友们慕名的模范法官的"三心三不"执行工作法:"用公心下硬功夫,能够执行的不放下;用善心下巧功夫,可能执行的不放过;用恒心下苦功夫,不能执行的不放弃。"让屏幕前的网友看到了模范法官的风采,对网拍直播更是充满了期待。为了让疫情防控和妥善处置财产两手一起抓,漳州龙文区法院大胆尝试,将直播手段运用到司法拍卖工作当中,将要拍卖的车位和商铺在屏幕中给网友直观地展现。这场直播共吸引2557名网友围观,点赞13014次,各拍品的单独围观人数平均增幅500余次。[1]

▶ 促经济,干部主播直播"带货"

近年来电商飞速发展,网络直播带货持续走俏。为助力脱贫攻坚、帮助农民增收,各级地方党政主要领导纷纷亮相,通过平台直播,推介本地特色产品,开展网络销售,助力特色产品上行。2017年4月,贵州长顺县副县长刘春晓在直播间推销当地绿壳鸡蛋,不但说出"绿壳鸡下绿壳鸡蛋"这种俏皮话,还为让网友放心购买,将打在玻璃杯里的生鸡蛋一饮而尽。直播间网友留言:"直播间里的县长没个县长的样子,但这就是为人民服务的样子。"

2018年5月18日,安徽砀山、河北滦平、河北康保、贵州普安等几个

---

[1] 陈惠华、陈俊伟:《漳州司法网拍直播"首秀"法官变身"带货主播"》,东南网,2020-03-25,http://zzpd.fjsen.com/2020-03/25/content_30238438.htm。

跨界主播

贫困县县长联手卖货，一天之内卖出近 1100 万元的农产品。同年 9 月丰收购物节，河南确山等 8 县县长走进直播间，联合 11 位当红主播为家乡农产品"代言"，短短 5 个小时，销售额破千万元。同年 12 月 5 日，甘肃礼县、内蒙古科右中旗、新疆吉木乃等 9 个贫困县县长直播卖货，超过千万网友围观，农产品总销量超过 1000 万元。[1]

自 2018 年下半年开始，全国有 60 多位贫困县的县长们集体扎堆玩起了直播，卖起了县域特产，成为脱贫攻坚工作中的一个新现象。为了带领全县脱贫，这些来自甘肃、安徽、湖北、湖南、陕西、山西、江西、新疆等地国家贫困县和深度贫困县的县长们加入了直播大军。虽然缺少网红脸和精致妆容，但网友们偏偏"买了账"。

2020 年新冠疫情给社会经济发展带来一定影响，造成了农产品滞销和企业复工难等问题，也给脱贫攻坚和如期建成小康带来挑战。在此关键节点各地县长们纷纷放下身段走进直播间，借助新媒体平台售卖本地土特产，给人耳目一新之感，也带来了切实的经济和社会效应。

来自山东省济南市商河县的"80 后"博士副县长王帅在线卖烧鸡就大大地火了一把（见图 2-6）！他以"黄河王小帅"的账号发布一条带货视频，在视频中模仿李佳琦卖货，不过他卖的不是化妆品，而是当地特产——扒鸡。该账号认证信息为："我是商河县副县长王帅，一名'80 后'博士，我来推荐家乡好物。"有网友登录商河政府网进行验证后，确定这不是骗子，不是被盗号，是真县长！视频中的副

图 2-6　山东省济南市商河县副县长王帅在直播间卖烧鸡（图片来源：抖音 APP@ 黄河王小帅视频截图）

---

1. 田杰雄、杨亦静：《生吞鸡蛋喊宝宝 贫困县县长带货能力不输明星》，《新京报》，2019-06-19, https://www.bjnews.com.cn/detail/156092739814139.html。

县长接地气，精通网络语言，半分钟里金句频出。在剪辑处理后的32秒视频中，他模仿电商主播李佳琦，喊出"所有女生"，语气表情夸张，一口气吃下4只扒鸡，收到了44万次的观看量。视频中，王帅副县长面前的盘子里有10只扒鸡，他手捧鸡肉大吃特吃，一会儿工夫盘子就空了。"偶买噶、amazing（令人惊叹）、买它"等网络流行语，配上王帅的憨厚形象，莫名喜感，播出后视频火爆程度远超王帅和同事的预料。王帅说："出乎预料，以为人们只是单纯爱看新颖搞笑的短视频，没想到真会花钱买。"视频获得了大批网友的点赞，有网友留言说："看了李佳琦的直播没买过东西，看了县长吃扒鸡，我下单了。"视频下方评论区，网友互动十分热烈："太可爱了，看了二十几遍。""亲民，东西肯定不差。""我的天哪好喜庆啊，看着都饿。""这才是人民的公仆。""冲县长说好看得无法呼吸，马上下单，买它！""这个县长接地气有诚意。"……

四川广安龙安乡革新村的第一书记金达蒂和副书记陈诗慧，被称为高颜值、高学历"书记组合"（见图2-7）。他俩分别毕业于北京大学和清华大学，于2018年和2019年先后来到革新村，电商扶贫是他们手中的"王牌"技能，被群众们亲切地称为"带货小能手"！第一书记和副书记向网友推销土鸡蛋："真正的'鸡屎绿'土鸡蛋你见过吗、吃过吗？色正又营养，老乡们随时提供，一年四季都有现货！""广安龙安柚还有周边产品！柚子大麻饼、柚子小麻饼嘎嘣脆，还有诱惑力十足的龙安柚手机壳！"陈诗慧"以脸试果"推销当地特产耙耙柑："宅在家里贴春膘，你的脸是不是又大了一圈？不怕，革新村耙耙柑，每一个都大过你的脸。Oh，My God！买它，买它，让你重拾小脸信心！"悬挂

图2-7 革新村书记直播间卖手机壳（图片来源："四川观察"视频号）

在房梁的腊肉香肠、奔跑在丘陵的土鸡土鸭、悬挂在枝头的时令水果等，这些在当地老百姓看来稀松平常的产品，都成了"双高书记"和他们同事眼中值得开发的"触网产品"。

相较于其他形式的直播带货，干部主播直播带货具备独有的特点与竞争力，但同时也存在风险，需要提高警惕。

首先是公信力问题，干部主播不同于普通主播，其直播带货的背后有来自一级政府信用为支撑，网民购买他们直播售卖的产品是基于对党和政府的信任，一旦出现损害消费者权益的行为，地方政府信用乃至形象都将受损。

其次，要确保推荐产品品质。消费者购买产品的动力最终是要落在产品的使用功能上，确保产品质量至关重要。不能让假冒伪劣、质次价高的产品破坏口碑，否则，改善形象将会是一个漫长的过程。

最后，成功销售产品需善用营销技巧，就市场规则而言，干部主播直播带货属于一种市场营销行为。所以，直播前的策划准备尤为重要。比如充分准备直播素材、认真设计直播环节、用诙谐幽默的语言与网民交流互动等。

"干部主播"的跨界直播带货，让特色农产品搭上互联网直播的"顺风车"，驶入新零售的"高速路"，帮助更多农民增收致富。一方面，干部自身的个人信用和地方政府信用的加持，让消费者对产品质量更加信任，解决了电商飞速发展，直播购物逐渐兴起情况下，产品造假、维权困难等问题给消费者带来的困扰，让消费者买得安心。另一方面，干部主播将"直播"这一新事物、新手段，变作帮助贫困地区脱贫攻坚的有力武器，能有效助推当地经济发展。直播是贫困地区接入新经济的一扇大门，干部主播是在帮助贫困边远地区打开这扇大门，实现产销精准对接。

▶ CEO主播，助力企业发展

与其他众多企业一样，CEO直播成了疫情大背景下，企业线上传播及销售的重要突破口。可以说CEO直播，已经成为直播带货中的一股风潮，多位各行业的CEO都在尝试直播带货的方式为自身品牌寻求突破。2020年3月21日，携程联合创始人梁建章与团队来到海南三亚，开启了第一场直播。在他首次直播带货的尝试中，1小时就卖掉了总价值1000万元的酒店套餐。随后的4月15日，为了吸引用户关注，51岁的梁建章甚至玩起了古风cosplay（扮装）直播。他身着古装，扮演成唐伯虎进入直播间，以具有当地特色的文化创意为江苏旅游带货，1小时内就吸引了超289万人观看，直接促成交易额2201万元，成为社交网络的热议话题。[1] 同年4月24日，格力电器CEO董明珠身着一袭深绿长裙，在抖音直播间开启自己的直播首秀。随后，5月10日，董明珠同三位主播在快手同台卖货。她直播的同时，连线另一直播间李佳琦和朱广权组成的"小朱配琦"直播，并同网友交流互动。30分钟时销售额破1亿元，100分钟时破2亿元，整场共3小时20分钟的直播最终成交额达3.1亿元；而"小朱配琦"直播间粗略估算，带货量也有7200万元。[2]

除此之外，李彦宏、张朝阳和丁磊三位互联网大佬在一个月之内也相继进入直播间。百度的李彦宏做知识直播，与樊登读书创始人樊登在直播间，围绕"家一书"主题展开深入探讨。李彦宏称通过直播带"知识"，结合自己的成长经历，与粉丝分享《东周列国志》《桥牌入门》等书单，也分享了创业感悟。两个小时直播里，用户更像是收看了一档访谈节目。李彦宏说"直播和视频是两种媒体形式，用直播来传播知识，是非常必要的"。搜狐CEO张朝阳则从生活方式切入，自己全程带着镜头一边"逛"搜狐大厦，一边分享自己生活中长期使用的好物。在直播界，张朝阳并非新人，早在搜狐旗下千帆直播APP做英文教学和解读国际新闻直播多年。"主播"这个身份，他自认游刃有余，对他来说，"直播带货是英语直播的延伸"。张朝阳强调这次直播带货要"抛砖引玉"，未来会拉动更多名人入局直播，结合双方优势基因，打造搜狐独具特色的价值平台。当前，直播已成为企业数字化转型的重要工具，CEO直播能为自家品牌带来示范作用，不少企业正在寻

---

1. 姚亚奇：《走进直播间"带货"，拉动旅游复苏——企业家梁建章深耕旅游业的奋斗故事》，光明网，2020-10-30，https://m.gmw.cn/baijia/2020-10/30/34322474.html。
2. 李方：《董明珠直播"首秀"翻车后 再战直播带货超3亿》，中国经济网，2020-05-11，http://m.ce.cn/yw/gd/202005/11/t20200511_34875239.shtml。

求利用CEO的行业影响力，强化CEO的个人IP，将CEO打造为全民级的带货红人。CEO直播不仅在卖货上能够形成推力，也能实现一定的品牌效应。

与此同时，直播对于CEO个人IP的打造也是一把"双刃剑"，原因在于主播个人IP打造对于CEO们的表达能力、性格特征有筛选，并不是每个CEO都适合直播。因此如果CEO在直播间表现喜人，会迅速聚集用户群体并获得传播发酵；如果CEO本人直播表现平平、不吸引用户，那对于CEO本人IP打造以及企业品牌宣传也未必有利。

（二）"云概念"主播

新冠疫情下，"宅家"使得网络直播再一次成为风口。当各类线下行业遭受巨大的打击时，网络直播所特有的强即时感与陪伴感抚慰了不少空虚无措的心灵，也造就"云ＸＸ"概念。"云监工""云旅游""云逛街""云卖车"等由居家隔离而引起的"云上狂欢"，刷新人们的认知，创造一个个神话。从新冠疫情初期，相当一部分实体品牌在无法恢复线下运营能力的情况下，倒逼各行各业加快变革。为了生存，许多企业绞尽脑汁，"无所不用其极"，纷纷开始尝试线上"自救"。"云工作"模式正在成为常态。跨界主播借助"云"模式大显身手。

▶ **"云课堂"——教师主播**

2020年2月17日，各大学、中小学、幼儿园开学在即。此时因为新冠疫情严峻，全国人民居家隔离，学生们也无法返回课堂。为了实现疫情期间"停课不停学"，按照教育部的要求，全国中小学实行在线开学，各种在线教育平台一齐发力，数千万名教师上网络直播课，2亿多名学生及几亿名家长作为真实用户参加（见图2-8）。一场史无前例的在线教育实验在全国各地中小学和高校展开。这场堪称

图2-8 一位教师在简陋条件下用手机上网课（图片来源：作者拍摄）

人类历史上最大规模的教育实验，也是我国 20 年在线教育发展水平的实战检验。此次新冠疫情将催生我国在线教育进入新的阶段，并推进更深层次和更高质量的教育整体变革。

通过直播、录播、视频会议等多种网络教学模式实现的老师授课、学生听讲、讨论互动，教师无论是激情四射型，还是含蓄内敛型，都当起了"主播"；学生无论是焦虑还是期待，都开启了"弹幕"。这是一次全新的体验和挑战，全社会一起见证这段难忘的历史。老师、学生、家长，无论是否愿意、是否适应，都必须面对这场已经展开的教学改革与实践探索。对老师而言，这是一场教学形式的改革，考验的是教师深耕教学的程度；于学生而言，这是一场学习方式的改革，考验的是学生借梯登高的能力。

"请各位同学进入直播间……""主播"老师开始了一天的忙碌。大家怎么也想不到，有一天自己会从讲台上转移到网络中，变成一名"网络主播"。"网课"让教师和学生都有了新的体验和挑战。习惯了一支粉笔、三尺讲台的教师被戏谑为"没打赏不带货的十八线主播"。从一线教师变成十八线主播，明明只要在课堂上好课就可以，却被迫学习网络直播。除了网络教学操作步骤，还要掌握各种特殊功能如"抢答器使用、标注笔选取、禁言与举手"。手机、平板、电脑齐上阵，组建班级"通知答疑群""作业打卡群"，在线上"巡课"、答疑解惑，调动全部的资源与力量制作微课、PPT、资源包，解决遇到的线上课程的突发状况。为了不影响学生的课程进度，主播老师们在家各种"花式"直播。没有专业的直播设备，也没有"主播"经验的老师们想出了各种办法：电线、衣架、挂历、自拍杆、电扇底座等都成了他们的直播设备，任何困难都无法阻止老师传道授业解惑。

远程网课不同于面对面的课堂授课，需要教师完全依靠语言及课件来让学生学习知识，因此对教师的课堂用语有了更高的要求。为吸引学生听课注意力，网上惊现一批"网红教师"。有老师用李佳琦的"卖货话术"上课："所有男生、女生们，你们的老师来咯""答应我这些单词一定要给我背下来，好不好？""我的妈呀，这张试卷出得太绝了""这道题绝对会考，同学们答应我，背它！背它！背它！"更有一些主播老师为了上好网课，在直播

跨界主播

间里练就了"十八般武艺"！诸如"乾坤大挪移（老师在网上带着微课来到学生身边）""金刚不坏神功（提醒运动）""狮吼功（各种温馨提醒）""摄魂大法（引导培养自主学习意识）"……其中，湖北省武汉市第三中学高三年级的物理老师赵廷富，在武汉封城的日子里，一个人在空荡荡的教学楼用手机给高三学生直播讲课。这一幕被他的儿子用视频记录并发布到网上。他一夜间成了"网红老师"，赢得网友一致点赞。

在这样特殊的日子里，"网络主播"老师们克服各种困难，以强烈的责任心为学生精心准备在线课程。主播教师们在网络教学模式下兢兢业业备课、授课的教学状态，推动形成了一批以学生为中心、展现先进信息化教学能力的线上教学示范课堂，为新冠疫情防控期间的线上教学增添了色彩。

▶ "云招聘"——企业 HR 主播

为有序推动企业复工复产，促进劳动者稳定就业，各级人社系统联合各人力资源服务机构，充分利用各类网络招聘平台进行"云招聘"。企业 HR（人力资源管理者）坐上主播台，通过网络，向屏幕另一端的求职者们推介企业岗位。2020 年 4 月 3 日下午，中山人社系统首场网络直播招聘会在中山市国际人才网演播室内进行，来自火炬开发区 8 家大型企业的 HR 们轮流客串"主播"推介企业岗位、招聘人才。这场持续近 2 个小时的直播，吸引了 13.3 万人次在线观看。[1]和线下招聘不同，主播台上的 HR 面对的不是求职者，而是两个拍摄的摄像头。与求职者打招呼的方式是："直播间的宝宝们，下午好。"然后开始正式的招聘流程——介绍企业文化、办公环境、招聘岗位以及薪酬待遇等。在线观看直播的网友们通过直播间的聊天平台抛出各种问题：岗位要求、薪酬待遇等，HR 主播在直播间一一作出回复。"主播们"认为网络直播招聘形式更贴近年轻人，也更容易受到关注。

2020 年 3 月 27 日至 4 月 27 日，长三角师资春季网络招聘专场持续了一个月。来自长江三角洲地区约 850 家教育单位提供约 6000 个岗位，为在

---

1. 唐益、李思宇：《企业 HR 当"主播"！中山人社系统首场网络招聘会获 16 万个赞》，中山网，2020-04-03，http://zsrbapp.zsnews.cn/home/content/newsContent/1/541335。

疫情防控期间高校毕业生就业助力。[1] 相比往年的线下招聘会，此次"云招聘"精准推送，借助腾讯云资源进行全程视频面试支持。为了更好地服务用人单位和求职者，招聘会还创新开启"校长直播间"专属通道。各所学校可根据实际需求，报名参加"校长直播间"，开辟专门的直播室进行学校办学特色、人才需求等方面的介绍和宣讲，校长跨界担任主播，与求职者进行在线互动。如求职者关心的学校前景、职位要求等，都可以直接与校长沟通了解，既使得异地求职者能够获取更权威、更准确的信息资料，也让用人单位更直观、准确掌握求职者的情况。作为疫情之下长三角联合师资招聘的一次全新尝试，这样的"云招聘"带给求职者与用人单位更多便利，在非常时期为供需双方搭建"云端"的沟通桥梁，实现更充分的信息对称。

▶ "云逛街"——柜姐主播

新冠疫情让百货行业进入了"至暗时刻"，有的百货公司缩短营业时间，有的甚至直接闭店。面临危机，如何克"危"求"机"，既考验行业的耐性与韧性，更考验应势而变的能力。尽管商场停业，顾客也出不了门，但消费需求还是存在的。在这种背景下，线上渠道的开拓成为百货业的突破口。一些百货商场员工几乎都转战线上营销，柜姐们变身主播，平台直播、网上商场、微信社群等多种方式一起上，她们不仅是在自救，而且是正亲身经历一场传统零售业的生存之"变"。

"各位粉丝，今天是我的荧屏首秀，请大家多多关照……"从事了6年销售工作的周洲，完成了从商场专柜导购员到"带货主播"的转型（见图2-9）。两个小时的直

图2-9 一名柜姐主播正在通过直播线上卖货（图片来源：《10位柜姐直播顶起一家商场 谁是下一个"李佳琦"》，IT时报公众号，2020-03-06）

---

1. 朱玫：《应对防控疫情要求 长三角春季师资"云招聘"》，看看新闻，2020-03-19，https://www.kankanews.com/a/2020-03-19/0039190227.shtml。

播，共吸引了 1000 余人在线"云逛街"，带动超过 1 万元的销售额。南昌市核心商圈的天虹百货中山路店，在 2020 年 1 月 26 日，一年中消费最为旺盛的春节假期，根据新冠疫情防控工作要求暂停营业。至 2 月 19 日商场恢复营业时，门可罗雀，店员比顾客还多，到客量锐减，商场日均营业收入下降约 80%；每天营业额只有二三十万元，还是主要依托保供应、保民生的超市支撑。为自救，该商场数百名"柜姐主播"齐上阵，两个多月时间进行了上百场直播，成交额达 100 多万元。其中效果最好的一场直播，单店成交额达 20 余万元。截至 4 月 21 日，该店线上成交额占总成交额的比重达 12%，而在 2019 年同期占比仅为 1.5%。[1]

天虹百货只是整个中国传统百货业的小小缩影。这场疫情，既让传统百货业遭遇生存危机，也看到了新商机。传统百货业必然要走线上、线下全面融合发展模式，但很多商场"醒得早、动得慢"，而疫情则加速了行业数字化转型的进程。

▶ "云旅游"——导游主播

新冠疫情重创了旅游业，使其陷入停摆状态。如果没有疫情，2020 年原本应该拥有一个无比热闹的春节旅游黄金周，突如其来的疫情，导致全国多数景区关闭；有的景区则采取关闭部分停车场、下调限流人数等措施来应对疫情，创收有限；很多酒店暂停营业，短期内出租率大幅下滑，营业收入受到影响；海外疫情同样在蔓延，国际航班纷纷取消或者停飞，出入境旅游被加以限制。疫情使几乎全部旅行社的员工都处于停工状态，收入和现金流面临挑战。为了稳定行业队伍，不少旅行社都通过开展各类线上学习、线上锻炼实操等方式，一方面稳定行业队伍，另一方面为疫情后旅游市场的全面重启储力蓄能。一批出色的领队导游充分发挥个人才华，化身主播通过各种直播平台进行直播，为游客介绍各地文化和风光，带来线上旅游的体验。各地也纷纷出台措施稳定导游团队，为旅游恢复发展蓄能。

1. 郑荣林：《"带货主播"带旺"云逛街"》，金台资讯，2020-04-21，https://www.163.com/dy/article/FANI15TI05346936.html。

导游在线上开展旅游直播，不同于常规网红的直播内容，而是更要突出导游的专业性（见图2-10）。做好直播前策划，突出主题，才能产生较高的直播热度。广东省金牌导游马小雅，在社交平台上的个人账号上经常分享在世界各地带团旅游的信息，拥有一定

图2-10　布达拉宫的线上直播吸引了100多万观众同时在线观看。（图片来源：王胜男，《布达拉宫首次直播并展示未开放区域，吸引100万人观看》，《新京报》2020-03-02）

粉丝。疫情防控期间，她还做起了网络主播，将原本带团时实地讲解的经验，运用到线上与用户实时互动、科普旅游知识的直播当中，带网友"云旅游"。她所做的"广州西关故事"等主题直播，受到众多用户围观。

网络直播也是对导游主播们个人潜力的一种挖掘，线上内容做好之后，将可能成为旅游业的"意见领袖"。目前，越来越多导游主播正加入线上"直播""云旅游"的尝试中。当然，"云旅游"永远无法取代实地出游。不过，随着疫情过去，在新的发展环境下，导游主播能助力旅游业快速积累并精细运营线上资产，实现从线下到线上全覆盖的跨越式成长。

（三）"专业"跨界主播，跨界更专业

随着泛娱乐直播一片红海，网红经济一跃成为全民关注的话题，一些行业直播也逐渐在直播领域中异军突起。把直播运用到行业领域，可以创造出更大的价值。在直播元年里，无论是电商直播、发布会直播、行业宣传，其效果都给专业领域带来了更多宣传、营销的创新空间。目前，国内的许多会议盛事如"双十一狂欢节""品牌发布会""展会直播"，以及"婚礼庆典""景区直播""教育培训"都能看到行业直播的形式。这无疑带来一个重要启示：视频直播已经成为行业营销的标配，势在必行。直播的实时性，可以使行业直播精准直达目标客户群体。通过直播可以展现最真实、最及时的信息，更能赢得顾客信任，提高销售转化率。此类直播可以大幅减少重复工

作，快速提高工作效率。以企业直播为例：疫情之下，许多企业既面临着外部同业竞争激烈，内部目标并未下调，又想通过线上直播推广公司的产品和企业文化。有的企业主动洽谈了部分头部主播，其费用昂贵且不能保证其流量带来线下转化量；而新晋的网络小主播只擅长推广快销类商品，缺乏行业知识，也不符合企业定位。基于此，企业迫切需要培养自身的主播团队。挑选"自己人"，其拥有专业背景，接受过一定的培训后对本企业产品和服务的体验更深更准确；再通过镜头感训练、语言风格的学习雕琢、策划别出心裁的互动方式等，可以培养成具有企业专业需求的主播。当然，这背后还是需要专业团队协同运作。行业内产生的拥有专业技能的"专业"跨界主播，直播内容更具权威感和可信度。

▷ 医生主播，在线问诊

近年来，医疗服务领域新形态不断涌现，"互联网+医疗"实现了远程诊疗、挂号结算、咨询服务。尤其是在 2018 年，国务院办公厅印发《关于促进"互联网+医疗健康"发展的意见》，提出允许医疗构开展部分常见病、慢性病复诊等互联网医疗服务，为"互联网+医疗健康"明确了发展方向。互联网医院是在实体医院基础上，运用互联网技术提供安全适宜的医疗服务，允许开展部分常见病、慢性病复诊。为方便病人线上就诊，一些常见病网上就可以进行问诊。同时，上级医疗机构借助人工智能等技术手段，面向基层提供远程会诊、远程心电图诊断、远程影像诊断等服务，促进医疗联合体、医疗机构间检查检验，结果实时查阅，互认共享。互联网医院是互联网医疗的 2.0 模式。它告别了以提供信息、在线咨询等医疗周边业务为主的 1.0 时代，进入以在线诊疗、开具电子处方为核心业务的 2.0 时代。

"各位患者，大家晚上好，我们是市中心医院神经内科……" 2020 年 5 月 8 日晚 7 时许，株洲市中心医院神经内科副主任医师朱勇坐在电脑前直播"如何快速识别脑卒中健康知识"。1 个小时的直播有 100 多名病友在线观看。直播中，朱勇医生告诉患者："中国推出了适合国人的急性卒中快速识别方法，即'中风 120'，其中'1'代表'1 张脸不对称，口角歪斜'，'2'

代表'两只手臂平行举起，单侧无力'，'0'代表'聆（零）听讲话是否清晰'。"[1] 主播医生"播"得认真，线上患者听得仔细，不时通过弹幕向"主播"发问，"主播"立即进行回复，网友患者坐在家中，通过小小的手机，就能看病问诊，快捷又方便。

2020年2月10日，天津医科大学总医院Q医"互联网门诊"上线试运行，实现"线上问诊"；3月3日，总医院在线上问诊的基础上，分别开通检查结果查看、开具处方、线上支付、药品快递到家等服务，实现医保线上实时结算。运行1个月以来在线咨询服务患者6000余人次。[2] 总医院首批103名医生成为"网红主播"开展在线问诊服务，患者可以通过图文或视频的方式在线咨询。103名医生当起主播，每个人前面都有平板电脑，打开镜头就能实时"直播问诊"。而且，总医院还为每位医生配上了"美颜灯"，医生们"线上颜值"绝对在线。主业治病救人，副业科普直播，这是当下不少医生们的工作状态（见图2-11）。

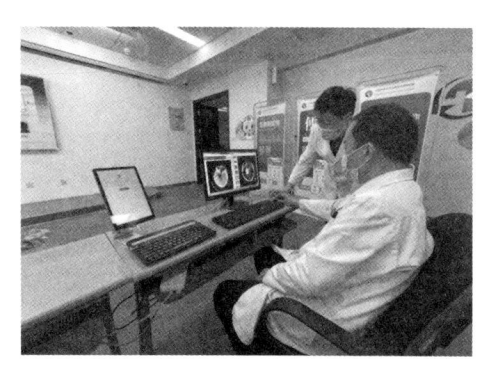

图2-11 在网上直播问诊的"医生主播"（图片来源：李家鼎摄，《天津医科大学总医院：互联网诊疗迈上新台阶》，《人民日报》2021-12-15）

新冠疫情之下，更有大量医护人员化身主播，活跃在抖音、快手等短视频平台上，每天为上亿多名用户科普知识、构建健康保护屏障。鼠年春节前夕，新冠疫情蔓延，一些短视频平台迅速反应，充分发挥"短视频+直播"的优势，大力推广权威的疫情防控相关内容。疫情防控期间，人们对健康的重视程度也提高了许多。各医院知名医生变身主播，重点针对不同类型患者进行科普，有骨科医生主播、妇科医生主播、中医主播、内科医生主播、儿

---

1. 杨凌凌、黄灿：《你知道急性卒中快速识别方法吗？医生变"主播"，线上讲"干货"》，株洲网，2020-05-13，https://zzwb.zznews.gov.cn/content/c1506364.html。
2. 吕兴龙、龙洲：《互联网医院来了：天津总医院103名医生当"主播"》，中国网视窗，2020-03-11，http://zgsc.china.com.cn/2020-03/11/content_41087915.html。

科医生主播等。医生主播本着以"每天教你一点医学知识"为目的，通过视频连线的形式"现身说法"，解读不同科室的工作，给网友进行医学知识科普，告诉网友免疫系统如何对抗新冠病毒，如何看懂化验单、CT照片。这样深入浅出的互动交流，也加深网友了对医院、科室的认识。有些医生主播语言幽默，金句不断，深得用户喜爱。"@一路向前巍子"是北京大学第一医院密云医院急诊科医生高巍的网名。几年来，他坚持用休息时间给网友做科普，从写文章到拍短视频，拥有大量忠实粉丝。目前，越来越多的医院、医生及行业专家汇集到短视频平台，充分发挥"短视频+直播"的优势，大力推广权威、正确的疫情防控相关内容，为全民抗疫发挥了重要作用。

医生主播们坚持平等普惠、真实向善的价值观，践行社会责任，正本清源，为公众传播权威、多元的信息，以"短视频+直播"赋能健康传播，持续打造正能量平台，用有温度的科技提升用户的幸福感。

▶ 大厨主播，助推餐饮数字化

新冠疫情让餐饮业遭受重创，中国烹饪协会发布报告称，全国93%的餐饮企业都选择关门闭店。但是餐饮行业并没有坐以待毙，而是在新冠疫情下挖掘新的机遇和创新模式。从关门歇业到网上直播，不少餐厅转向线上直播间，寻求新的发展机会。餐企打响直播战，将后厨变"直播间"，大厨变"主播"，做菜成"网课"，把厨房搬上屏幕。全民宅家，做饭的需求使得互联网美食社区的流量出现暴涨。不少实体餐厅与互联网美食社区合作开启了"大厨直播带货"模式，帮助餐厅吸引消费者实现较高的转化。

2020年2月16日，成都小龙坎老火锅在某电商平台进行了一场名为"居家大厨教你花式吃火锅"的直播活动，实时观看达到11972人次，获得了40687次点赞。由美女大厨现场演示在家如何煮小火锅。直播间内优惠出售小火锅底料、涮品等。[1] 此外，还有多名知名餐企的大厨变身主播试水直播新渠道，不仅推动销量增长，还提升了自身知名度，俘获一批年轻

---

1. 聂坤：《大厨变主播，把厨房搬上屏幕，真 · 名利双收》，中大创盈，2020-02-16，http://www.cycy8.cn/a/meirizixun/202002191977.html。

粉丝。同年元宵节前夕，一些大厨主播直播中，一边做美食，一边和网友互动。很多网友表示，透明化的阳光厨房让顾客更安心下单，这是为吃外卖的人服下了一颗定心丸。大厨主播在研发厨房直播，教网友在家里学做菜，给餐饮业与用户之间增添了互动的新渠道。随着5G时代的来临，用视频形式取代图片文字与消费者互动，餐饮直播、大厨主播"带货"将会成为餐饮消费新趋势（见图2-12）。

图2-12 "大厨"直播制作美食（图片来源：眉山东坡旗舰店2020年淘宝直播视频截图）

▶ 财经专家主播，打造专业理财

在这个"人人皆主播，万物皆可播"的时代，越来越多的行业强势入局，开始尝试用直播来获取流量，拉近与消费者的距离，比如看起来离普通人较远、专业性强的理财行业。2020年6月28日晚，支付宝的理财直播邀请了理财专家和资产优选专家直播首秀，凭借精挑细选的理财好货，该直播间当晚90分钟吸引200万人观看，交易金额达到15.5亿元。[1] 理财主播还因为一句"理财就像谈恋爱"引发广大网友关注，在微博抖音等平台引起广泛讨论。

没有头部（顶级）网红加持，仅凭素人主播理财专家就能达到这个效果，还是因为专业的事要靠专业的人来做。理财的专业性不是因为某人是知名度很高的网红或明星就能讲清楚，唯有行业专家，才能为用户进行专业的投资理财教育，帮助用户多维度、更深刻地理解理财知识；并凭借自身数年的专业知识积累，在用户选购理财产品遇到困惑时给予指导帮助。在一些理财直播栏目中，理财主播将"看起来水很深"的理财知识浅显直白地展示在用户眼前，旨在给予用户财商教育。不借用头部网红的力量，凭借专业人士的专业技能，理财主播走进大众视野，普及强化广大用户的理财心智教育。

---

1. 朱妍：《90分钟卖15.5亿元！支付宝理财直播热火朝天》，中国证券网，2020-06-29，https://stock.cnstock.com/stock/smk_jjdx/202006/4554115.htm。

跨界主播

▶ 警察主播保平安

"互联网+"时代，广大公安机关积极运用"互联网+公安"思维，推动公安工作的深刻变革，以民意引领，推动警务模式变革。随着大数据、云计算、物联网、人工智能、虚拟现实等新技术的到来，公安机关积极实施公安大数据战略，依托警务大数据资源，主动融入社会治理创新，倾力打造公共服务和社会管理新模式，回应社会对公共管理、公共服务、公共安全的新期盼。通过互联网创新成果与公安工作深度融合，改善民生，提供高品质政务服务。网络社会的虚拟性、普及性、扩散性等特点不仅为公安群众工作提供了广阔的平台和灵活多样的手段，而且带来了严峻的挑战。"互联网+"时代，公安工作的群众主体、客体与内容产生了新特点和新挑战，广大公安干警与时俱进，更新工作思路，健全群众工作机制，优化完善网络工作载体，创新运用群众工作方法，不断探索网络社会下专门工作与群众路线相结合的新路径。大批警察主播活跃在公安工作的各条战线上。借助互联网新技术，更好地维护社会稳定，助力社会经济发展（见图2-13）。

河北省迁安市公安局反诈中心在"亮剑2020"打击整治专项行动中，以"降发案、降损失"为根本目的，组织带动全局各单位以及社会各界力量开展反诈宣传活动，营造全民反诈的浓厚氛围。反诈中心联合迁安信息港在抖音、快手平台开展网络直播宣传。此次网络直播，由反诈经验丰富的刑侦大队信息情报中队副中队长沈

图2-13 山东省东营市利津派出所警察主播刘警官在进行反诈宣传直播。一位没有任何直播经验的普通民警，仅仅进行了5场直播，就收获了几百万网友的支持（图片来源：抖音APP@利津派出所视频截图）

军伟担任主播，重点针对当前高发的刷单诈骗、贷款诈骗，向喜欢观看网络直播的网友开展反诈宣传；并在直播间及时回答用户提出的各种问题，在不到 2 个小时的时间内直接受众人群达 2000 余人。以网络平台直播形式开展反诈宣传，达到了超预期的宣传效果。[1]

"666""警察厉害了""知识很多""get 到了"……满屏的弹幕互动直播间气氛活跃。2022 年 6 月 8 日下午在高考考点外，四川自贡市自流井区的公安蜀黍们在线"带货"直播，针对高考类诈骗，对在场外等待的家长进行精准反诈宣传。直播采取线上线下同步宣传方式开展。线下，盐都公安先锋队自流井小分队民警针对考生家长开展高考精准反诈宣讲，向考生家长发放宣传资料，指导下载"国家反诈中心"APP，面对面解析高考类诈骗手法和防范要点，提升反诈意识。线上，"自贡公安"官方微博联动"四川长安网""四川公安"微博平台开展直播，直击公安护航高考工作点滴。两个多小时的直播，网友在线观看达 1.7 万人次，点赞数 1500 余人次，线下对考生及家长开展反诈宣传 3000 余人次，切实提升了高考考生及家长的反诈意识和防范能力。[2]来自重庆南岸区的警察主播，用"云调解"化解群众纠纷；成都市第二强制隔离戒毒所"禁毒民警主播"开展网络平台禁毒教育直播，进行禁毒宣传教育；江西鹰潭市公安局交警支队"交警主播"通过现场云网络直播与广大网友互动，带领群众直击交警执法现场，引导广大驾驶员关注"一盔一带"安全出行理念，增强自我保护意识等。民警主播"智慧警务"创新举措，"互联网+公安"碰撞出的火花，不仅拓宽了政策宣传方式、畅通了警民交流渠道，还缩短了警民距离，提高了办事效率，增加了人民群众的幸福感和安全感。

---

1. 惠丽丽、杜宇昕：《反诈宣传中迁安民警当起了"网络主播"》，长城网，2020-07-02，http://ts.hebei.com.cn/system/2020/07/01/100368371.shtml。
2. 徐昭磊：《省市区公安机关联动开展"警随高考 反诈同行"专场直播》，四川新闻网，2022-06-10，http://zg.newssc.org/system/20220610/003307214.htm。

▶ 农村主播，手机变身新农具

网络直播随着移动互联网和智能手机的普及蔓延至乡村，农村与城市的隔阂逐渐化解。乡村的网络直播，让更多村民懂得使用互联网，寻找到一个自我发挥的平台。一大批以乡镇生活为内容的创作者开始走红网络。手机直播操作简单，只要一部智能手机就可完成。工作节奏快、压力大、城市污染等问题，让许多城里人对乡村世界充满向往和好奇。"远离城市喧嚣"的田园风景、富有浓郁特色的乡村戏曲文化、去山林中搜寻天然食材……对城里人来说都新鲜有趣。根据中国互联网络信息中心（CNNIC）在北京发布的第48次《中国互联网络发展状况统计报告》，截至2021年6月，我国农村网民规模为2.97亿，农村地区互联网普及率为59.2%，较2020年12月提升3.3个百分点，城乡互联网普及率进一步缩小至19.1个百分点。农村地区通信基础设施逐步完善，推动农村互联网使用成本逐步下降。行政村通光纤和4G的比例均超过了99%，农村和城市"同网同速"，城乡数字鸿沟明显缩小，年底有望实现未通宽带行政村动态清零。随着数字化应用日趋完善，广袤的下沉市场逐步享受到数字化带来的便利和实惠。截至2021年6月，农产品网络零售规模达2088.2亿元，全国乡镇快递网点覆盖率达到98%，有效打通了农村消费升级和农产品上行的末梢循环。[1] 伴随着乡村直播的发展，"土味"也不再是刚起步时大众眼中简陋的代名词，取而代之的是反映日常生活、田野风光、劳作技能、乡村文化等更加贴近乡村真实生活场景的内容。

由此，一些村民当上主播，直播当地的民间传统节日，深山探险、种地捕鱼等，配上主播纯正方言，很受用户欢迎。用户纷纷打赏主播，有的干脆慕名前往旅游。这些展示现代化美丽乡村的经济文化、生态、村容村貌、农民生活等发展状况的乡村文化的内容，原生态、不做作，能够引起用户的共鸣。农村主播通过网络直播，既能获得一定的收入，也能为家乡做推广宣传，还能带动当地的经济发展。

2016年5月24日，新京报一篇报道《悬崖上的村庄》，介绍了位于四川

---

[1] 李政葳：《我国网民规模超10亿！第48次〈中国互联网络发展状况统计报告〉发布》，光明网，2021-08-27，https://politics.gmw.cn/2021-08/27/content_35116548.htm。

省凉山彝族自治州昭觉县美姑河大峡谷与古里大峡谷之间的支尔莫乡阿土勒尔村。村庄位于悬崖之上，地势陡峭，交通极为不便。村民出行，都要借助17段藤梯，翻越崇山峻岭，上下落差达800米。报道发出后，受到党和政府的高度重视。四川当地有关部门立即成立工作组，进入"悬崖村"，用钢管为村民搭建了钢梯。经过一年多的努力，悬崖村通了水电，接入互联网，村里交通和通信都得到了极大的改善。藤梯变钢梯的背后，更多的变化在悬崖村悄然发生。伴随着网络接通，直播开始走入悬崖村居民的生活。借助直播，村里人开始了解外部世界，一些现代生活方式，也在潜移默化中影响村庄。网络直播，承担起村子对外交流的"窗口"作用。"悬崖村"通了网络后，22岁的彝族小伙某色苏不惹成了当地第一批主播，每天他直播三四个小时，还不定期发布短视频，介绍"悬崖村"如今的变化。在其上传的16条短视频中，大部分内容围绕"钢梯"展开，展现了"悬崖村"居民借助钢梯上下、进出的场景，受到网友广泛关注。在他的镜头下，"悬崖村"的村民们，肩背手提，越过几乎垂直于地面的悬崖峭壁，来去自如。蔬菜、生活用品乃至洗衣机等家用电器，都借助钢梯"飞"进村子，不少网友纷纷表示"大开眼界"。

某色苏不惹所拍摄的短视频，播放量少则数十万次，多的超过百万次。这名22岁的彝族年轻人，不知不觉间成了"网红主播"。他说："自己的出发点就是把家乡宣传好，让大家看看"悬崖村"现在的样子。以前村里没有网，村民也不知道外面的世界是什么样子。现在通了网络，村民通过直播软件看到了外面的生活，给村里的风俗习惯带来了挺大的变化。比如直播的时候有网友问，'你们怎么都蹲着吃饭'，后来我就注意这点了。现在，村里很多人已经开始坐着吃饭。"

直播在乡村中的普及，不仅有力助推了先进农业技术的广泛传播和丰富乡村文化生活，也打破了农村地区普遍存在的信息壁垒，为乡村特色农副产品和旅游产品"走出去"开辟了便捷的渠道。如今，电商平台为了扩大"版图"，市场开始下沉，吸引大量村民加入其中。

而新冠疫情，成了农村地区直播发展的"助推器"。2020年2月14

日，商务部办公厅印发《关于进一步做好疫情防控期间农产品产销对接工作的通知》，要求电商企业通过扶贫频道、专区、直播带货等多种渠道提供流量支持，开通农户入驻绿色通道，拓宽滞销农产品销路。[1] 在这场充满竞争的"直播带货"的浪潮里，广大农民朋友也抓住机遇，享受到直播带来的红利。2020年9月21日，淘宝联合中国青年报发布的《淘宝新农人主播报告》显示，淘宝直播上的新农人主播破10万名，覆盖全国2000多个区县，并比一个月前多了1万多人。近三个月，农民主播数量增长近50%，新农人主播数量最多的前十省份依次为广东、浙江、山东、江苏、福建、云南、河南、四川、湖北、陕西。2020年1-9月，淘宝上的农产品直播场次超过183万场，仅8月，淘宝直播上农产品销量同比增长200%。[2] "农村主播"们在直播中逐渐摸索出自己的语言风格和直播路子。将干农活的日常分享到直播平台，制作一些有趣搞笑的小视频，努力磨炼嘴皮子，锻炼镜头感，积累粉丝。农村主播将手机变成新农具，田间、大棚、仓库、渔船都成了农村主播的直播间，直播变成新农活。乡村直播发展正处在快速上升阶段，越来越多的有想法、有创意的群体和个人加入直播、短视频等新媒体传播阵营，通过"直播+"等新形式，打破信息壁垒，与外部世界建立连接。"直播+乡村"必将开拓更多可能性，更好地推动乡村经济发展。

---

1. 赵雯：《阿里巴巴数字化助农 农民"跨界"成直播主角》，经济参考网，2020-02-26，http://www.jjckb.cn/2020-02/26/c_138821544.htm。
2. 《淘宝新农人主播破10万名 覆盖全国超2000个区县》，《电商报》，2020-09-21，https://www.dsb.cn/news-flash/61141.html。

Chapter 3
第三章
跨界主播优劣势

互联网跨界主播的兴起给普通民众提供了一个展示个人技能的舞台，专家、学者、明星、老百姓……跨界主播们各显神通，在直播界开创出一片新天地，为影视、电商、教育、企业等行业打开新的想象空间。跨界主播来势汹汹、势不可当，既挤压了传统科班主持人的就业空间，又在"去主持人化"大潮中做出了积极贡献。除去特殊的专业背景，网络语境下的跨界主播们展现出的更活泼、更接地气甚至更"搞怪"的一面，受到了用户喜爱和关注。跨界主播颠覆了传统的播音主持形式，主播角色定位和功能意义发生根本的改变。跨界主播的日渐盛行，既是"互联网+"的跨界时代的发展必然，也是跨界主播较之于传统科班出身的主持人所特有的竞争力，这种转型、交叉、结合与互联网跨界时代对主播这一职业产生的新要求、新特质吻合而受到认可。诚然，跨界主播既具有核心竞争力，也存在着短板。当越来越多的人投身于跨界主播的行业之中时，自然产生了不少的问题。打造核心竞争力，规避风险，才能使跨界主播走得更远。

跨界主播

一 跨界主播核长板——"专业"为王

跨界主播基本没有经过播音主持专业训练，直播经验几乎为零，网络俗称"素人主播"。传统媒体主持人所传播的信息，是通过收听率、收视率进行衡量；跨界主播则是通过庞大的用户群体进行特定信息传播，获取大量的流量及关注度极为重要。而具备核心竞争力的跨界主播才能从众多直播平台竞争中脱颖而出，获取更多的关注度、最广泛的传播面、最优的传播效果。那么，跨界主播的核心竞争力主要来自以下几个方面。

（一）直播内容专业性强

内容决定未来，"直播+X"正在走入人们的生活。无论大众还是小众，只要内容优质，都可以获得机会。跨界主播主要活跃在不同专业学科、政务、公益、娱乐、教育、电商等众多领域，除去少数的行业著名专家学者、行业领袖级人物，绝大多数主播没有知名度，更缺少明星、网红主播的自带流量。其直播之所以能受到广泛关注，来源于直播的专业内容，以及其所处的行业领域。在网络平台上，张召忠、杜文龙、房兵、宋忠平等一批军事科普专家，对军事行业内的军备发展、国外军队状况、国际局势进行的专业深刻的解读，获得大量用户特别是年轻用户群体的关注，在嘈杂的网络世界开辟出一块新派的军事科普阵地。喜爱军事节目的观众都十分熟悉已退役的海军少将张召忠，他曾长期在中央电视台军事节目里作为特邀嘉宾，与央视主持人一起主持军事类节目。张召忠退役之后，通过网络平台和自媒体进行军事方面的解说与评论，吸引了大量的粉丝。他在军事领域的时评具有很高的信誉度和权威性，影响力非但没因退役而下降，反而在网络时代更具活力。截至 2025 年 1 月 2 日，张召忠的新浪微博粉丝 1272.4 万，抖音粉丝 346.2 万，《今日头条》粉丝 1419 万。[1] 这样的巨额流量得益于他长期的军旅生涯、几十年军事知识的积累和多

---

1. 数据来自张召忠新浪微博、抖音、今日头条账号。

年媒体经历。通过自媒体平台，他能够更加自由地表达观点，发出更加直接和真实的声音。他的言论直接触及很多对国防军事领域感兴趣的人，引起他们广泛关注和讨论。这样的传播，对军民关系的和谐也能发挥积极作用。直播内容的权威感是普通主播无法比拟，也不可能做到的。此类跨界主播利用优质内容优势，运用移动直播的及时性、陪伴性、便捷性，将复杂专业内容信息通过视频、图片、VR 场景等手段直观地展示给用户，获得极好的传播效率。

▶ 主题内容优势

直播主题和内容决定了为谁而播、谁会来看，定位具有较强的针对性。这种主题内容优势，将所直播内容进行更为细致的划分，突出跨界主播的行业地位优势，将直播内容快速推送到有需求的用户群体。既节约了时间成本，又有效增加了用户黏性、提高用户活跃度。

案例：民警主播云发布"平安指数"，你关心的"渣男渣女语录""诈骗公司十大特征"都在这里

"骗子最喜欢使用的五大职业""渣男和渣女的五大语录""最容易被攻破的五大心理软肋"……2020 年 7 月 10 日至 13 日，上海市闵行区连续 4 天发布深受百姓喜爱的"平安指数"，以一系列数据、图表、榜单、案例，解读辖区治安状况及防范要点

图 3-1 《民警主播云发布"平安指数"，你关心的"渣男渣女语录""诈骗公司十大特征"都在这里》（图片来源：周渊，《文汇报》，2020-07-14）

（见图3-1）。这是自2017年以来，闵行区第七次以这种方式解读城市安全，也是首次采用直播间"云发布"。值得关注的是，上海市闵行区已启用300个城市安全屋。此次直播，民警主播在线吆喝"拉货带人"，为城市安全屋招募"平安合伙人"。4场直播全网浏览量达到1290万次，共有近千名群众报名参加平安志愿者活动。直播中，主播民警通过办案数据分析，帮助网友提高网络交友的警惕性。

闵行区公安分局相关负责人介绍，直播前，团队分析了新媒体受众的阅读习惯，在综合评估移动互联媒体的多种应用之后，选择了抖音、快手、B站以及"中国长安网""上海长安网""警民直通车（上海）"等微信公众号、"今日闵行"APP等官方账号同步网络直播。在8小时直播当中，10位民警、2名网红博主延续了前6次"数据加持""榜单提示"方式，解读23项数据。表现形式上也结合直播特点，增加了"脱口秀""传唱歌曲""直击现场"等元素。网友纷纷表示："这种发布会脑洞太大了吧"……

"传播正能量，集结合伙人。"民警主播在直播中在线招募"平安合伙人"效果惊人，踊跃报名的人中不乏教师、医生、公司白领和学生。这些合伙人可以投身"城市安全屋"的义务值守，也可以根据自身职业特长为安全员提供全面的专业技能培训，还可以参与到"城市安全屋"户外滚动屏幕的内容设计，拍摄防盗、反诈等各类防范技巧视频。据了解，今后闵行公安分局会定期组织直播，或将开出频率、开出频道，吸引更多的UP主、网红博主和地区群众加入"平安合伙人"的队伍当中。[1]

本场直播将主题定位为"城市安全"，由10位警察主播加2位网红博主

---

[1] 周渊：《民警主播云发布"平安指数"，你关心的"渣男渣女语录""诈骗公司十大特征"都在这里》，《文汇报》，2020-07-14。

构成的"主播群",既有警察主播的权威身份,又有网红博主的流量加持,增强了传播影响力。该系列直播具有以下几个特色。

真实可靠:主题内容直播直接呈现事实真相,来自官方数据信息具有权威性,真实可靠。尤其是民众十分关心的辖区治安、各类诈骗等社会热点事件,由于有了现场警察主播的专业解读,更容易让大众明白事件的整个过程。对于深受百姓喜爱的"平安指数",警察主播以一系列数据、图表、榜单、案例,解读辖区治安状况及防范要点。直播的即时性使内容更加真实,展现出来的信息能看能听,比传统文字、图片信息更符合大多数人的心理预期。

针对性强:主题内容生产者的首要目的是有针对性地创造内容,服务受众,而内容平台的核心则是更好地服务平台上的所有参与者,获取更广泛的传播范围、更快的传播速度。在直播中,警察主播针对常见的六大类型电信网络诈骗,按数量排序进行分类,从诈骗嫌疑人选择作案对象的角度,帮助网友提高网络交友的警惕性。特别针对易受骗的老年人、大学生,警察主播专门整理了一份诈骗公司的"十大特征",配以图片逐一解读,内容清晰明了,适宜人群更广,更有利于信息扩散。网络时代,直播作为微社交时代的最新社交方式,由于融合了文字、语音、画面等多种表现形式,老少皆宜。因此,在传播范围、传播速度上,比传统媒体传播方式具备更大的优势。

交融互动:大量运用并选择用户接受度高的新媒体网络平台。同步直播,获得较高的浏览量。主题内容通过不同网络直播平台更好地展现给广大用户,影响力更加广泛。直播中主播与用户、用户与用户之间及时、热烈的交融互动,既能吸引更多的用户参与到互动当中,又起到了较好的传播效果。

▶ 单位内容信息含量高

由于直播有时长的限制,所以主播在直播中应尽量将所传播内容信息最大化。跨界主播的行业优势,使其可以在最短的时间内,用最精准的专业表述、最准确的逻辑关系在直播中提供最丰富的信息量。在直播中，主播的语速高低快慢传递出不同的信息内涵，体态动作手势、面部表情和内在情绪也是信息的一部分。在文字、图片时代，受众接受信息，只需要动用视觉感官，而通过视频直播传播的信息，却可以同时刺激传授双方的多种感官。加之定位精准的主题内容，辅以先进的直播技术手段，采用"云视互动"，提供高清、不卡顿、低延迟、音质好的直播画面，辅以直播间文字、表情、短视频、在线问卷、投票、点赞、打赏等多种互动方式活跃氛围，参与互动性强，让观看端用户享受沉浸式体验。一场直播下来，单位内容的信息含量越高，能击穿的用户群体就越大。

（二）锁定目标用户群体

网络传播，锁定目标人群合理的引流，才能有效地发挥传播内容的价值。与传统媒体主播相比，跨界主播直播的特殊性在于根据直播内容行业独特性和个性化定制内容，主播自身也是内容生产者。对于以强调互动性为主的用户来说，专业内容强的直播，跨界主播具备足够的话题内容，可以较好地吸引目标用户。

有的跨界主播是作为公共意见领袖或行业领域的专家出现的，他们往往有着个人独到之处。前文提到，由于以主题内容为主的跨界直播的主题鲜明、指向性强、目的明确，能够锁定特殊需求群体。跨界主播要想达到吸引用户的目的，首先要解决用户是谁、用户想要什么、直播内容是为谁服务的这三个问题。根据用户需求进行预判，为锁定用户群体提供方向。

在网络传播中，要更好地锁定目标用户群体，可以考虑以下几个方法：

用户画像：通过市场调查和数据分析，了解目标用户的年龄、性别、兴趣爱好、消费习惯等方面的特征，构建详细的用户画像。这有助于更精准地了解目标用户的需求和偏好。

如，对针健身应用程序的目标用户群体，则用户画像描述如表3-1所示。

表 3-1 用户画像描述

用户特征	具体描述
年龄范围	25—45 岁
性别	男/女
职业	上班族
兴趣爱好	运动、锻炼、健康生活
消费习惯	愿意在健身方面投资
数字行为	经常使用健身相关应用程序，关注健身博主和健康话题
目标和动机	保持健康、塑造身材、提高运动表现
痛点和挑战	时间紧张，需要便捷的健身方案和个性化指导

通过以上用户画像的描述，跨界主播可以更清楚地了解目标用户的特点和需求，从而针对性地设计产品功能、营销策略和内容，提供更符合他们期望的内容。在营销方面，跨界主播可以针对目标用户喜欢的社交媒体平台进行推广，并与健身博主合作，以此吸引用户的关注和参与。

对用户画像的细化：根据产品、服务特点、目标市场对用户画像进一步细化。针对细分领域的目标用户，制定相应的营销策略。

以医生主播为例，细分市场的方法见表 3-2。

表 3-2 细分市场的方法

客户细分	根据用户的年龄、性别、地域、健康状况、兴趣爱好等因素对其进行分类
目标市场选择	基于医生主播的专业领域和特长，选择一个或多个具有潜力的细分市场作为目标市场
差异化定位	制定独特的价值主张和品牌形象，例如提供专业的医疗知识、解答观众的健康疑问、分享个人的医疗经验等
产品设计	设计符合其特点的直播内容，如，为不同年龄段的用户提供不同的健康建议和科普知识，为不同地域的用户提供当地特色的医疗服务和信息等
定价策略	根据不同市场的消费能力和市场定价，制定相应的价格策略，如提供部分免费的直播内容，通过付费会员制、打赏等方式获得收益
营销渠道选择	选择适合目标市场的营销渠道，例如，在社交媒体平台上宣传直播内容、与医疗机构合作推广、参加医学会议等

续表

内容营销	细分市场的针对性的内容创作，例如，为老年用户提供养生保健知识，为年轻用户提供健身减肥建议等
客户关系管理	提供个性化的服务和沟通，增强用户的满意度和忠诚度，如回复用户的留言和评论、定期与用户互动、提供线下医疗服务等

医生主播直播还可以按照疾病的细致分类来确定主题，如"心脑血管疾病""内科""外科""肝胆""儿科""妇科"等进行定制；也可按某种主题日，如"世界爱牙日""世界肺结核日""世界艾滋病日"等来定制直播内容。锁定对直播内容有需求的特殊用户群体，更易形成积极互动。

选择平台：根据目标用户的特征和行为习惯选择其经常使用的网络平台。如果目标用户是年轻人，社交媒体平台可能是一个很好的选择，例如抖音、微博、B站等。跨界主播可以在这些平台上发布短视频、图文科普等内容，吸引粉丝关注。对于喜欢观看视频的用户，如西瓜视频、YouTube等视频平台可能是合适的选择。例如，一位心脏外科医生可以选择在心血管疾病相关的专业论坛上分享手术经验和案例，同时在抖音上发布短视频，为普通大众科普心脏健康知识。

研究关键词：研究与目标用户相关的关键词，了解他们在搜索引擎上的搜索行为，优化直播内容和推广文案，提高搜索引擎排名和曝光度，使其更容易被目标用户找到。

以户外旅游主播为例来展示关键词研究的应用，见表3-3。

表3-3 户外旅游主播的关键词

目的地关键词	如"黄山攻略""桂林山水""海岛旅游"等
活动类型关键词	如"徒步旅行""露营体验""潜水探险"等
季节关键词	如"春季赏花""夏季避暑""秋季红叶"等
装备关键词	如"帐篷推荐""摄影器材""登山鞋选购"等
体验关键词	如"美食探索""文化体验""自然奇观"等

在直播内容和推广文案中突出表里的关键词，能吸引对特定关键词感兴趣的用户，提升关注率。

创建和维护社群： 促进用户之间的互动和交流，增强用户的黏性和参与度。如财经主播可以在微信上创建一个财经交流群，定期发布财经新闻、市场分析等内容，并组织群内讨论。主播还可以举办线下的财经沙龙，邀请一些业内专家和投资者与群成员面对面交流。通过建立用户社群，财经主播可以与用户建立更紧密的联系，提高用户的黏性和参与度，同时也能更好地了解用户的需求和反馈，进一步提升直播节目质量。在直播内容和推广文案中突出表里的关键词，能吸引对特定关键词感兴趣的用户，提升关注率（见图3-2）。

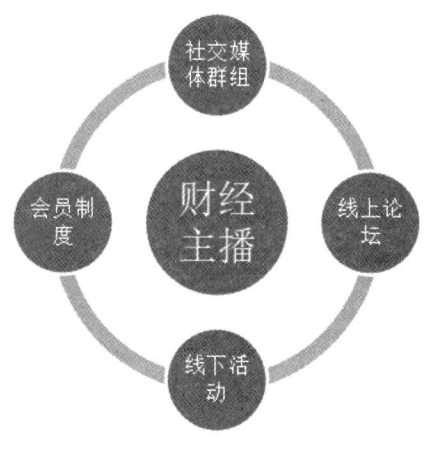

图 3-2

此外，还可以与目标用户群体相关的合作伙伴、意见领袖或行业专家合作，通过他们的影响力和渠道，扩大品牌的覆盖面和吸引力。

（三）强大的专业知识背景

跨界主播拥有与节目相关的专业认证和知识背景，会增强其所传播信息的权威感和信服力。获取用户信任，才能获得关注。锤子科技创始人、演说家罗永浩首次独家签约抖音，宣布进军直播界，尽管众多网友声称"我就听听相声，顺便买点货"，但首场直播累计观看人数4800万、支付交易总额 1.1 亿元，创下抖音平台带货纪录的可观战绩。[1] 网友们对罗永浩这位带有"知识性意见领袖、理想主义、行业明灯"标签的实力派跨界主播报有不少期待。行业知识背景在跨界直播行业中具备的优势不言而喻。

▶ 可信度和权威感促成有效互动

跨界主播是直播的主体。专家型主播能够更好地促成有效交流。特别是在直播中，用户通过评论区或弹幕互动，提出问题或进行评论。主播拥有的专业知识，可以做出令人信服的解答。尤其针对一些专业性很强的直播内容，如财经、医疗、法制、科技、商务等，换作没有专业背景的主播，即便能按照文案策划准确无误地说出直播内容，也不能在与用户的互动中解答涉及专业性的知识点和问题。专业内容的直播就得交给"专业"的跨界主播来完成。

▶ 更直观的表现形式

跨界主播是作为一个领域的业内人士或专家形象展示给受众的，不仅语言表达的能力强，更是能将直播内容精准把控，收放自如、张弛有度地抓住细节进行延伸拓展，最大限度地发挥自身个性和所长。以用户喜爱的接收方式，润物细无声地传递信息点。大厨主播直播做美食，边做边讲边互动，用户边看边学边聊天。直播展示了从食材准备到制作细节以及烹饪小妙招，在直播中，铺满桌子的各类调料、辅材，画面信息就十分丰富。加上厨师主播现场操作，从头至尾都能感受到信息满满、干货多多。

央视主播劳春燕在抖音 APP 短视频平台 @ 劳春燕发布的一条视频，讲述"老龄化社会到来，老年人如何更好地居家养老"的话题（见图 3-3）。在视频中，她坐在轮椅上，一边展示自行推轮椅进卫生间的过程，一边介绍："我今天就来体验一把，坐轮椅的居家养老生活。"在进入卫生间的门时，轮椅被卡住了，她反复调整轮椅的角度仍然不能进去。这时，她一边用手大致测量着卫生间门的宽度，一边说："这个门太小了，（很多地方）卫生

---

1. 徐晓风：《罗永浩抖音直播首秀：3 小时带货破 1.1 亿 4800 万人围观》，扬子晚报网，2020－04－02，https://www.yangtse.com/zncontent/405937.html。

间、厨房间的门都比卧室小一溜，只有70厘米啊，轮椅的宽度也有70厘米。所以，对于坐轮椅的老年人来说，要去'方便'一下，真是太不方便了，弄不好就尴尬了！今年两会有不少政协委员就提出'适老化'的改造，包括对门要进行国家标准的修改，我觉得特别是时候。因为居家养老，硬件设施必须要跟上，得适合老年人生活才行。不光是门的问题，您就看看，你们家的居家环境对老年人来说究竟（存在）有多少隐患和不方便的地方。比如有没有门槛，有没有台阶。再比如说，你们家的地防不防滑。您知道，我们国家每年有上千万的老年人在家里跌倒

图 3-3 劳春燕在视频里展示老年人居家生活的不便（图片来自抖音 APP@ 劳春燕视频截图）

受伤啊。所以说，怎么样把家变成一个更加安全、更加方便、更加适合老年人生活的空间，这是一个很大的课题，而且这已经不是一家一户的问题，这是一个老龄化社会必须要解决的问题。"接着又用探讨的语气问网友："你们家有没有做过这样的改造？有没有什么好办法可以跟大家分享一下？"这一段话，劳春燕全程坐在轮椅上，非常直观地向网友展示在家中坐轮椅的不便，简洁明了传递出"居家养老"这样一个大主题。细节突出、主题鲜明，没有多余的说教，用温和的语气娓娓道来，传播效果极佳。

在直播表现形式上，跨界主播无论用镜头语言还是有声语言都应追求简单化。以最短、最少的镜头语言去讲述，在简化制作流程的同时，使画面所表现的内容更多、衔接更紧凑。

济南公安发布禁毒科普的视频（见图3-4）。民警面前的桌子放着一个电子秤。他

图 3-4 一位民警带领网友了解关于禁毒的知识——贩卖毒品如何判刑（图片来源：抖音 APP 平台@ 济南公安）

舀出一勺白色粉末（冰毒）倒在电子秤上，画面显示数字 3 克，警察："一年"（判刑）；接着舀出第二勺白色粉末倒在电子秤上，画面显示数字 8 克，警察："三年"；第三勺倒在电子秤上，画面显示数字 10 克，警察："七年"；第四勺倒在电子秤上，画面显示数字 50 克，警察："十五年"；第五勺倒在电子秤上，画面显示数字 100 克，警察："无期（徒刑）"；第六勺倒在电子秤上，画面显示数字 200 克，警察抬头看着前方，眼神犀利、语气坚定地说道："死刑"！整个视频长 19 秒，画面简洁，警察配合着动作一共说了不同刑期仅 13 个字，没有一个多余的字、词。表达手段简洁、直观，使人听得懂、看得明。不但让众网友认识到贩卖毒品的严重后果，也震慑了犯罪分子，达到极佳的传播效果。

▶ 跨界主播 + 核心内容 + 直播深度融合

首先，凭借自身的专业背景，跨界主播掌握直播核心内容，能够更好地融入直播当中，获得参与感和互动感。出身中国军事科学院的陆军大校杜文龙，多年来追踪研究中国台湾地区及中国周边国家武器装备的革新与发展，发表学术文章近百篇，参加了 40 多项军队重大课题研究。在入驻《今日头条》后创办《文龙点睛》，凭着过硬的专业素养，收获粉丝已达 1068.7 万。[1] 其直播内容专业、客观。对于网友关心的话题和提问，杜大校总能给出专业的回答，尤其在军事史和武器装备上造诣颇深，讲起这方面的内容都非常投入，与用户互动直戳要害，网友也是好评不断："干货很多""杜老师太专业了，学到了很多"。跨界主播核心内容打造与直播内容深度融合，会使直播表达更为精准。

再如当下人们较为熟知的电商主播，一个优秀的电商主播只有娴熟地了解所推销产品，直播中才能做到简明扼要，结构脉络清晰地展示产品、介绍、总结、推荐，便于粉丝在短时间内了解产品特性。著名的"口红一哥"李佳琦，推销介绍口红能像讲故事一样，起因、经过、结果，来自对口红这

---

1. 数据来自杜文龙新浪微博（截至 2025 年 1 月 2 日）。

一商品的核心内容深刻把握。其次，保持输出内容持续性，满足粉丝多元化的需求。李佳琦每次都会专门为所推销产品精心制定不同的主题，进行相关知识传授并与粉丝互动。电商主播需与直播内容深度融合，以抓住消费者的购买心理为目的生产内容，迎合流量生态。李佳琦文案营销精准，能适配自己营造的场景，如"失恋时涂什么颜色""见未来婆婆涂什么颜色""某某明星涂这个角色一定很好看"等。解决消费者"不知道买什么"的选择困难，以及满足"用了真的和你一样""买了这个就和你一样漂亮"的消费心理。用户在轻松一笑的同时拉近了与李佳琦的心理距离，逐步交出自己的信任，心甘情愿地"剁手"。

（四）"本色化"出镜接地气

跨界主播以专业取胜，以内容取胜，不是一个带着职业假笑、说话满是套路的花瓶主播，无须美颜、美声功能掩饰某种缺陷。直播中由内而外、表里如一，不似主持，更似回归。这也是用户期待和欣赏的。

▶ 真实感令人信服

跨界学者许子东先生，香港岭南大学中文系教授，曾担任凤凰卫视《锵锵三人行》节目嘉宾，由大学教授跨界成了电视台的常任嘉宾，一做就是十多年。他在《见字如面》《圆桌派》等电视节目中也担任过嘉宾，还在喜马拉雅和搜狐文化专栏上开设音频节目，如此跨界而学者本色丝毫不减。许子东看问题的角度和他的表达方式一直都是畅快淋漓、直击内核。虽然跨界多年，但他做谈话类节目，从不去刻意讨好观众，也让广大网友能感受到几十年人生经历和文学研究对他的影响和塑造。他在腾讯开设了一学期"经典课堂"的直播，有100多万人听讲。在公众面前的许子东，有时会显得急性子、不够冷静，有着文人的激进态度。然而随着年纪的增长，面对大众，他时而有些愤青，时而说话犀利，时而直率洒脱，时而针砭时弊，有时滔滔不绝，有时语气之间透露着迂腐气和刻薄。这种不加任何掩饰的本色表现，反而让人觉得更加真诚可爱。

跨界主播

▶ 草根化朴实可亲

网络直播平台又被称为草根文化传播者，凡是能提供真实身份，通过直播平台认证，播放合法内容，每一个普通人都能够申请成为跨界主播，将自身所长公之于众。随着直播行业的不断发展，越来越多的领域都陆续浮现于网络直播平台，给跨界主播行业创造了更多的机会。曾经靠着颜值、才艺成为网红的主播开始大量掉粉，用户不再"迷恋"颜值，开始倾向于更具趣味的直播内容。一批相貌平凡的草根主播，依靠其有趣、生动的内容，也能拥有千万级的粉丝。跨界主播自身朴实可亲的形象，成为吸引用户的重要原因。

河北承德农民大叔于新伟，凭借一段《再别康桥》的诗朗诵视频火爆全网，他用自己低沉富有磁性的声音，勾勒出了唯美的康桥，再现了徐志摩离别时的爱恋和哀伤，被网友称赞为"被天使吻过的嗓子"（见图3-5）。而与声音和意境形成强烈反差的，是于新伟的"地中海"发型、粗糙脸庞、拉碴胡子、布满皱纹的双手。淳朴的农民形象加上优美声线，形成的一种"反差萌"，在短视频平台上迅速成为"热搜"，点击量上千万次，吸引无数粉丝。于新伟出生在农村，是个地地道道的农民，为人诚实友善。2018年底，他在快手短视频APP注册，开始了他的个性化媒体传播。他坚守着那份纯朴，用充满原生态味道的视频，传递着来自乡村的正能量。他搞直播，带货，诚实守信经营。在社交媒体上，于新伟给自己起名叫"守山大叔"，是因为自己是个在山上种树的农民，是一名老党员。他说"我守着我们村的这片青山绿水，也就是有了金山银山，人民有信仰，发展有力量"。憨厚的中年汉子，其貌不扬，永远身着一身迷彩服，给人不修边幅、邋里邋遢的感觉。就是这样的一个人，在网络直播这个靠颜值争宠的世界里脱颖而出。优美的声线是硬道理，乡村的正能量是魅力，正直守信、朴实无华，这样的跨界主播真

图3-5 "守山大叔"于新伟在家中直播朗诵（图片来源：快手APP于新伟视频截图）

实、亲和。

著名军事评论家张召忠先生，开办的公众号"局座召忠"，给自己定位为"网络民工"。用户看到的不是大学教授张召忠，也不是海军少将张召忠，而是一个可爱的退休张老头儿。虽已年过六旬，但张召忠心态开放，对新事物包容，不介意网友以他为素材制作恶搞的视频，反而将其制作成"表情包"参与到节目中。于是网友看见了一个善于自黑的"呆萌"爷爷，用年轻人鬼怪精灵的话语体系和幽默文化，毫无违和感地与年轻网友打成一片，这种草根、平民化的表现拉近了主播与用户的距离。

二 跨界主播短板——成于"专业"、败于"专业"

新的传播时代，互联网成为继报纸、广播、电视之后的"第四媒体"，其发展速度和规模迅猛。身处跨界时代的跨界主播，虽具备自身的核心竞争力，但也往往成于"专业"，败于"专业"。前一个专业指的是行业优势，后一个专业指的是直播技能。对于网络主播而言，世界上最遥远的距离就是："我在屏幕里面，你在屏幕外面"。网络主播是"对着屏幕说话的人"。表达技巧终究是一件很重要的事情，它决定了直播内容的传播效果，决定了主播在互联网上能被多少用户关注。网络主播门槛低，一部智能手机、一个支架、一台补光灯，就可以登上直播平台，实现主播梦。但媒体传播有着自身的规律，成为优秀主播仍是需要具备特殊专业技能的。毕竟，跨界主播在行业中的本职工作与在网络平台上的直播行为是两种不同的工作，过去是一个用户、一个旁观者，现在成了参与者，角色转换后，没有补充相应的知识，导致问题频出。

（一）语言表达为直播主要障碍

语言表达能力是现代人才必备的基本素质之一。在现代社会，人与人之间的交往日益频繁，语言表达能力的重要性也日益增强，好口才被认为是现代人的必备能力。语言表达是主播必须具备的技能，因为在直播间主播是通过语言与用户交流和传递信息的,"跨界主播"的语言表达能力对凸显直播内容特色、增加直播趣味、提升内容品位有重要作用。主播语言交流的水平高低决定了直播效果,决定了其能否在直播平台上生存下去。由于目前在网络平台上出现的跨界主播非职业主播,直播中表情动作僵硬、肢体语言不够丰富、口语表达生硬、词语匮乏导致许多人直播频频"翻车"。

▶ 语音不准、字义模糊

非播音专业出身的跨界主播,普通话水平如语音调值、吐字归音等技巧是不能用专业播音主持的语言标准去要求衡量。但是,当其行为与"主播"行为关联上,并需要通过网络平台,运用语言与副语言手段进行信息传播时,对语音发音就有基本要求。这种基本要求决定了信息传播的质量。许多跨界主播在平时生活中基本说方言,直播时用普通话来表达,语音发音错误较多。有的是不知道正确发音而读错,有的是知道正确发音,在"拿不准"的情况下按照自己的习惯发音;有的声母错误、韵母错误、声调错误、读错别字等。在汉语言表达中,一个字音错误,就会导致词义的不同,有时甚至会产生歧义。在互联网的平台上,主播的一个口误也会被放大,"病毒式"传播发散。

2020年3月26日,在新津法院执行指挥中心,四川新津县法院进行司法拍卖直播,由法官跨界担任"带货"主播。直播前法官主播们做了充分的准备,认真观摩学习其他法院做过的直播,借鉴先进经验,做好直播流程。然而,面对真正的直播,法官主播还是有些紧张,偶尔有些口误。由于四川人对卷舌音、鼻音区分比较混淆,在直播的时候就把"森林"说成"深林"。前后鼻韵母分不清,词义就发生改变。2017年1月1日,《最高人民法院关于人民法院网络司法拍卖若干问题的规定》开始施行。此后,在全国范围内,网络司法拍卖崛起,全国多个省市县通过网络进行司法拍卖,直播司法拍卖也应运而生。网络司法拍卖是人民法院依法通过互联网拍卖平台,以网络电子竞价方式公开处置财产的行为。网络直播对于法院来说是一个全新的渠道,能够更好地开展工作,除了给用户介绍拍品和法院工作,也能够很快收到用户的反馈。顺应时代发展，法官以直播的形式网拍"带货"将会是一个常态。法官主播们需要去适应这样的新环境，做直播，说好普通话、做到语音准确是非常重要的。

语言学家张志公先生说："口头语言能力高，不是指'口若悬河'地说个不停，也不是指辞藻美丽，才华出众，更不是孔夫子说的'巧言令色'，而是指能用基本准确的标准话，即普通话，有力而得体地达到说话目的。"跨界主播在直播中传播信息、表述观点、商品推销，与用户交流沟通，主要是通过语言来进行的。主播语言借助互联网无可比拟的覆盖面和影响力以及直播的传播优势，对公众带来相当大的影响。对广大互联网用户尤其是年轻用户群体的语言水准、格调和修养的影响是潜移默化的，规范的语言表达也是精神文明建设的重要方面。

▶ "专业内容"表述不清晰

跨界主播来自不同专业领域，行业门类繁多。专业知识对普通用户的理解能力提出挑战。因此，主播需将专业内容通俗化，以最直白的表述来讲解专业名词、术语等，不要为了突显专业性而言语晦涩。如何运用有声语言更有效地表述专业内容和专业术语，牵涉直播过程中主播能否让用户听得懂的问题。例如，推销电动牙刷的电商主播经常会提到"磨圆率"这个词，特指电动牙刷的刷头设计要达到一定圆弧形百分比，对口腔才具有最佳保护作用。直播中，主播如果只提及电动牙刷设计有磨圆率，而不去解释什么是磨圆率、具有什么作用，用户是无法理解的。深奥的术语需要通俗易懂的"翻译"，否则，用户对主播就难以产生信赖感。

首先是语速问题。有些主播在直播时只顾自己说得痛快，未顾及用户的思维能否跟得上、听得懂，造成用户体验感差、直播间缺乏黏性。河北省石家庄市飞龙饲料有限公司，过去主要依靠线下渠道进行销售。2020年春节后，因疫情公司停产、客户流失，损失极大。为了自救，公司决定开设空中课堂直播间，由公司技术总监李桂霞讲解养殖技术与常识并直播带货。从萌生开直播的念头到站在镜头前，李桂霞只花了不到一星期的时间。第一次直播，她就被女儿泼了一盆冷水，"说话速度太快了，我都听不懂"。以专业技术制胜的李桂霞才意识到："在直播间里的用户不一定都是专业的，我必须讲得再通俗一些。"正常情况下，主播要将语速控制在每分钟230字左右，并辅以适当的肢体语言。过于专业的内容，一边讲一边演示，效果更佳。要让用户听明白，除了控制语速，还要学会把复杂问题简单化、语言简洁、避免使用深奥词汇。

其次，对直播所涉及的专业内容、专业术语的表述方式需用心设计，避免专业术语成为传播障碍。有个小视频里，一位中学物理老师讲解一张普通的纸怎么可以承受一杯酸奶的重量。他先将两杯酸奶放在两头，将纸平放在上面，再将另一杯酸奶放在纸上，纸承受不了酸奶的重量而垮塌了。老师又将纸折叠，使纸面形成波纹状，摆放在原来的位置上，再次将酸奶瓶置于纸面。这次，酸奶瓶稳稳地站住了。老师告知学生："波纹状可以承受更大的压力。"一个复杂的物理现象，通过老师一个简单演示，变得一目了然。此时，老师还追加一句极富人生哲理的话："如果你经历曲折，支棱起来，你会变得无比强大！"在内容为王的时代，若要吸引住用户的注意力，除了有价值的优质内容，使用新颖独特的表达方式是直播获得有效传播的关键。

▶ 表达无重点

每一场直播都是有时间限制的，需要主播在有限时间内尽可能地传递有效信息。怎样在有限时间内将传播效益最大化，除了需要团队将直播流程进行精细化的准备与有效的配合，主播的表达能力尤为重要。当前，跨界主播语言表达是存在很多问题的。有的主播在直播中表达单调，抓不住重点，语言目的不明。除了对直播内容没有做好详细策划，直播前没有进行反复演练，主播个人语言表达技巧缺失也是重要原因。综合起来，主要体现在以下几个方面：

使用太多过渡词，如"然后呢""就是吧""还有呢"等词语，听起来不够简洁，没有重点；词汇量储备不够，车轱辘话来回转，用户听多了没有新鲜感；简单重复内容，没有节奏感，导致直播过程混乱；说话跑题，有的主播说太多与直播内容不相干的话，甚至一跑题就拉不回来，使得在线用户无所适从……

主播要通过语言表达与用户分享有价值的知识、持续给人带来快乐，才能获得人气和用户的依赖感，否则，用户一旦离开直播间就很难再拽回来！

（二）直播呈现缺乏专业性

某些名人、明星跨界做直播时，对拟销售的产品性能、直播流程等不熟悉，资料收集、直播文案准备也不充分，面对用户的提问常常回答不上来。有的连商品价格都没有搞清楚，懵里懵懂地将商品给"贱卖了"，造成商家不必要的损失。直播屡屡出错，网络语言俗称"翻车"。如某女影视明星直播带货，当着直播间数万人的面，拿着一瓶面霜说：外面一瓶500多块钱，今天在我这儿只要228元。这个很好用，我每天都用。包装也很大气，快来买吧。看到这一幕，有网友留言说："很好用？你自己会用吗？拍脸上试试呗！"还有人说："就一句很好用，都不知道怎么介绍产品，我们买的又不是包装！"无奈之下，女明星只能打开面霜准备试涂一下，没想到半天盖子也打不开，最后只能让工作人员帮忙。之后随意地涂抹到了脖子上……网友说："盖子都打不开，还每天都用？无语了……"最后这款售价228元的面霜只卖出去了3单。女明星一脸尴尬地看着屏幕，不知道说什么。

明星类跨界主播虽非所荐商品的专业人士，但在直播带货时，能够用熟练、流利、自然的语言推荐产品，需要做足功课，在线下反复练习、打磨。这种专业能力，需要主播以职业道德和专业精神去锤炼。

▷ **直播前期准备不充分**

直播一旦开始，主播即兴表达，没有太多的思考时间，且不能停顿、卡壳；面对用户的提问，需脱口而出，不能冷场。冷场是直播的大忌之一！罗永浩独家签约抖音进军直播界，首场战绩可嘉。而其后续两场直播则暴露出对直播流程不清晰、念错品牌名字、讲解产品不到位等问题，导致其直播间

的热度明显下降。而不断入场直播界的互联网 CEO 主播，直播时也状况百出。某 CEO 在直播中向用户分享一款自己用过的咖啡机，但在演示如何使用时，疑似因没有遵守咖啡机使用方法，尝试数次都未能正常出咖啡，直播险翻车。另一名 CEO 虽然有两位主播辅助、保驾护航，但节奏拖沓，开播 1 小时，直播间只推了 5 种商品。显然，对于"主播"这个身份，CEO 们还欠缺专业素养。而专职电商主播在一场直播中往往要推荐数十种产品，因此，偶尔也会出现对产品不熟悉而产生的翻车事故。李佳琦在直播中曾推荐某品牌不粘锅，结果在现场演示中不粘锅却粘住了煎蛋，成为李佳琦直播以来严重的翻车事件。因此，跨界主播无论有何种行业背景，都要对直播的内容做好深入研究，做出内行的表达，这是跨界主播的基本功。网红主播与品牌的关联度较低，即使出现翻车事故，用户更容易对主播本人的信任度减分，品牌在此类危机公关中拥有更大的处理空间。但如果企业主播或者 CEO 主播在直播自家公司的产品时失误，将会带来难以挽救的信任危机。因此，在直播前，主播做好充分准备和严格检查必不可少。

▷ 缺少直播预判能力

企业管理者的预判能力，来自深度了解并掌握本企业的业务和存在的问题，建立企业风险评估及管理体系，对可能存在的风险进行量化分析并确定危机处置措施。运动员的预判能力，来自对竞争对手的战术进行深度分析，才能制定有效预防和反击措施。

直播最大的魅力是"刺激"。它有太多的不确定性和偶发因素，随时可能打破主播按部就班的事前准备以及照本宣科的美好梦想。一旦遭遇突发事件，跨界主播必须积极有效地应对，而有效应对则需良好的预判能力。不少跨界主播在直播中频频"翻车"，甚至导致直播中断，很重要的原因在于缺少直播预判力，未做好充分的准备。拥有预判能力，跨界主播需要做到以下几点。

直播态度：跨界主播对直播工作的态度以及对待用户的态度，决定了主播的成败，也决定了主播事业的高度。由于网络直播门槛低，打开手机随拍随播，有的主播把直播看成一件很容易的事，对直播不具备敬畏之心，未考虑直播时的突发状况及后果；有的主播敷衍了事、安于现状，对待用户缺乏如沐春风、不厌其烦的态度。

直播准备：充分细致的案头工作，将为跨界主播铺设一条通往理想境界的阳关大道。通过对直播内容的前期深度准备，做到心中有数，主播才能在直播中主动应变、即兴发挥。

直播经验：跨界主播的预判能力一部分来自直播经验和直觉。经过长期直播历练的主播，直播经验较为丰富。即便是在缺乏准备的条件下，面对突然发生的意外情况和困境，也能够从容反应、恰当处理，做到脑到、眼到、嘴到，临场应变能力强。而不少跨界主播，没有经过专业训练，又缺少直播经验，势必导致预判能力欠缺。

▷ **突发事件处置能力不足**

网络直播的不确定性，时常会出现不可预料的突发事件。"突发"这一特点，决定了跨界主播的应对措施要及时和准确。跨界主播突发事件处置能力不足，主要体现在以下几点。

心理准备不充分：保持良好的心态，是直播顺利进行的重要基础。进入直播间的用户可能出现言语过激行为，如对主播的挖苦、讽刺、嘲笑、谩骂。直播中，当用户与主播产生误解和分歧时，主播不能够耐心解释并巧妙化解矛盾，与用户发生争执；与用户交流冷场时，不善于用机智、诙谐的语气调动气氛，积极引导用户参与讨论，快速回应问题；主播还可能因过度紧张导致"卡壳、忘词"……因此，在直播前，主播做好充分的心理建设尤其重要。

直播设备故障：直播中，设备故障时有发生。有的新人主播在直播中不能熟练使用直播设备，导致声音质量差、画面不清晰、断网等情况。由于主播缺乏应对措施，导致用户体验不好，最后离场。

"控场"能力欠缺："控场"即控制直播间的气氛和舆论走向，不被直播间用户带"偏"。当直播间发生突发情况，需要主播坚定立场，把握主体意识，引导用户接收信息。控场能力缺失将导致主播不能引导舆论正确走向，致使直播间节奏失控。

"我是你们的朋友，刘警官，或者叫我泰山警官。"2022年5月5日晚上8点左右，在山东东营利津县凤凰广场，利津派出所的刘警官主持的反诈骗直播准时开播，迅速吸引了大量网友观看。当晚8点20分，直播间观看人次已经高达500多万。主播刘警官，由于长相英俊、一身正气得到广大网友的喜爱。

在直播间里，刘警官给大家介绍着各种诈骗套路和预防小妙招，令人尴尬的是公屏上不停滚动的留言中，除了对刘警官所讲的防骗知识的肯定外，还有大量与防骗无关的留言。有网友直接说："我就不记得他说什么了，只记得看他脸了。"在刘警官推荐下载国家反诈骗APP时，更有网友表白"怎么才能把刘警官下载到心里"。随后，直播间评论区就被"帅气"和"老公"字样刷屏，刘警官不得不尴尬地停下来，害羞地劝大家要理性发言，认真听课。

面对大量网友的留言，刘警官说出"请这届网友自重"，此话一出火爆全网。防诈骗宣传活动，本是一个严肃的话题，但由于网友对刘警官的疯狂喜爱而出了个意想不到的"公屏事故"。因此，对于跨界主播来说，具备较强的控场能力才能引导用户理性互动，把握好尺度，避免被用户带节奏。

（三）沟通技能欠缺

一个直播间能够聚集众多的用户，有的主播拥有几十万、上百万甚至上千万的用户。直播中，主播与众多用户在同一时间进行沟通，说话稍有闪失就会引起用户的不悦。有的主播往往心直口快，根本没有考虑自己不假思索的言辞，可能会对用户造成的伤害。不能设身处地为用户着想而导致沟通不畅，是跨界主播当前存在的一大问题。

▷ 没有用户立场

网络直播与传统媒体的一个重要区别，在于能够在直播中通过评论区

"弹幕"与用户进行即时互动。这种即时互动决定了主播的传播效应和用户黏性,直播间用户的多少代表了主播的价值,没有人会去做一档没有用户观看的直播。跨界主播要学会从用户的角度以及立场,用客观的态度来审视自己的直播内容,从而做出相应的修改和调整,达到更加贴近用户、使用户接收的目的。有的主播为了娱乐大部分的用户而拿个别用户的短处或痛处开玩笑,语气有挖苦、讽刺意味。有的人用冷漠的态度与用户讨论社会上出现的一些令人悲伤的事件,使用户觉得主播缺乏同情心。在这个世界上,每个人都会有各种禁忌,主播不计后果的口无遮拦、没有分寸的张口即来,会导致严重后果。

▶ 掌握不好说话时机

《论语·季氏篇》里有这样一段话:"侍于君子有三愆:言未及之而言谓之躁,言及之而不言谓之隐,未见颜色而言谓之瞽。"[1] 这句话的大意是,该说与不该说,要有一个尺度,要尽力避免和君子说话时容易出现的三种过失:"不该说话时却说叫作浮躁,该说话时却不说叫作隐瞒,不看脸色就轻易说叫作不长眼。"语言能反映主播的精神气质,恰当的时候说话是智慧,恰当的沉默也是一种智慧。知道如何说、何时说、善于说的主播具有较高情商,是因为在适当的时机说适当的话,既不让他人难堪,也显得自己大方得体。网络直播间是虚拟的社交平台,用户进入直播间是来表达和交流的,直播间的用户层次不一、目的不同。有的用户因为平时工作、生活压力大,为放松心情到虚拟社交平台交友聊天;也有用户因遭受某种挫折打击,找主播倾诉。所以,主播有职责营造氛围,让直播间的用户充分表达个人观点。但是,有的跨界主播总是掌握不好说话的时机,随意打断或插嘴,导致用户的互动交流不畅。说话犹如做菜一般,需要注意火候和菜的质量,既不早也不晚,既不多讲也不能不讲;需观察氛围,说该说的话,聊可聊的事。如此下来,才能事半功倍。

1.《论语》,广陵书社 2018 年版,第 95 页。

▶ 直播实时表达易失误

表达失误和口误都是常有的事，尤其在直播的情况下，精神高度紧张，难免会有错误。在网络直播平台，有错及时纠正，说明原因，是可以争取用户的谅解的。有的主播慌乱之中用一个错误掩盖上一个失误，导致错上加错，遭到网友一顿"狂喷"，结果适得其反。2022 年央视春晚，著名主持人撒贝宁嘴"瓢"了 4 次，场面一度十分尴尬。但撒贝宁是经验丰富的主持人，他抓住机会机智地化解了尴尬。在接下来的魔术表演《迎春纳福》中，魔术表演者和很多明星都有了互动。节目中，撒贝宁戴着虎头帽从墙里钻了出来，现场回应嘴"瓢"："祝观众朋友虎年和我一样虎头虎脑，虎虎生威，不会嘴'瓢'。"这通操作使撒贝宁几乎成为魔术《迎春纳福》最大的亮点，化解了之前嘴"瓢"的尴尬。

（四）"出镜"意识不佳

大多数的跨界主播，在手机屏幕前都会发怵、紧张，不知道眼睛朝哪看、怎么看，有人甚至不敢看屏幕。有的主播直播前做了不少的准备，对提纲、资料、话题等内容也已心中有数了，可直播开始时，过度紧张导致大脑一片空白，准备好的内容也想不起来了，看着屏幕中的自己，手足无措。对于一些没有经过专业训练的素人主播来说，没有现场交流对象，一个人在镜头前"自言自语"，是件十分困难的事情。相反，经过专业训练的主播，一看到镜头便精神抖擞，仿佛找到了知音，和用户的交流注意力集中、积极、振奋，发挥超常，比直播前的准备还要好。可见，要完成好一次直播，前期扎实的准备固然重要，而镜头前的状态同样十分重要，它是直播成败的关键。良好的出镜状态能使直播锦上添花，反之，则会使直播功败垂成。对于"素人"出身的跨界主播来说，要想成功地完成一次直播，就必须有针对性地进行出镜训练和调整。

当前出现的跨界主播的出镜状态缺失问题主要表现在以下四个方面：缺乏目光的交流，眼神呆滞；面容表情僵硬，不自然；不会运用肢体语言辅助表达；语气中的交流感不够。

　　"镜头感"缺失，会导致主播缺少自信，就不能给用户形象、直观的感受；不能调动用户的情绪、增强感染力，影响直播信息的有效传达；不利于积累人气、提高用户参与度与用户进行良好互动。人的情绪状态是十分复杂的，既有外部刺激引起的变化，又有内在因素产生的影响；既有来自生活的，又来自工作的。但无论怎样，主播一旦出现在镜头前，则必须服从大局，不能带着任何个人情绪，否则会给用户带来困扰，甚至让其离开直播间。跨界主播面对镜头表达的是直播内容所需传递出的情绪和意愿，必须学会调整、控制、克制个人情绪，让自己在最短时间内进入"竞技状态""镜前状态"。当然，没有经过专业训练的素人主播做到这一点具有一定难度，这就要求跨界主播必须具备高度的敬业精神和很好的心理素质。前者靠的是信念，后者靠的是锤炼。这既是一种境界，也是跨界主播努力的方向。

Chapter 4

第四章
跨界主播核心竞争力

"互联网+"时代，网络直播与其他行业的跨界结合越来越紧密，跨界直播热度不断上升。网络直播不再是一个单独的行业，而是直播+媒体问政、直播+旅游、直播+教育、直播+传统文化、直播+购物等，由此产生的一种新的信息传播和交流方式。网络直播的低门槛产生了大量的跨界直播人群，纵观各大直播平台不难发现，跨界主播的水平、能力、学历参差不齐，主播素质的巨大差异化，为直播乱象埋下了伏笔，一些网络直播的负面新闻不断出现。随着"全民直播"时代到来，特别是从2020年初开始的新冠疫情导致的跨界主播"井喷式"爆发，新生行业暴露出许多问题，跨界主播的各方面素质确实有待提高。经历了"野蛮生长"后，直播行业终究要迎来市场和时间对它的考验，某些主播靠"露脸""卖萌"的方式越来越没有竞争力，"哗众取丑""低俗色情"更是难逃被封杀的命运。目前，无论国家政策层面，还是网络直播平台、相关各业，都十分重视对跨界主播的监管、教育、培养。我们有理由相信，未来跨界主播将会成为一个主流职业：对"跨界主播"进行规范化的职业培养，提升其专业能力和网络直播节目的质量；让跨界主播接受岗前系统培训和考核，在竞争激烈的网络直播行业占据一席之地。

第四章 | 跨界主播核心竞争力

一 跨界主播的"准入门槛"

中国互联网络信息中心（CNNIC）2021年2月3日发布的第47次《中国互联网络发展状况统计报告》统计数据显示，截至2020年12月末，中国网络直播用户规模达到6.17亿人。预计中国网络直播将持续高速增长，市场规模有望达到0.3万亿元；随着网络直播渗透率不断提升，我国网络直播习惯基本养成，预计至2026年我国网络直播市场规模将超过2万亿元。我国2019年新增网络直播相关企业5265家，环比增长167%；截至2020年7月（以工商登记为准），年内共新增直播相关企业9284家，已经超过了2019年全年新增的相关企业数量；预测到2025年，网络直播行业相关企业数量将达到7万家。[1] 无论是从众多网络平台公布的调查数据，还是近几年传统媒体对于网络直播行业的关注，都使人感受到了网络直播行业的快速发展和巨大影响力以及未来发展潜力。作为新兴产业，网络直播的健康和可持续发展将成为其未来的主要命题。网络直播的发展使得跨界主播的队伍迅速壮大，一大批影视明星、笑星、歌星、头部网红、电视台主持人、专家学者、教师、民间草根等都加入其中。如何在激烈竞争中突出重围，在星光闪耀的跨界主播群体放射出与众不同的、充满个性特色的光芒，怎样使跨界主播生涯能更持久和更具生命力、竞争力，需要主播潜心修炼直播专业技能。随着电商平台、直播平台的兴起，各类商品坐上了网络快车，销往全国各地。新冠疫情防控期间，从公益直播带动"爱心带货"，到农产品直播助推扶贫，网络直播成为新的流量入口，越来越多个性化的跨界主播进大众视野。而要想成为一名持续受关注的跨界主播，依靠的不是高颜值，而是拥有过硬的独特技能，否则容易昙花一现。

（一）拥有内容创造力

互联网经济时代聚焦"注意力经济"，只有成功吸引人们的注意力才会

---

[1] 中研普华咨询公司：《网络直播市场调研2021 网络直播投资及网络直播行业分析报告》，中研网，2021-07-21，https://www.chinairn.com/hyzx/20210721/150506303.shtml。

有经济效益。在移动互联网直播平台上，内容的创造能力是跨界主播能否被关注，获得最佳传播效益的核心能力。内容具有传播能力，是流量的来源。内容决定流量，有流量才可能"变现"。成功的跨界主播依靠的是不断地提供有价值的内容获取用户的持久关注，若要保持职业生涯的长久，需以"内容为王"。这就要求主播个人能力、内涵、精神层面等多种素养融合积淀。

▶ 内容具备专业价值

内容专业价值是跨界主播的生命力。跨界主播向用户提供有专业价值的内容就是在特定领域做到"一枝独秀"，要结合自身特长与市场需求，创造并提供具有附加"价值"的内容。律师主播在直播中能够就婚姻、家庭财富传承与受益人等相关法律知识讲解清晰并回答用户咨询；财经专家主播能向用户提供对股票、金融理财市场的深度分析；军事专家主播对国防科技知识普及、国际军事形势进行解读；教师主播的网络授课……都是通过内容的专业价值来吸引高黏度的用户。这些来自专家主播的观点，权威的、专业的、深入浅出的理论分析，结合正确的价值观，使用户在关注的过程中得到收获，这才是跨界主播成功的根本。著名财经评论家、央视特邀财经评论员、《华夏时报》总编辑水皮先生，2014年将财经评论专栏《水皮杂谈》打造为网络视频节目，一经上线即创造百万播放量的佳绩；2017年，他带领《华夏时报》与新浪财经栏目，整合多位财经专家，共同创办"财经大V频道"，化身实实在在的专业跨界主播。水皮表示："财经领域的网红不同于一般的网红，展现形式可以娱乐化，但展现的内容绝对需要专业和深度，需要对用户负责，有正确的引导，否则只是一种'精神鸦片'，不仅无益，还会让用户在投资理财中受损失。内容为王是永远不会过时的，炒作和噱头带来的泡沫效应在讲究结果的财经领域会很快被戳破。"[1] 这个观点同样适用于任何在网络上进行直播的各类跨界主播。

---

1. 晓寒：《网红经济需要"内容为王"》，光明网，2016-04-21，https://www.chinanews.com.cn/cj/2016/04-21/7842923.shtml。

内容输出的专业价值对于树立跨界主播口碑、进行商业拓展都具有积极意义。2019年10月16日，在某直播间，伴随主播的"5、4、3、2、1"倒计时后，4万份、共86万斤"袁米"被一秒售罄。"袁米"，也就是海水稻，是中国工程院院士袁隆平先生经过多年研发的产品。直播前，主播专程前往长沙国家杂交水稻研究中心拜见袁隆平先生，认真地听他讲述研发海水稻的心路历程，并在基地研究团队带领下参观了袁隆平水稻"试验田"。经过前期对"袁米"认真调研、了解和准备，在2019年10月16日晚间的"零食节"的直播中，主播在直播间一边吃"袁米"饭，一边跟粉丝科普海水稻的知识。进入直播间的用户了解到了海水稻的研发历史和对人类的重要贡献。同时，从荒滩走出来的海水稻，病虫害污染轻，因此产出的大米也会更优质。此次直播有超过900万的用户观看，人们通过一次电商购物，不但增长了关于海水稻的相关知识，同时又一次对袁隆平先生涌起深深的敬意，这一线上直播间，也秒变大型追星现场。[1] 此次海水稻走进网络直播间，不是简单的大米推销行为，而是将互联网赋能生态农业，在农业与互联网融合领域具有里程碑意义。

▶ 内容具备高质量

网络直播这种新业态的迸发不仅让传统行业焕发出新的活力，也给用户带来了更有吸引力的沉浸式体验，网络直播经济正按下加速键。目前，网络直播经历野蛮生长之后，正在朝着专业化、优质化方向发展。跨界主播内容创造除了强调内容的专业价值，还需具有内容的高质量。

第一，内容生产应具有价值观的引领。跨界主播自身影响力，对用户的价值观形成起到重要作用。每个网络直播间每次都有几千到几万、十几万用户围观，有的还是心智未熟的青少年用户群体。某些直播平台和主播为追求流量、吸粉捞金，内容同质化、泛娱乐化现象非常严重。有的输出内容仅以制造话题来博人眼球，内容质量过于低端、庸俗，这些无疑严重

---

1. 丁洁：《"90后"梗王袁隆平"跨界"淘宝直播？果然，只有他最懂中国胃》，天下网商，2019-10-18，https://www.sohu.com/a/347716772_114930。

破坏了网络生态，对青少年健康价值观的培育极具负面影响，给青少年的健康成长和社会和谐稳定埋下巨大隐患，也不会被广大用户所容。高质量的内容具有观点和价值，能更好体现出新时代美好生活，弘扬满满的正能量，引发用户发现生活、创造精彩。2021年6月24日，乌鲁木齐市消防救援支队通过抖音账号以"119指挥中心"为主题举行了一场直播，以向网友们普及消防知识（见图4-1）。网友的热烈反响使直播间评论区一度失控，粉丝们纷纷在直播间向消防员"表白"。四位没有专业主播经历的消防员第一次直播就如此火爆，不仅因为消防员的"高颜值"。首先，他们为网友提供了专业的消防知识，直播内容具有权威性。其次，消防员们多才多艺。在直播中，被网友戏称为"乌鲁木齐吴磊"的消防员艾克唱起了RAP，引发粉丝们在直播间评论区的热烈追捧。帅气、阳光的形象，辅以科学知识的普及，使得整场直播正能量满满，对年轻网友起到较好地正向引导作用。

图4-1 新疆消防员直播（图片来自抖音APP@ 乌鲁木齐市消防救援支队视频截图）

第二，内容生产应具备时效性。信息从信息源发送后，经过接收、加工、传递，时间间隔越短，使用信息越及时，使用程度越高，时效性越强。互联网时代是信息爆炸的时代，每天产生的数据高达上百亿条。用户只要打开手机，就有海量的信息如潮水般涌来。做网络直播内容策划时，策划人除了需考虑内容的独特性，还必须考虑时效性因素，随时关注行业的热门动态，及时将最新的内容更加快速地展现给用户，才能吸引更多用户，获得更高流量。时效性的作用有如下三点。

获取更广传播面：有时效性的优质内容，能够很好地满足用户需求，可以强化访客黏度并使之保持持续关注；同时能被搜索引擎看中，给予更好的排名以及流量。

维持热度：时效性越强热度越高；反之，时效性减弱热度随之降低。

访问速度快：越具时效性的内容，用户的访问速度越快，能够帮助主播有效地获取更高的关注。

第三，内容生产应根据用户群体定制。对于跨界主播来说输出的内容要吸引用户的关注，就必须精准定位用户群体（前文已详述）。这就需要在内容策划前做好功课，锁定目标用户群体，不同类型的用户由于性别、文化层次、消费能力、年龄结构的不同，对内容的喜好各不相同。对呈现形式如文字、图片、动画、音频、视频的偏爱度也有很大的差异。这就决定了跨界主播在内容创作策划的时候，应根据用户的喜好定制生产内容。优秀的跨界主播必然对锁定的用户群体了然于心，了解用户群体最渴望满足的需求，才能使内容策划做到有的放矢，更贴近用户需求而不会发生偏差；还需根据目标群体的不同来决定直播时段、直播时长和直播频率。

▶ 内容特色鲜明

现代社会的人们工作、生存压力大，许多人把网络社交当作休闲、减压方式，充满趣味、令人轻松愉悦的内容更容易受到用户关注。而说教、严肃、呆板的内容会受到用户的排斥。所以，内容的生产既要来源于普通生活，又要经过艺术的提炼加工，输出效果才是积极的。在直播平台、短视频平台等自媒体，做美食节目者不在少数，为什么只有李子柒能达到那样的高度，在海内外获得巨大影响力。当语言不通的人都能看懂视频并且点赞，这种文化共融，才是有境界的表现。类似古风电影的视频风格，让人向往的田园生活，轻松娴熟的做饭手艺，心灵手巧的工具制作，满足了无数城市人的向往，看她的视频有很强的代入感。有网友感慨"看了李子柒的直播，仿佛自己也暂时脱离了生活常态，放下了浮躁，游离在田园，体验了一把不属于自己的安宁"。央视新闻评论指出："李子柒的视频，没有用一个字夸中国好，但她讲好了中国文化，讲好了中国故事。"优质内容的输出也为李子柒带来丰厚的收益，内容的艺术性与趣味性能起到引导用户三观，感受生活的美好，带来令人身心愉悦的享受。

@乌鲁木齐市消防救援支队把看似枯燥的消防系列知识，拍摄成一个个极具趣味的小短剧，结合了当下最流行的"一句就是玩儿"的梗，寓教于乐，让网友在笑声中了解如何正确救火。截至2025年1月2日，其在抖音官方账号发布的302个短视频作品，粉丝超过144.5万，获赞超过3283.3万。[1] 像@乌鲁木齐市消防救援支队一样以轻松、幽默的方式普及专业知识的政务类机构还有很多。如厦门民警用RAP翻唱各类歌曲进行反诈宣传，云南民警宣传预防毒蘑菇的"红伞伞、白杆杆，吃完躺板板"视频都纷纷走红，获得广泛传播。

▶ 内容生产应坚守底线

伴随网络直播越来越火，行业竞争也越来越大，有些主播为了从中脱颖而出，挖空心思迎合大众。直播内容从过去的中规中矩变得猎奇化、庸俗化、无聊化。面对一些无厘头又带点哗众取宠嫌疑的直播，公众一方面唏嘘指责，另一方面却又关注捧场，甚至有人为此一掷千金。在互联网上，无聊和庸俗同样有人迎合。一旦这类毫无营养的网络直播取得成功，激励更多后来人效仿，将不利于整个网络直播市场的质量提升。因为主播们并非专注于优质的内容创造，而是一味挖掘和制造低俗内容以迎合恶趣味的受众。

2016年5月28日，一张照片刷爆微博，内容为三名乘客在广州地铁4号线车厢内摆桌吃喝，并在地铁扶手横梁上晾衣服，引发网友热议。此后，一名网络户外主播在某网络直播平台上传的一段短视频，其场景与微博的"地铁摆桌吃喝"照片画面高度相似。事后据调查，该主播承认自己拍摄和发布视频是想"火"。虽然该主播已为自己的行为道歉，却表示不排除其继续拍摄这类视频。事件曝光使当事人再次成为公众关注的焦点，成功实现二次炒作。虽然被舆论指责并受到相关处罚，但这名网络主播确实如愿以偿：炒作出名、聚拢粉丝、变现牟利。一次特立独行的营销炒作远比

---

1. 数据来自抖音APP@乌鲁木齐市消防救援支队官方账号（截至2025年1月2日）。

几十上百次精心策划的内容直播更见成效,这类主播又何乐而不为？正所谓,无论美名还是臭名,出名就行。"地铁吃喝事件"实际上是网络直播庸俗化的缩影。而当庸俗被过度消费,不再能激起观众的兴趣之后,便更容易剑走偏锋,直播尺度越来越大,反秩序、反道德、反人性的直播随之出现,比如直播虐狗虐猫、直播色情暴力片段、直播割腕自杀等（见图4-2）。伴随着这些无聊、庸俗甚至变态的直播内容而来的,是受众群体审美趣味的降格以及因注意力被分散而产生的信息筛选失焦。[1]任何行业都要在法律框架和道德伦理的规范下寻求发展。网络不是法外之地,网络直播行业当然也不例外。跨界主播内容生产必须守牢法律底线、道德底线和安全底线。

图4-2 两女子疫情防控期间为拍视频,在地铁站不戴口罩做"一字马"被处罚（图片来源：澎湃新闻微博视频号,《长腿美女为博眼球地铁劈叉,扰乱公共秩序被行政警告》2020-09-05）

随着网络直播行业规模增长日趋稳定,行业发展也在回归理性。拼颜值、秀下限、打法律擦边球的内容只能是喧嚣一时。跨界主播应加强法律意识与道德责任感的培养,主动传播正能量,不断提升直播内容质量,为广大用户提供更多更好的文化产品和服务,推动网络直播行业健康有序发展。

（二）富有激情和感染力

感染力决定了用户对主播的接受程度。用户对主播的关注来自主播自身特有的气质魅力。和蔼的态度,良好的亲和力,表达幽默有内涵、有激情、气场强大、具有信服力。感染力和激情状态是跨界主播必须具备的能力,但并非一朝一夕就能拥有。想要成为优秀的跨界主播,这个能力需要学习、锻炼和不断的尝试和迭代。

---

[1]. 汪莹：《网络直播如何守住底线？》,人民日报海外版,2016-06-02, http://www.xyw086.com/complex/xywx/201606/00103589.html。

▶ 确定"人设"风格，力求个性突出

"人设"即人物设定。写小说、剧本时，作家会对小说中的人物进行设计，包括姓名、年龄、身高、性格、喜好、出生背景、成长背景等，简单来说，就是创造一个有血有肉的完整人物。该词最早用于游戏、动漫等作品中对虚拟角色的外貌特征、性格特点的塑造；后来逐渐扩展到娱乐圈，用来形容明星对于自身的形象定位。如果某人的形象因为某事件而声名俱毁，颠覆了之前留给大众的良好、健康、积极、阳光的印象，就被网友称为"人设崩塌"。鲜明的"人设"能够获得大众的快速记忆。尤其公众人物有了"人设"之后，更能简单、有效地和大众交流。塑造"人设"对于跨界主播来说至关重要，让用户对主播更有记忆点和话题性。有了明显的"人设"推进，可以把主播个人特色发展到最大化，提升主播在用户心中印象，收获更多的粉丝用户。综上所述，跨界主播人设打造要从以下几个方面进行。

第一，"人设"要有记忆点。没有记忆点的"人设"都不能称之为成功的"人设"。记忆点可以帮助主播找到自己在形象、风格、言谈举止等方面的独特性，突出自己的亮点和吸引力，让用户更容易记住主播。主播将个人经历、爱好、情感和观点分享出来，引发粉丝共鸣，使"人设"更加立体饱满。记忆点来自以下几个方面（见图4-3）。

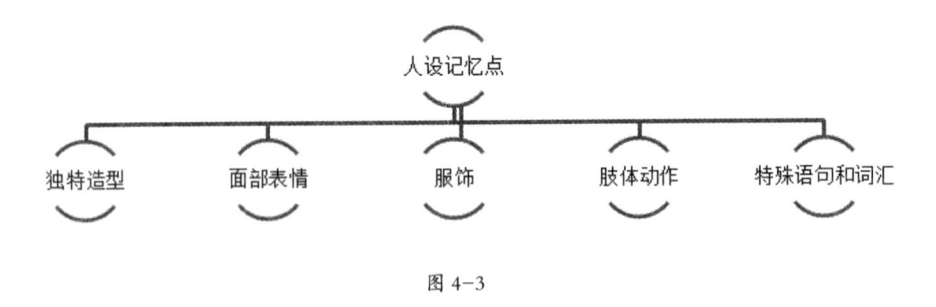

```
                    人设记忆点
    ┌─────────┬─────────┬─────────┬─────────┐
  独特造型   面部表情    服饰     肢体动作  特殊语句和词汇
```

图 4-3

独特造型：如具有个性的发型、妆容。有的明星以光头形象示人，也成了一个记忆点。

面部表情：如眼神（清纯、妩媚、狡黠、机灵），特有的笑容。

服饰：度身定制的服饰表达出特有的服饰语防宣传照上，消防员清澈的眼神、阳刚硬朗的外形，被烟火熏黑的脸上露出胜利的笑容，形象丰满，特点突出，看到第一眼就能给人留下深刻印象。

肢体动作：专门为节目设定特殊的手势或形体动作，或主播个人的习惯性的动作，长此以往也成了一个记忆符号。

特殊语句和词汇：标志性的个人习惯用语，如"啊！五环，你比四环多一环！""亲爱的观众朋友们，我想死你们了！"大家一听这些话就知道谁出场了。

图 4-4　新疆消防宣传照（图片来源：抖音 APP@ 乌鲁木齐市消防救援支队账号）

第二，"人设"最大化发挥自身优势。当下，在互联网上活跃的主要是年轻的用户，"人设"打造要在洞察年轻用户的特征后，生成他们喜欢的内容，并运用年轻用户的思维方式和语言习惯与之对话。良好"人设"虽不易把握和打造，但也更加彰显主播对自身及用户的把控能力。跨界主播"人设"塑造，要以自身性格、特长为出发点进行深化，将自己的优点与特殊技能或才艺放大。德高望重的著名相声表演艺术家马三立先生的世界平凡而真实，从不拿捏姿态。他那亲切和蔼、哆里哆嗦的话音里，透射出自嘲且甘于平凡的生活态度。马老在舞台上展现给观众的是一个瘦瘦弱弱、唯唯诺诺、絮絮叨叨的可爱老头儿，他的声音就是那个单色年代里，最浓的人情味。他口中那个叫"逗你玩"的小偷，那个马马虎虎、大大咧咧、嘻嘻哈哈的"马大哈"，成为一代人的记忆。马老塑造的舞台形象、声音特色、有趣的作品成为他的独特"人设"。

跨界主播，搜狐公司董事局主席兼 CEO 张朝阳人设的打造，就是将自身优势发挥到极致，除清华学霸、互联网教父、中国前首富、时尚圈浪子等标签外，更是一个热衷于探索生活真谛的人。这样的人设使他在搜狐"Charles 的好物分享"以"品质生活，在于细节"为主题的直播中，有很多话题引发用户共鸣，既分享自己有意义的经历，又推荐了与经历有关的实用好物，以一种真诚的生活分享进行价值交流。

在确定"人设"风格的基础上，还需放大主播的特质，如声音、治愈、温柔、善良、甜心、高冷、御姐、妩媚等。抖音短视频里有个"苓妹妹吖"，截至2025年1月2日，账号数据有4.9亿个赞、1448.8万名粉丝。[1] 从数据来看，这是一个运营得非常成功的账号。账号的主页包装上没有详细内容为这个账号定位，根据头像、抖音名来看，这是一个乖巧的小女生形象。"苓妹"人设非常讨喜，一个软萌萌的妹妹形象，视频作品大多是生活中常见的小事情，如经常恶作剧的哥哥和软萌的妹妹。用户对乖巧形象的喜欢会使其对懵懂的苓妹更有好感。剧情有起伏，制造出很多笑点，再配上有趣的背景音乐，爆笑频出，因而吸引了很多用户关注。

第三，"人设"塑造要与内容吻合。要想在众多的竞争中脱颖而出，需要耗费巨大的精力和很长的时间，凭借自己鲜明的"人设"，树立自身别致的形象。在未被人发掘的"人设"中找到最适合自己的标签，创造自己的"人设"。"人设"若是讨喜又真实，能让人永久不能忘怀。如邓丽君甜美的歌喉，一开口就让人如沐春风，好似她的笑容，甜甜蜜蜜。树立独特别致的"人设"是优质主播的生存法则之一。抖音短视频平台上一位叫"仙女酵母"的网红，为自己打造的"人设"是住在一个神秘城堡里，穿着中世纪风格的束腰灯芯绒连衣裙，一边挥着魔杖一边喝着咖啡，专门负责接听人间电话的仙女形象。所有视频内容的逻辑设计都围绕这个反差的"人设"而展开。魔幻的故事背景加上情感答疑释惑，也对应了现实中的"成人童话"，击中了很多女粉丝的痛点。这样的人设塑造，使"仙女酵母"收获了近1039.5万粉丝，点赞数达2亿。[2] 从第一条作品诞生到成为抖音头部红人，"仙女酵母"只用了3个多月的时间。

网红"大V""李子柒"在个人风格打造上，除了画面的唯美，她身着汉服、静如处子的形象塑造，形成极具特色的"人设"。很多农村跨界主播

---

1. 苓妹妹吖：截至2025年1月2日，其抖音粉丝1448.8万，获赞4.9亿；
2. 仙女酵母：截至2025年1月2日，其抖音粉丝1039.5万，获赞2.0亿；

其实都没有刻意打造"人设"的意识,但他们的很多行为方式又都围绕着"人设搭建"进行。比如以日常田间劳作为画面背景,镜头前一双皮肤粗糙、皲裂的手,拿着刚从地里拔出的萝卜,主播一边削皮一边啃着萝卜,一脸真诚地邀请大家:我家萝卜熟了,欢迎大家来我家吃萝卜。这个场景,展现出劳动者的勤劳与收获的美好画面。

一位作家说:"就像植物有趋光的本能,人也本能地趋向自己的梦想。"人也许本能地趋向理想中的自己,趋向自己设定的"人设"。因此,"人设"不应是按他人期待而设计的,而是按你直播理想中的自己、最愿意接受的自己、最真实的自己几个维度而设定的。

▶ 擅用幽默技巧,化解矛盾危机

幽默是跨界主播与用户之间最短的距离。恰当得体的幽默感,绝对是化解冲突危机、增进双方情谊最佳的润滑剂。善于说笑与幽默的人,常给朋友带来无比的欢乐,也会在人际交往中增加魅力,备受欢迎。一般来说,一个人在谈吐中仪态自然优雅、机智诙谐、乐观风趣、懂得自嘲、引人发笑,可以判断他是个具有幽默感的人。而在交谈中能善用比喻,将有趣的故事导入主题,则更能令人印象深刻。幽默是一种人生态度,也是一种生存技巧,可以迅速拉近主播与用户的距离,能反映出主播的开朗与自信。主播运用幽默的力量,发挥自己的聪明才智,能通过成功的社交,走上成功的道路。善用幽默技巧,是跨界主播成长之路的必修课。当今网络平台上一些优秀的主播,不仅拥有才艺,大多都是幽默高手。幽默是一种积极向上的情绪,能为直播营造出轻松、愉快的氛围,给用户带来欢乐和享受。

用幽默化解尴尬: 大千世界,人生观的差别可谓万千。进入网络直播间的用户也是形形色色,有着各自不同的人生观。几乎每一位主播在直播交流中都不可避免地会遭遇一些困难或比较尴尬的场景。有的甚至会遭到直播间用户挑逗、调戏、攻击。缺乏直播经验的跨界主播,遭遇这样的情况可能一时找不到应对之策。具备幽默感的主播遇到此类突发状况,不会与用户发生言语冲突,而是能够运用幽默技巧将冲突转化为展示个人魅力的一次表演。

幽默机智的语言可以化解困境、回答难题、维护自身利益、捍卫自身尊严，而又不伤对方的感情，这是其他手段难以与之媲美的。一位女士去参加同学聚会，聚会非常热闹，大家都在述说着以前大学时代以及现在的生活。却不料，主人一不小心将一杯水打翻了，不巧全洒在该女士的鞋上。这让主人感到非常尴尬而不知所措。而这时女士却微笑着说："一般来说，洗脚之前是要先脱鞋的。"一句话逗得大家哄堂大笑，尴尬的气氛也因此一扫而空。直播中，当主播遭遇尴尬困境时，如能用幽默机智去化解，反而会赢得用户的赞赏，也很容易加深在用户心中的印象。

以幽默作为气氛调节剂：幽默感分为两个部分，其一是感受到幽默的能力，其二是创造幽默的能力，二者是相辅相成的关系。很多主播可能都会有这样的感受，别的人直播间热闹非凡，而自己的直播间冷冷清清。尤其一些没有什么名气的素人主播，不知道怎样打破直播间沉闷的气氛。其实，活跃直播间的气氛也有方法，方法对了，事半功倍。一位用户在直播间对主播说："我被公司辞退了，心情沮丧，特别想哭。可是又觉得自己是一个男人，男儿有泪不轻弹，走出公司大门的那一刻，强忍着不让自己的眼泪流出来。"主播对他说："不要忍着，哭出来吧，憋着容易把眼睛憋小。我自己从小就很刚强，有眼泪从来憋着不哭，所以就把眼睛憋小了。"此话一出，用户破涕为笑，沮丧的心情立马消失。幽默就是最好的气氛调节剂。从社交礼仪来看，幽默会使人产生不尽遐思的温馨，并留下较为深刻的印象。网络直播间是陌生人社交的虚拟平台，主播与用户之间可以说是"熟悉的陌生人"。直播间是主播的主场，主动权和控制权掌握在主播的手里，用幽默的语言或小笑话和用户互动，能极好地调动气氛、增加人气。同时，当主播感受到来自用户的幽默互动，如果一脸严肃，不及时回应，会使用户感到主播太过冷漠，气氛陷入尴尬。懂得幽默和运用幽默，是跨界主播掌控直播间的重要手段。

适度地自嘲是幽默的表达方式：适时适度地自嘲，不失为一种良好修养，一种充满魅力的交际技巧。自嘲，能使主播表现得轻松洒脱，营造直播间宽松和谐的交谈气氛，使用户感受到主播的可爱和人情味，有时还能更有效地维护面子，建立心理平衡。这一点，传统媒体的优秀主持人的表现值得学习和借鉴。中央电视台著名综艺节目主持人李咏在全国观众中有广泛的认知度。他有深厚的文化素养积累，也具有娱乐综艺节目现场氛围的营造力。他主持节目时精力旺盛、情绪到位，对于知识点、文化点、娱乐点的把握都恰到好处。"李氏"幽默给他增添许多魅力，他常常在节目中拿自己的"大长脸、小短腿"缺陷自嘲。2014年在山东卫视重磅打造的大型文化综艺节目《中国面孔》担任主持人，李咏的"大长脸"再度被记者拿来调侃，当被问及主持《中国面孔》是不是因为脸长时，李咏笑称就在录制的第一期《中国面孔》中，自己这张"长脸"却得到了北大某医学专家的"肯定"。该专家开玩笑说李咏的"长脸"三庭标志，鼻梁很直，上通天下盖地，尤其下巴像朱元璋。此话一出，现场一片笑声，气氛十分活跃。

林清玄是宝岛十大才子之一，曾受邀到某大学演讲。会场座无虚席，大家都希望一睹才子的风采。然而，当矮小且秃顶的林清玄走上讲台时，台下一片哗然。当他走上讲台坐下来的时候，却因讲台太高而不见了踪影，大家十分惊诧，这时，林清玄站了起来，并自嘲道："个子太矮，桌子太高了喔。为了大家能够看清楚我，我还是站在台下，接受大家目光的'洗礼'吧。"说完便走了下来。听众们都被他幽默的言语与举动逗乐了，还觉得林清玄非常亲近。

自嘲需要勇气，需要机智，更需要自信。自嘲的背后，其实是能够让用户感受到的做人态度。

> **案例：董宇辉直播间用幽默化解"危机"**
>
> 2021年"双减"政策的推出，让整个教育培训行业都经历了一次"巨震"。教培巨头新东方转型宣布成立"东方甄选"品牌，入局直播带货板块。2022年上半年，新东方在直播带货领域打拼了

大半年，一直经营惨淡，未见好转。2022年6月，新东方在直播间开启了双语直播带货。一群由新东方英语老师们转型的带货主播拿出小黑板，一边带货，一边教英语。他们在直播间里聊人生、聊际遇、聊诗词、聊理想，用流利的英语谈莎士比亚的十四行诗，瞬间打开了大众对直播带货的另一种向往。这种直播带货模式既新奇，又符合当下网友的口味。网友一边看直播买东西，一边学英语。很多家长甚至带着孩子，在直播间观看直播，认真做笔记。曾经的新东方教师变身主播，在直播间用中英文介绍蔬菜水果、牛排、海鲜等产品；他们可以从英语单词"steak"的起源讲到维京海盗的历史，从虾的四种写法谈到各种用英语形容"大和小"的例句。"原切牛排怎么说？Original cutting。点餐希望牛排熟一点怎么说？你可以嘱咐一句：Medium well……"在"中关村周杰伦""兵马俑老师"董宇辉2022年6月10日火爆出圈的那场直播中，消费者们在直播间里有了一种满满的知识获得感（见图4-5）。在介绍"原切牛排"时，董宇辉向网友讲解了"7分熟""全熟"等英文用词。而他张口即来的散文诗一样的语言，更是惊艳了无数网友。卖玉米文案"讲哭网友"、励志式卖书文案"让人赞叹"。"当你背单词时，阿拉斯加的鳕鱼正跃出水面；当你解微分方程时，南太平洋的海鸥正掠过海岸；当你晚自习时，地球的极圈正五彩斑斓；当你为自己的未来踏踏实实努力时，那些你从未见过的风景，那些你以为不会遇到的人，你要的一切，正一步步向你走来……"课堂式的直播间，高频输出的知识点，让"东方甄选"彻底打出了核心价值。6月11日当天，"东方甄选"直播间销售额突破了千万元。仅用一周时间，粉丝从百万上涨到千万。半个月的时间里，新东方在线官方直播间"东方甄选"抖音粉丝数涨了1200余万，新东方在线的股价上涨近600%。[1]

董宇辉在接受央视网《云顶对话》访谈时直言："（刚开播）那会儿直播间里都是骂我的，而且是刷屏（的骂），连刷几十条。"对于恶评，他选择幽默以对，坚持用其特有的风格向屏幕前的用户输出更多的知识、分享更多的生活哲学。有人嘲笑董宇辉眼睛小，他就说："万物皆有裂痕，那是光照进来的地方"。嘲笑他脸长得方，他自嘲道："我们陕西人长得都是这种贵（跪）族的兵马俑脸型。"一次，在推销宁夏枸杞时，一位网友嘲笑他长得矮，董老师用一段浪漫的即兴散文的回复："对的，你说的都是对的！这说明你隔着屏幕都具有直击本质的能力，一眼就戳中了本质，就像我一眼就为你找到宁夏的枸杞一样。沿黄河一路走了那么多的地方，那么多平原，那么多冲积扇（地貌），（感受了）那么多的阳光雨露，我们偏是在那年的宁夏相遇。西部影视城城门楼下，直到现在那个地方（《大话西游》拍摄地）还在播放着《大话西游》里的台词，'当时那把剑离我的喉咙只有0.01厘米，三分之一炷香后，这把剑的女主人会彻底爱上我'。"紧接着董宇辉巧妙将台词与推销枸杞结合在一起："曾经有一份真挚的感情摆在我面前，可是我没有珍惜，人世间最痛苦的事莫过于此。如果上天再给我一次机会的话，我会对她说三个字'买枸杞'。如果非要给这个枸杞加上一个产地的话，我希望它是'宁夏'。记得那年我们在宁夏的初次相遇，记得那天的落日斜阳，记得

图 4-5 董宇辉（图片来源：抖音APP@董宇辉视频截图）

---

1. 谢若琳：《新东方转型直播"爆火"的三点启示》，证券日报，2022-06-18，http://finance.china.com.cn/industry/company/20220618/5830034.shtml。

缓慢奔腾的黄河水……"

董宇辉一次次运用机智与幽默化解网友的攻击。当他在直播间讲解一个单词时，有网友在评论区喊"为什么我要说英语，滚出中国"。董宇辉一点也不生气，还用轻松幽默的语气说："你看你这朋友，不是抬杠呢吗？我在这里和你闲聊，分享一个单词，你可以不学，可以不记，哎呀（假装无言以对）。"然后用捂脸、仰天长叹、眼睛也斜着看镜头等一系列"贱萌可爱"的小表情，表达自己委屈、不解。接着噘着嘴说："对不起，我就不滚，你叫我滚就滚岂不是很没面子！"并用撒娇似的语气说："我就不滚，我就要待在这里烦你，烦你一辈子！"然后，又换了一种讲课似的语气对镜头前网友说："用一种倔强的形式化解尴尬，我是（用）脸皮厚，把尴尬化解在幽默之中。"

某知名"大V"批评董宇辉推荐的书很浅薄，思想水平很低，只有不读书的人才觉得他推荐的书有价值。他用睿智的语言回应："你可以羞辱我，但你不能羞辱这些文学作品……读书的最终目的不是用来跟别人比较，是用来丰富自己的内心。我必须为这些书来反驳！是你自己浅薄，所以你尝不出深刻；是你没有经历黑暗，所以你不理解为什么有的人可以三观不改；悲观是远见，乐观是智慧。朋友们，这是经历带给你的，跟文学作品有什么关系？现在让很多孩子读苦难，纯粹就是伪鸡汤。只有真正受过苦，你才会知道珍惜幸福；你要真的生过一场病，才知道健康多么重要；你要跟我一样在高二（摔）断腿，在家里待一年，你才知道，其实人生很多时候期待的就是平安喜乐。我们不能要求每一个孩子在自己年轻的时候都经历如此深重的苦难，来理解人生的生活本质，但是，我们可以通过在自己有限的生命里去（书里）理解别人的人生，从而过好自己的一生。"

> 董宇辉用卖带鱼的文案说哭了网友，也诠释了自己："带鱼只能生活在海面下40-100米深的海处，因为那里的水压很强，只有足够多的压力才能让它正常去生活，所以有些人注定会负重前行。就像乌龟不能没有壳一样，就像蜗牛不能没有壳一样。它们可以很慢，但是它们可以很坚定。压力也让它们很痛苦，但压力让它们坚定。痛苦的人才深刻，深刻的人才坚定。所以有时候一个人的强大就在于他能够长期地背负着那些东西（压力）前行，时间久了，他因此就会变得深刻，因此变得敏锐，因此变得沉稳。"
>
> 面对批评和嘲笑，董宇辉坦然地说："若批评不自由，则赞美也无意义。"

当然，幽默也是需要掌握好分寸的。首先，话题要新颖，新颖的话题能让用户眼前一亮，从而激发对主播的好感；其次，幽默不能建立在贬低用户的基础之上，用贬低用户的方式来获取幽默的效果，则会使气氛变得更加尴尬，有可能会遭到被贬者和其他用户的攻击，甚至有可能被传播和发酵，使事态扩大；再次，幽默的方式应该是多样的，依据不同场合和用户，采用不同的幽默方式。

▶ 内在胜于外在，个性超越颜值

"颜值"一词来源于网络流行词，用来评价人物相貌，表示人靓丽的数值。"颜值"也有衡量标准，可以测量和比较，外形条件非常好的常常用"颜值高""颜值爆表"来形容，反之就是"颜值低""颜值暴跌"。网络直播初始阶段，直播市场主要分为游戏直播、娱乐直播、美食直播、户外直播几大板块，早期的网络主播与网红主要是靠"颜值"取胜，有"颜值"就意味有了"红"的基础。有的人为了"颜值"不惜花重金整容，还有人运用直播软件进行"变脸""变声"，用户在直播间里看到的年轻美貌女子，在屏幕后的真人可能是个相貌平平的中年妇女，甚至还有男性经过化妆、"变声"软件包装，男扮女装，蒙骗用户。经过国家有关部门和直播平台共同治理，网络直播乱象得到很大改观，但仍有相当数量的网红与主播将"颜值"放在首位，忽视对直播内容的打造。

在吸引用户的特质上，一些头部主播（超级网红）相较于普通主播，对于外形、技能、幽默三项更为看重。普通主播在临场上表现为互动积极，直播很投入。可见，目前一些优质主播关注自身的外在和内涵兼备，而普通主播则更加关注直播的临场表现。然而，外在美永远不是成功的因素。有关调查数据显示，用户对于直播内容能提升认知的需求占比高达68%，而对于主播的吸引特质（才艺好、技能好）占比高达60%。由此凸显了用户对于直播的知识技能价值传递的核心需求。[1] 随着互联网技术的变革，网络直播经历了不断的进化和迭代，从最早的PC端变成了现在的移动端，从游戏直播、社交直播到购物直播、教育直播，从明星到素人，这一切都宣告着全民直播时代已经来临。

知识型主播阵营扩大： 直播内容的多元化，内容为王正逐渐成为直播的主流。5G时代，直播市场领域的精耕细作，人工智能技术的应用，使直播新机遇如同春笋一样迸发，VR、AR、全景直播技术等新的技术手段不断投入运用，网络直播发展空间更大。在直播平台上，知识型主播的阵营也在扩大，有的平台专门开辟包含数码科技、汽车、财经、科普等类型的直播节目；有的则推出了包含股票分析、考研辅导、健美教练、财经分析知识直播栏目；还有的直播平台开设了乐器、脱口秀等直播栏目。目前各行各业都把直播作为一种推广宣传的标配。直播行业分类层出不穷并创造了数以万计的"主播"岗位。"跨界主播"的大量涌入，使得主播这一职业竞争更加激烈。当网络直播行业告别野蛮生长时代，诸多直播平台的高度同质化，过去以"颜值"为基础的"秀场直播模式"开始褪色，许多主播面临粉丝数减少、收入下降的情况。不少网络主播和平台都在转变，"内容为王"成为广泛的共识。主播们

---

1. 汪尚华：《全民直播时代依靠技能取胜》，消费时讯，2018-01-05，http://www.xfsbs.com.cn/index.php/News/cont/nid/12448.html。

更注重特色化、差异化的发展，直播内容的多元化现象愈加明显。

知识技能传递凸显价值：一场直播能够为用户带来哪些价值内容？过去一些主播仅停留在休闲娱乐或互动情感交流层面，但这远非直播的全部价值。优质的内容才是直播的重要价值体现。早在2017年，腾讯研究院联合龙珠直播平台对全国4500多位主播进行问卷调查，调研数据显示，目前绝大部分的主播对于自身直播价值定位很明确，76%的主播认为直播的价值在于娱乐休闲，而选择情感交流需求的主播也达到41%。然而，在这两项常规认知之外，值得注意的是，知识技能价值传递的地位越发凸显。48%的主播认为直播价值在于进行知识技能教学，甚至超过情感交流成为第二大价值。而认为直播能够为客户带来有用信息资讯的主播，占比也达到了28%。[1] 到2020年直播行业步入成熟期，各平台对优质主播、优质内容的争夺已然白热化。有人说：这是一个"看脸"的时代。"颜值"一词曾在《咬文嚼字》发布的2015年度"十大流行语"中位居榜单第三名。然而，"颜值诚可贵，内涵价更高"。papi酱，一位1987年的姑娘用了半年的时间，推出了34个视频，圈了600万粉丝，并得到了众多投资公司1200万元的联合注资，估值3亿元，2016年4月21日首条后贴广告以2200万元的天价拍出，被打造为新媒体第一个标王[2]，见图4-6。papi酱的成功，靠的不是"爆表的颜值"而是个人的专业能力和内涵素养。

图4-6 papi酱直播宣传照（图片来源：@papi酱新浪微博）

如董宇辉，这位来自陕西农村的年轻人，被网友戏称"要颜值有才

---

1. 腾讯研究院：《2017网络主播新风尚：4500多位主播告诉你的直播真相》，199IT，2017-05-19，http://www.199it.com/archives/594902.html。
2. 陈耀杰：《当代艺术家如何玩转IP时代》，雅昌艺术网，2016-08-08，http://www.gog.cn/culture/system/2016/08/08/015062400.shtml。

华、要身高有才华、颜值不够才华凑""看脸颗粒无收，内心五谷丰登"，能把直播间打造成"不仅有传统文化，还有生活哲学"。以往用户进直播间是"奔商品"而来，现在是"奔知识"而来。网友表示"董宇辉的'火'让我们明白一个道理：读书不仅有用，而且非常有用，比起那些'3、2、1上链接'的，我们更愿意看到博学温柔的知识分子，和我们聊人生故事，我们更愿意为人间烟火、为星辰大海付费。"直播间并不是"颜值即正义"，行业在进化的同时，用户也开始变得成熟。新形势下，跨界主播要想赢得观众的青睐，需要更加全面综合的能力素质，如沟通表达能力、临场应变能力、自我营销能力、活动策划能力、节目制作能力、时间计划能力、用户管理开发能力、心理素质提升等。跨界主播，如果不想被时代淘汰，在主播这一道路上走得更远，必须认清自我和行业趋势，致力于提升综合能力，才能在直播过程中更加职业化、专业化，获得更为长久的生命力。

二 心理抗压能力锻造方法

不管何种类型的网络主播，其工作的状态多以直播形式呈现，因此，每一场直播都可能存在不可预知的风险。无论是传统媒体做直播的主持人还是网络主播，直播时都会产生巨大的心理压力。随着全民

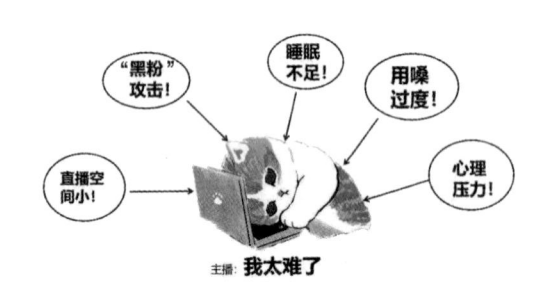

图 4-7 我太难了

直播时代的到来，网络主播要想在主播大军中存活下来，已然艰难；想从底层攀达至"金字塔"塔尖，更是十分不易。为寻求生存或更高收益，主播们一是要想尽办法、运用各种手段吸引用户目光，有的扮美、有的扮丑、有的选择奇装异服；二是要应付各种不同类型的用户，加大直播时长，甚至通宵工作；三是要承受公众舆论的压力，小心谨慎而不能触碰规则红线。在这样竞争的环境下，相当一部分的网络主播觉得心理压力极大，部分主播更承认

需要一定的心理辅导，甚至有人患上了心理疾病。遭遇网络暴力的LPL"四大金花"之一的周某就在直播时声泪俱下：表示自己每晚失眠，主播并没有表面上那么光鲜，需要承受不少心理压力。周某坦言自己在直播间工作时，会出现一些"黑粉"。自己会与"黑粉"用户争吵，导致打乱自己的节奏。2018年1月7日，陌陌发布了《2017主播职业报告》，该报告对近万名网民及主播进行了抽样问卷调查。报告显示，随着网络直播的普及和主播从业人数越来越多，主播间的竞争日趋激烈。而由于长期高强度的工作，84%的受访主播表示患上了职业病，其中颈椎病、心理压力大、睡眠不足成为困扰主播健康的三大因素。同时，男女主播所患职业病略有不同，25.5%的男主播表示"用嗓过度、声带受损"，24%表示"每天工作时间长，睡眠不足"；30%的女主播表示"久坐活动空间小，颈椎腰椎不太好"，23.5%表示"直播压力大，心理健康问题需要调节（见图4-7）"。此外，为了保证收入和粉丝数的稳定，多数主播都会保持长期的高强度工作。由于观看直播受众流量高峰集中在晚间，有51%的受访主播表示直播时段在19:00—24:00，全职主播在该时段直播的占比则高达73%；12.6%的主播直播时段在0:00—8:00。近84%的全职主播一周直播5天以上，30%的兼职主播一周直播5天以上。[1]王者荣耀游戏的主播梦某曾经号称"峡谷第一打野"，连续两次获得KPL职业联赛最受欢迎选手，曾在比赛中凭借一手"韩信偷家"（王者荣耀游戏技巧），圈粉无数。然而就是这样一个曾经走上职业巅峰的主播表示压力很大，"多年来没有找到几个能够说话的朋友。遇到困难的时候，只能咬碎牙往肚子里咽，没有诉苦的对象。比赛失利时除了自责，还要承受黑粉的攻击，让我的内心感到更大折磨，感觉无处可逃"。最后在事业与爱情都遇到了挫折的时刻，他选择退出和停播。有类似经历和感受的主播还有很多，有的因承受不住打击，内心崩溃甚至选择轻生。有人问董宇辉："你在镜头前讲了一晚上，大家也不买，就在评论区说你长得丑、口音奇怪，那你怎么挺过来的？"董宇辉笑着回答：第一次很难受，当你挨（骂）上100次

---

1. 白杨：《网络主播生存现状：84%患职业病 东北主播最能吃苦》，21世纪经济报道，2018-01-08，http://www.ikanchai.com/article/20180108/189525.shtml。

试一试？脸皮特别厚。我小时候第一次挨打，疼！第二次，不太疼。第三次，不疼！第四次我妈还没打，我就说不疼了。皮实！很多时候人生最重要的就是皮实！你知道，聪明的人其实不一定最终成功，但真正成功的人就是皮实！皮实就能坚持到最后！"

"欲戴皇冠，必承其重。"网络主播看起来是一个非常光鲜的职业，其实工作强度和压力是非常大的。为了取得广大用户认可，主播需要付出更多常人所不能及的努力，内心也就会产生更多的压力。这种追求完美想要得到所有人认可的心理压力，容易造成他们心理上的问题。要想胜任"跨界主播"这一职业，就必须锻造自身强大的抗压能力，学会用正确的方法进行自我疏导、化解压力。

（一）如何保持乐观自信

不自信的跨界主播肯定是不能成为好主播。在直播中，主播的自信决定直播状态，决定了主播能否全情投入到直播当中。自信是成功的前提，也是快乐的秘诀。唯有自信，才能在困难与挫折面前保持乐观，从而想办法战胜困难与挫折。跨界主播的自信来自几个方面，一是扎实的专业知识，二是具有过硬的基本功，三是直播经验，四是直播前期的充分准备。同时，自信可以适度缓解直播给主播带来的紧张感。心理学上有一个概念叫"自我效能"，是指当一个人越相信自己能做成一件事时，就越可能获得成功；也可以理解为是一种良好的心理暗示。如果主播在之前获得了小的成功经验，那么会有更大的动力去继续完成一件事。因此，相信自己能够成为一名优秀的跨界主播，是成为优秀主播的第一步，也是重要的一步。

▶ 自信是直播的基础

自信的主播具有强大的气场，这种气场会使主播更具有魅力，能打动直播间用户，收获更多的拥趸，网络语言叫"铁粉"。当直播开启后，主播就是直播间的主导者，是进入直播间用户的引领者。如果出现在用户面前的主播唯唯诺诺、战战兢兢，是不可能被用户接受的，又怎能胜任一场直播？缺乏自信的主播面对镜头时，常常浮上一些莫名其妙的杂念，内心充满各种各样的顾虑："今天的妆是不是没有化好""今天的衣服有没有问题""刚才的某句话是不是说得不合适""为什么我的直播间用户这么少""这么多人围观啊"等。杂念一旦冲击自己的思路，就会干扰直播方向，注意力的兴奋中心被抑制，思想游离于直播内容之外，这样很容易出错。随之而来的便是对节目过程的恐慌，这种顾虑和恐慌都只会加速下一个错误的出现。

在2022年北京冬奥会上，中国运动员、18岁的天才少女谷爱凌赢得两金一银的优秀成绩，创造了中国雪上项目的历史。除了运动员这一职业，谷爱凌还有不少"身份"。世界杯大跳台决赛首金得主、世锦赛双冠王、以超过99.8%考生成绩被斯坦福录取的学霸，她横跨时尚圈，登上各大时尚杂志封面，是广告商的宠儿……

伴随着谷爱凌火爆的人气，她又跨界直播。谷爱凌的直播间人气飙升。2022年2月20日，谷爱凌和奶奶在社交媒体上进行直播，在线回答网友问题，谈自己的成功经验。谷爱凌说道："生活不是比赛，比赛也不仅是比赛。比赛是为了打开自己的界限，和其他运动员（竞技的结果）没有太大关系。希望通过这个平台让大家认识这项运动，不要去和其他人比，想想自己专注的事情。自己觉得重要的事情，要相信自己努力就能成功。目前我比较看重运动，（希望）更多人接触冰雪运动，让青少年们（在运动中）享受自己，体会我（因为运动而带来）的快乐。"自信与热爱，以及对滑雪运动的享受心态，成就了今天的谷爱凌。谷爱凌将赛场上的自信带入直播间，在她身上，人们看到的是朝气蓬勃、积极向上的运动之美。或许谷爱凌的成功无法复制，但可以从她身上获得太多进步的动力。

俗话说得好："尺有所短，寸有所长。"主播切忌拿自己的短处去比别人的长处，而要在学习别人长处的同时挖掘自身的优势并加以有效利用。如果总是处在不自信、怕出错，担心用户对自己看法的状态之中，这样的顾虑就会成为直播的绊脚石。其实，犯错是难免的，每一个主播都会有这样的经历。直播中或多或少都会出现一些错误，只要把握好政策方向，不违反平台规则，触碰政策红线、社会道德底线的原则性错误，剩下的就是抛弃心中杂念，集中精力去完成直播。犯错不可怕，关键是主播如何去对待错误、改正错误。

▶ 专业的直播精神

专业的直播精神在于主播要尽职尽责地做好每一场直播。俗话说："开弓没有回头箭。"直播一旦开播，无论直播间"无人观看"还是"人数不足"，主播在镜头前都要具备"仪式感"。仪式感不只是直播的形式，而是要使用户真切地感受到主播在镜头前每一分钟的认真：坚持向用户提供高质量的内容；始终围绕自身核心领域做内容；对直播提出严格标准，如场景搭建、音效设计、摄影设置、语言表达等力求精益求精，有限时间内更好地传递信息。专业的直播精神还体现在尊重用户的反馈，虚心接受建议，不断反思与改进。总之，专业品质才能打造出有影响力的自媒体。

▶ 乐观面对，处乱不惊

直播间是网络虚拟世界的社交场所，人员构成复杂，所谓众口难调。用户喜欢主播，就会赞美、支持，表达的语句都是令人愉悦的。用户不喜欢主播，就会觉得主播一无是处，各种批评、指责、谩骂、人身攻击，让主播沮丧、焦虑。而直播状态下的高度紧张，就有可能导致主播的判断错误、失言。在这种情况下，主播冷静处理、乐观面对的心态很重要，既不要因为用户的赞美而飘飘然，也不要因为用户的指责就觉得自己一无是处；要做到"不以物喜、不以己悲"的处乱不惊。尤其对一些非职业的跨界主播，除了对直播中可能发生情况做好充分预判之外，必须学会如何控制现场气氛的发展与走向，切忌被用户差评带离节奏。

▶ 屏蔽不良信息

跨界主播要学会屏蔽不良信息，以保护自己和用户的利益。对不良用户，如在直播间恶语相向，或散布不良信息等，主播一方面应坚守底线，对于涉及政治、色情、暴力、诈骗等敏感话题果断屏蔽或反击；另一方面，还应提前熟悉应对措施。如，熟悉并使用直播平台提供的举报和屏蔽机制，及时屏蔽或举报不良信息；使用工具或软件来屏蔽不良信息，如语音过滤器、评论审核机制等；积极与其他主播、平台管理员进行沟通和协作，建立联动机制，及时分享经验和信息，呼吁共同应对。

（二）如何处理负面信息

网络是一个全民参与的互动媒体，形形色色的人每天混迹在网络，其中包括一些不法分子。无论是在现实世界还是虚拟的网络世界，交往时的相互尊重是每人所需。在直播中言语的摩擦不可避免，但随意中伤他人是对他人的轻视。用户在观看直播过程中利用弹幕发布伤害主播或他人的言论，或以打赏（送礼物）为由而向主播提出非分要求的现象时有发生。由于跨界主播职业的特殊性，注定这个群体始终是被媒体、用户高度关注的对象。在被关注的同时，也会产生正面和负面信息，包含支持、赞扬、质疑、吐槽甚至诋毁。绝大多数人接受正面信息的程度高于负面信息。负面信息会使人产生不好的负面情绪，如沮丧、失落、烦躁等。

跨界主播虽然能够成为用户群体的影响者，但是无法控制直播间每一个用户的言行。当主播的某种言行与用户的期望值发生偏差时，用户就会发出负面信息。如果主播不具有很好地处理负面信息的能力，在负面信息开始扩散，且网络媒体推波助澜时，主播的承受底线将遭遇严峻挑战。所以，当主播无法控制负面信息的发布源头，就应在规范自身言行的基础上，做好应对负面信息的准备。由于负面信息对主播会产生的消极影响很大，因此，主播修炼应对负面信息的承受能力格外重要。

▶ **直播间遭遇键盘侠、网络喷子攻击**

键盘侠、网络喷子，是互联网时代对特定群体的代称。键盘侠指在现实生活中唯唯诺诺，一旦独自使用电脑或用手机进行网络评论、聊天时，某些群体可以毫无顾忌地谈笑风生，对社会各方面品头论足。网络喷子，主要出现在微博、贴吧、网络游戏等平台中，常用恶毒语言攻击他人、挑起争

端，使用带有极强侮辱性的言语以瓦解被攻击者的心理防线，使其产生愤怒、沮丧、受压等情绪。中国政法大学刑事司法学院教授罗翔关于"网络喷子"的本质解析得非常经典："互联网的特征就是它的匿名性，一旦匿名就会激发人性中的种种幽暗成分。"网络言论难以控制，每个网民都能以匿名的方式来指点江山。大多数网络主播在其职业生涯中都会遭遇键盘侠、网络喷子的攻击。例如，某女主播在直播中被网络喷子攻击，她在情绪激动之下进行回击。但冷静下来后，她却就此事向用户道歉。该女主播反思：网络主播是公众人物，直播间里的众多用户也包含一些年龄较小的青少年。与网络喷子的正面对峙可能会导致青少年的错误模仿。罗翔教授认为："网络喷子的本质是吵架，而吵架是不需要讲逻辑的。"跨界主播作为一名公众人物，言行影响着许多人，要为自己的言行负责。与喷子"互喷"除了激化矛盾，没有任何意义，解决方式可以采取置之不理。

网络直播中，用户通过"弹幕"与主播及其他用户进行沟通互动。网络匿名性使得用户经常使用语言"狂欢"，言语中常夹杂暴力、色情的字眼；缺乏理性和伦理道德的言论也损害着他人的权益。成为跨界主播，需做好随时应对负面信息的心理准备。放宽心态，才能临危不乱：主播是不可能被所有用户接受，做好自己，不辜负喜欢自己的用户才最重要。

直播前的策划方案准备中，心理准备是重要的一环。基于网络媒体传播特性，对主播的负面信息会持久保留在网页上，被网民不断地点击、浏览、评论，形成扩散传播，危害主播的名誉。因此，主播应与危机公关企业建立良好关系，必要时请专业人士协助处理负面信息。

▶ 有效管理负面情绪

心理学上把焦虑、紧张、愤怒、沮丧、悲伤、痛苦等情绪统称为负面情绪。俗话说：人无完人，每个人都要勇敢地接受不完美的自己。主播的负面情绪，很大一部分原因是担心直播不受用户欢迎以及来自所谓"黑粉"的攻击，二者造成的负面影响让主播内心恐惧而产生不安全感。长时间将注意力放在负面信息、恶意评价里，主播在直播过程中就会感到备受煎熬。基于此，主播应努力做到对评价"有则改之，无则加勉"，控制好情绪，减小心理波动，帮助直播工作的顺利推进。

> **案例：钉子的故事**
>
> 从前，有个坏脾气的小男孩。一天，父亲给了他一大包钉子，让他每发一次脾气，就用铁锤在后院的栅栏上钉一颗钉子。第一天，小男孩在栅栏上钉了37颗钉子。过了几个星期，由于学会了控制自己的愤怒，小男孩每天在栅栏上钉钉子的数目逐渐减少了。他发现控制自己的坏脾气比往栅栏上钉钉子要容易多了……最后，小男孩变得不爱发脾气了。他把自己的转变告诉了父亲。他父亲又建议说："如果你能坚持一整天不发脾气，就从栅栏上拔下一颗钉子。"经过一段时间，小男孩终于把栅栏上所有的钉子都拔掉了。父亲来到栅栏边，对男孩说："儿子，你做得很好。但是，你看钉子在栅栏上留下那么多小孔，栅栏再也不是原来的样子了。当你向别人发过脾气之后，就会在人们的心灵上留下疤痕。就好比用刀子刺向了某人的身体，然后再拔出来。"

这个故事告诉我们掌控情绪的重要性。因此，负面信息无论来源于何处，都应该冷静面对。主播遇到不利言论不要简单地倒戈相向，与用户争论不休；而应该控制情绪，冷静思考应对之策。负面信息若处置不当，即便后期通过危机公关进行处置，也可能会给主播带来负面影响。学会掌控情绪，是主播磨炼心理素质的必要环节。

首先，无论多忙，每天抽出时间独处，了解自己的情绪以及对某件事的认知方式。思考自己的情绪，哪些是正面的，哪些是负面的？用户喜欢自己的哪种情绪，讨厌自己的哪种情绪？人，最难了解的是自己。自己感知不到的微妙的情绪，需要多跟朋友聊天，通过不同的人和事来发现和总结。其次，才是控制自己的情绪。刻意练习控制负面情绪的产生，或者不随意表露负面情绪。经过察觉和反复练习，会取得明显改善。

▷ 寻找正确的化解之道

许多跨界主播没有塑造正面媒介形象的意识，缺乏应对负面信息的经验和能力；有的错误地认为，自身形象由平台和粉丝维护。因此，出现负面信息后置之不理或采用消极回应，媒体报道中可能形象污名化，导致负面信息传播愈演愈烈。

主播身处网络大潮的风口浪尖，应注意在保持曝光率和控制负面新闻中保持平衡。当出现负面信息这一事实无法更改时，主播需要寻找正确的化解方法，尽量将负面信息造成的影响控制在最小范围内。无论是因直播失误还是竞争者恶意歪曲事实而形成的负面信息，都容易广泛传播而严重导致主播和平台的信誉度受损。若处理不当，轻则影响主播信誉，重则导致用户的流失。因此，正确的处理措施是：首先，在第一时间控制该信息的传播范围，避免广泛传播；其次，要正面应对，不逃避，及时澄清事实；再次，要深入分析负面信息传播节点、发展趋势（含网络舆论趋势）、用户及媒体态度，有针对性地制定舆论引导计划；最后，对重大恶意网络负面信息，应及时向公安机关寻求帮助。

（三）如何应对挫折打击

对跨界主播来说，压力几乎无处不在。面对用户关注度不够、同质化竞争、用户数量降低等难题的时候，直播经验不足的跨界主播会产生挫折情绪，轻者使自己变得不够自信，严重者会影响职业发展。积极应对挫折，可以帮助主播正确面对逆境。著名网络红人罗永浩说："面对挫折和打击、沮丧的事情发生的时候，不要伤心、难过，甚至不要控诉、愤怒、抗议，埋头默默擦亮你的武器，准备下一次战斗。"

▷ 锻炼心理承受能力

遭遇挫折有内、外两方面的原因：外在原因有宏观环境问题、商业竞争问题、市场风向问题等；内在原因如主播自身怠惰、骄傲自满、抗挫能力差等。有些主播本身具有相当的潜质，却在取得一定进步后给自己设限，徘徊舒适区而止步不前；有的主播有颗玻璃心，用户稍加批评就心情烦躁；有的主播历经无数挫折，即将"拨开云雾见青天"，却在紧要关头自我放弃而断送未来，令人惋惜。

挫折具有双重性。一方面造成打击，另一方面能敦促改变。要勇于面对失败，战胜挫折的过程能增强主播的创造力、智慧，并磨炼意志。

杭州市余杭网红"菜盟主"的微博、B站、小红书、抖音等平替的粉丝总数超过70万。她在微信朋友圈的"人设"是一位常见的爱美、爱玩、爱旅游的"美女博主"，似乎并无特别之处。但年仅24岁的她，已拿下拍摄香奈儿、古奇、迪奥、兰蔻等国际大牌美妆照片的订单。"我常年奔波于国内外取景，一般一天要拍摄近6000张照片，精选80张；而最终某电商店铺使用的图片，每套服装也仅三四张。""菜盟主"说得云淡风轻，但不难听出，入选哪怕几张照片，也需要花费大量的时间和精力，她从初中开始接触摄影，通过执着和努力，不但提升了摄影技术，而且也拥有了创造力和审美力。她的日常工作状态是：早上7点多出门，回到酒店已经凌晨。要继续选图、修图，睡眠时间每天不到4小时。长期超负荷的工作强度，常使她累到崩溃。"菜盟主"说："那种感觉就是累到眼泪会自动流下来，但我马上提醒自己不能哭，因为第二天眼睛会肿，影响拍摄质量。"顽强地坚持，使"菜盟主"的付出得到回报：2017年"双十一"，她自营的店铺销售额有8万元；而2019年"双十一"，该店的销售额突破100万元。新冠疫情给"菜盟主"的店铺造成冲击，工厂不能开工，订单不能发货，店铺收到了有史以来的第一次投诉。"投诉一次扣2分，12分扣完就要关店，我只能耐心地一个个打电话解释，希望客户手下留情。""菜盟主"累并快乐着，爱好和事业并存；

有家人做后盾,她无所畏惧。[1] "菜盟主"的成长经历证明,唯有保持较好的心理承受压力并持之以恒,才能克服困难、迎来曙光。

跨界主播要培养抗挫折能力,可从四个方面锻炼:一是坚定"相信的力量",相信挫折只是暂时的,相信自己的实力和潜力,未来会更好;二是学会释放情绪,选择运动、音乐、绘画、写作等方式来释放情绪、缓解压力;三是保持良好的生活习惯,饮食健康、规律作息、睡眠充足;四是持续学习、不断成长。

▶ 向优质主播看齐

许多主播会有各种迷茫:"我觉得自己非常的普通,但不代表我甘愿平凡,可我要怎么才能优秀?""可能我怎么努力都会这样""普通主播应该如何面对自己的平凡",不是谁都可以成为头部主播(但不代表没机会)。可是,成为头部主播的综合因素实在太多。外人只看到优秀主播的人气和星光的表象,没看到他背后的付出与努力。而这种优秀是通过经年累月修练的结果。

其实,挫折是每位主播在职业生涯中几乎不可避免的经历,无论职业初期,还是成为资深主播之后,都难以避免。除了前文提到的相关问题,还包括流量不佳、遭到举报被屏蔽、缺乏创作灵感等。那些从挫折中成长的主播们,曾采取积极的态度寻找解决方案。

网络主播"丽江石榴哥"在"三农"领域开拓,是抖音平台一位传奇主播。他从负债几百万元的草根逆袭为电商网红,职业生涯可谓一波三折。

"丽江石榴哥"的真名叫金国伟,最初是一名英语培训老师。2010年创业开饭店,一度在云南丽江开了三家饭店。2016年因旅游业整顿,金国伟的饭店全部倒闭,负债几百万元。遭到重创的他并没有倒地不起,为了还债,从市场摆摊做起,用流利的英语、日语、粤语、纳西语、白族语向来自国内外的游客推销石榴。他外形憨厚可掬、语言风趣幽默,受到顾客的喜

---

[1] 李书畅、徐晖:《三位"网红主播"光鲜背后的辛酸事》,杭州网,2020-03-23, https://hznews.hangzhou.com.cn/shehui/content/2020-03/23/content_7700327_3.htm。

爱。一次偶然机会，被游客拍下短视频并发布在抖音平台而意外走红。2018年9月，金国伟用"丽江石榴哥"的网名注册抖音账号，开始利用直播平台推销石榴。几起几落之后，金国伟的生意又风生水起。

爱迪生曾说过："无论什么时候，不管遇到什么情况，我绝不允许自己有一点点灰心丧气。"事业失败时，石榴哥也曾有短暂的消沉，但他很快摆正了心态，把曾经的辉煌抛在脑后，脚踏实地，勤勤恳恳地从头做起。截至2023年8月14日，"丽江石榴哥"的抖音粉丝已达618万。命运有时尽管无情，却仍会眷顾有准备、有毅力的人。

承受挫折、涅槃重生是一个渐进的过程，可向优秀主播学习以下几点。

反思思维方式：将出现的问题逐一列出，详细分析症结所在，着手寻找解决之道。如反思自己在直播中所犯的错误，找出问题、改进问题。

寻找支持系统：如朋友、家人或同事，并与他们分享困难。遇到技术性专业问题，可向专业团队或官方渠道求助，寻求最佳方案。

寻求反馈：心悦诚服地接受批评，主动收集反馈意见，并从中获得有价值的信息。主播需要保持开放的心态，真诚地听取他人的意见。

找不足，才能使自己不断进步。优秀的网络主播，总有其过人之处。他们也是从最初的稚嫩逐渐成长为"大主播"，从开始的懵懂到后期的熟练。观摩优秀主播的直播，对比优质主播和普通主播的直播细节会发现差距的根源。从内心出发去学习，工作能力也会随着时间沉淀不断地得到提高。此外，寻找机会与其他优秀主播合作，分享彼此的经验和技巧，也可以帮助自己不断成长。

三 优质主播的必备技能

直播行业是始于颜值、终于品质，最后呈现给用户的内容品质才是最重要的。英国BBC电视台拍摄了一部关于中国网络女主播生活现状的三集纪录片——《中国月入20万网络主播养成记》，纪录片不长，每集仅有8分钟左右，选取了当下中国直播圈子里的三个代表性群体作为主要视角：网络女主播、主播背后的推手即幕后经纪公司以及粉丝三种不同类型的群体，深入挖掘中国网络女主播背后的故事。在路人的眼中，网络主播的日常应该是这样的："时间自由支配，每天睡到自然醒，晚上只要坐在摄像头前唱歌跳舞聊天，便可以轻松靠着粉丝们刷'火箭'（送礼物）来为自己的美丽买单。"但BBC的纪录片告诉我们：其实，她们和辛苦的上班族并没有本质的差别。看似光鲜亮丽的背后却是残酷的竞争、不进则退的压力、套路满满的操作以及频频触犯边界的博人眼球行径，网络主播这一行并不轻松。直播行业从最早的基础语音频道，到"互联网+"下的"直播+"时代，跨界主播唯有修炼好内功，才能在竞争激烈的主播行业获得持续稳定的发展。相声演员郭德纲有句话非常有道理："艺人拼到最后，拼的是文化。"这里的文化不是指学历，而是内在修养、生活阅历和职业技能。

（一）打造不可替代性

每个主播都希望自己能够在激烈竞争中脱颖而出，而主播的价值所在来自不可替代性和核心竞争力。前文提到的美国哥伦比亚广播公司《晚间新闻》主播的沃尔特·克朗凯特，被称为"永远是这个行业的黄金标准"。那么克朗凯特是如何做到不可替代的？答案是：专业性。克朗凯特的事业并不一帆风顺，年轻时先是在一些小报社和广播电台谋职。1950年在哥伦比亚广播公司当记者时，依然是个东奔西跑的小角色。渐渐地，他靠着准确报道、精练写作和快速发稿引起了业内的关注。在经历了12年的磨砺之后，他于1962年终于坐上了主播的位置，并在这个位置上一直干到退休。克朗凯特专业化的体现之一，是在做主播前就有了深厚积累。他的不可替代性并不体现在他是一个记者，一个主播，或者评论员，而是将所有这些岗位的优势集于一身，加之对美国社会乃至世界的深刻观察、理解，才熔炼出金刚不"换"之身。要想具有不可替代性和专业化，就必须有比别人更扎实广泛的业务基础，更强大的专业整合力，以及跨领域的技能和团队协作能力。

▷ 跨领域技能

跨界主播具有双重性，既是"专家型"的主播，又是"非播音主持专业"出身的主播，前文已对跨界主播的"专业"与"非专业"性进行了分析。跨界主播要在这两个不同的领域都要具有较高的"专业"技能。比如"厨师主播"，既是主播中做饭的专家，又是厨师中会表达、懂幽默、会主持的人。这就使其拥有了核心竞争力。

跨界主播首先是专家，在自身所处的专业领域有着极高造诣和极强的话语权。话语权是主播能够承担更多、决策更多、把控更强的最基本条件，这种话语权又决定了其在用户心目中的权威性。一位专业建筑设计师出身的地产节目主播，常常到观众家里面大动干戈地去拆房子改结构，却深受观众欢迎，因为他是受众理念的引领者。央视财经频道曾有位财经主持人左安龙，并非播音主持专业出身。而该频道却专门以他的名字开设了档栏目叫《老左来了》。左安龙为什么会受到如此礼遇，因为他是典型的专家型主持人。他对中国乃至世界经济形势发展变化的深刻解读，对股市专业知识出神入化的运用，以及深入浅出的个性化主持方式让他独树一帜，这使他拥有权威性的跨领域技能。老左灵魂拷问嘉宾的经典问题是："别说那么多，（股市）到底是涨还是跌？"而场上的嘉宾多为重量级的、权威研究机构的专家级人物，却常常被他"牵着鼻子走"。反观另一位播音专业科班出身，外形端庄、气宇轩昂、语音十分标准的某台股票节目主持人，自身股票知识欠缺，也学习左安龙对嘉宾发出了同样的灵魂拷问，却遭到嘉宾一连串的反驳："你懂什么？哪有那么简单？看股票，不看大势，不看消息面，不看k线图，能看出什么啊？啊！"可怜这位主持人在直播当中，面对嘉宾丢过来的一连串问号，惊得手足无措。由此可见，作为播音主持科班出身的节目主持人，在所主持的专业节目中，没有相关领域专业知识做强大支撑，主持之路很难为继。跨界主播专家化，道路很美，可要走好也不易，不是每个人都能随随便便成为专家。除了观念上的突破，更重要的是保持好跨界主持的双重性。在另一个专业领域忍受艰难跋涉，再加上足够的灵气，才可能"重组"成功。

▶ 业务能力"精和尖"

传统媒体的主持人十分强调主持人业务能力，业务能力是主持人持久生命力的保证。对于传统媒体主持人来说，业务能力并非仅是指拥有一级甲等的普通话资格证书，所学专业是播音主持，甚至达到播音主持专业研究生水平，就能主持一档收视率很高的栏目。这些只表明拥有了成为专业主持人的资格或机会，但是并不代表主持人业务能力达到"精和尖"的水准。它需要主持人深刻理解人性，具有人生阅历，善于思考；要有自我提升专业水平的能力；要有独特鲜明的个性特征；还要能忍耐埋头学习的寂寞；秉持专业精神，融入专业氛围。浙江经视的《新闻深呼吸》主持人舒中胜，在主持《新闻深呼吸》后，不仅节目收视率高，节目内容在社会上也有广泛的影响力。很多人也在议论，这么一个戴着眼镜，普通话不够标准的人为什么会有那么多痴迷的粉丝？其实，在舒中胜走上荧屏之前，他已经有专业律师、翻译、专题栏目制片等十多年的职业积淀。他为什么能看问题一针见血，为什么在别人还在追求风格"犀利"的时候，他能逆向提出"善意、理性、建设性"的全新理念？这是和他的专业积累及对业务的精益求精密不可分。这个过程也许很漫长，需要耐得住寂寞，不怕辛苦，才能朝着业务能力"精和尖"的发展目标迈进，从量变达到质变。

跨界主播除了具备较强的跨领域技能，也要力争做到业务能力的精和尖。以企业主播为例，若要做好本企业宣传，推广本企业产品，善于语言表达远远不够。前期文案准备充分，深度挖掘所推广产品性能、特点，才不会出现类似于"不粘锅把鸡蛋给粘住"的尴尬局面。某著名电商主播一天的工作时间安排是这样的：每天从中午进入状态，下午时间安排充分了解产品，晚上直播，凌晨3点睡觉。每天坚持学习和熟悉产品。作为电商主播，如果不能深度掌握产品情况，如何协助消费者了解产品并产生购买欲望？业务能力的"精和尖"是对优质跨界主播的基本需求。

▶ 具备综合能力

跨界主播若想提升自身的不可替代性，必须成为复合型人才。具有综合能力的主播，对直播的各个流程、环节不一定都要亲力亲为，但需掌握相关技能，与团队成员既各有分工，又统筹合一。形象设计、选择平台、策划直播内容、选择经纪公司、确立直播风格、营造直播间气氛、社群营销、情绪管理、用户安抚、专业才艺，都体现了跨界主播的综合能力。

以直播内容规划能力和即兴口语表达能力为例。内容规划指参与并主导直播策划与执行方案，做好直播定位。节目的策划要涵盖背景环境、企划动机、用户人群、目标定位、直播内容包装、内容构成等要素。即兴口语表达能力指清晰有条理的叙述和富有逻辑的语言表达，在于日常点滴知识的积累，坚持不懈的语言训练。

直播时间计划能力和直播运营、传播能力待后文详述。

在跨界成为趋势的当下，亟待培养跨界复合技能。广泛的知识面、较强的实践能力、随机应变能力、融会贯通能力兼备，才能在直播中发挥个人的综合优势，更好地适应日益复杂的直播环境。

▶ 团队协作能力

许多跨界主播有一个共性化特点：具备才艺但却不具备商业化运作能力。因此，个人化运营在直播初期还能运转，但随着知名度的提升、用户群体逐渐扩大，其商业价值显现的时候，这种作坊式的运营就不能适应市场化、商业化的需求。此时，跨界主播就必须寻求他人的帮助。有两种方式可以选择，一是孵化公司签约包装；二是自建团队，深度化运营。这就要求跨界主播要具备团队协作能力。团队协作是一种为达到既定目标所显现出来的资源共享和协同合作的精神，它可以调动团队成员的所有资源与才智，并且会自动地驱除不和谐、不公正的现象，同时使团队协作产生一股强大而持久的力量。所谓团队协作能力，是指建立在团队的基础之上，发挥团队精神、互补互助以达到团队最大工作效率的能力，团队成员在不同的位置上各尽所能。作为一名跨界主播不仅要有个人能力，更需要有与其他团队成员协调合作的能力。一个称职的跨界主播在工作范围内应有极广的人脉关系。跨界时代，每个人都是独立的经济个体，一项工作既可以依靠个体完成，也可以依靠团队协作和组织系统完成。对于普通的网络主播，一个团队对主播的培养和包装是主播能不能快速成长的重要因素。团队对主播的重视程度可以决定主播在直播平台是否红火，此法则适用所有平台。团队力量，可以使主播得到更好的资源和宣传机会，获得更好的直播效益。

选择一个好的团队并与之建立默契的合作关系，需要从以下几个方面考量。

较好的匹配度：这需要根据主播的个人情况，如主播的长处与短处、主播的个性、直播的内容和方向，来搭配团队成员。主播在哪个方面弱，就要搭配在该方面能力较强的团队成员，配合不力会对直播造成不良影响。以团队成员之长补主播之短，直播的传播效果才能获得极大的提升。直播团队可根据擅长直播文案策划、直播间设计、新媒体技能、粉丝运营等成员组成。主播与团队成员匹配度越高，合作默契的程度就越高，团队协作能力就越强，所创造的价值就越大。团队工作成果往往能超过成员个人业绩的总和。"优依"是某电商直播平台上的"网红"，她利用网红身份开办网上服装店，每个月的店铺"流水"就有几十万元。模特出身的"优依"在微博上有100多万的粉丝，从而吸引一家电商公司慕名寻求合作。在进行考察后，"优依"开始和这家电商合作。由公司负责运营、代管店铺，提供前期费用，负责材料，根据版样实现成衣、供货、发货、客服、售后等；"优依"负责拍照、修图、选款、下单等工作。"优依"并不懂粉丝经济，但合作方会建议她如何"吸粉"，如何与粉丝沟通，同时提供数据让她了解自己的粉丝年龄构成。根据这些数据和建议，"优依"不断完善自己的微博。高效率的沟通换取高额回报。同时，电商主播的工作完成得相对轻松。

足够的信任：缺少信任，团队协作就是一句空话。信任是合作的基石。网络直播发展到现在，主播依靠个人单打独斗的时代已经成为过去。优秀的头部主播和网红背后都有一个分工细致的强大的团队做支撑。团队成员只有相互信任、乐于分享，才能共同成长，共达成功的彼岸。

有效沟通：敢于沟通、勤于沟通、善于沟通。团队成员间的沟通能力是保持团队有效沟通和旺盛生命力的必要条件。作为主播，与团队保持良好的沟通，是团队成员更好地发扬团队精神的最重要的能力。主播与团队以及团队成员之间有方法、有层次地探讨问题，汇集经验和知识，才能凝聚团队共识，激发自身和团队的力量。在一些孵化网红的专业公司中，会为每一个网红主播设置一名专职负责人，负责直播平台与网红之间的沟通。当推广品牌更新时，其团队则会聚集在该品牌的相关工作中，为主播推动各环节进度，保证信息传递效率和信息商议准确度的提升。

取长补短：和优秀的人"抱团"能产生"啦啦队效应"[1]。美国电视剧《老爸老妈的浪漫史》剧中人物巴尼·斯廷森最先创造了"啦啦队效应"一词。他在剧中说，"啦啦队效应"就是女生看起来"很辣"，但只限于团体中，单独看就不觉得。如果把团体中的每个人挑出来看，实际上反而没吸引力，因为缺点会变得更明显。当你被朋友围绕时，会看起来更有吸引力。基于此，当主播处在优秀团队时，会比单独看起来更加优秀。这是因为人在进行大批量的人物信息处理时，会不自觉地选择优秀的一面，并把所有人的优点进行综合。每一个独立的主播都会被赋予团队成员优点。优秀的跨界主播能够很好地借物使力，取团队其他成员的长处来补自己的短处，也能将自身的长处分享给团队成员，互相学习交流、共同进步。

（二）规范语言表达

网络直播中的语言表达具有不确定性，其中即兴口语传播无处不在。即便是经过精心策划设计的一场网络直播，直播内容会随着网络主播或者用户的现场发挥而随时改变，在这种情况下跨界主播的即兴口语表达就显得格外重要。好的口语表达能让直播传播得更广，粉丝量迅速增加。除了即兴口语表达能力，规范语言的使用也尤为重要。

说话是一门艺术，语言是主播在直播中与用户交流的重要手段。在传统媒体的传播过程中，语言规范已经被从业者所接受并认为习以为常，而

---

1. "啦啦队效应"是一种认知偏差现象，是指人们在看到一组外貌相似的人群时，往往会认为这些人的平均吸引力比单个成员更高，即整体的总体吸引力高于其中个体的吸引力。

在偏向娱乐属性的网络媒体环境下，坚持语言规范能够发挥出更多积极的能量。受网络文化、圈层文化的影响，以网络为主体的融媒体、自媒体传播更具娱乐属性，主播往往会采用更贴合用户的语言表达形式。加之网络主播进入门槛低，没有经过专门的语言训练，主播的综合素养参差不齐，往往忽略了语言规范性。伴随着移动互联网的发展，用户层面变广、年龄跨度加大、文化程度不一，语言使用不规范会对用户造成不便甚至误导。

跨界主播对语言良好的把控与灵活运用，是生产优质内容，培育积极健康、向上向善的网络文化，营造清朗的网络空间的重要一环。跨界主播虽不是播音专业出身，但所从事的主播工作与传统播音主持工作的相比，仍具有许多共同之处，其中之一就是将语言表达作为重要的传播手段。因此，跨界主播提升语言能力，传播规范、雅顺的语言文字，既是提高自身竞争力的要求，也是应肩负的社会责任。跨界主播在网络世界里也属公众人物，其言谈举止对互联网用户有着深刻的影响。跨界主播语言上的不良示范，会错误地引导年轻的用户群体。跨界主播不能因自身所属职业专业性强而放松对语言的要求。树立正确的语言观，使用规范的语言，是跨界主播应努力修行的。跨界主播可从语言表达能力、写作能力、即兴口语能力等多方面培养自身语言能力，提升语言传播的规范性、有效性、得体性，运用网络直播平台起到正确引导与示范作用。目前，国家有关部门也在积极制定语言规范政策，加强针对网络主播群体的规范制定相关制度，从法制建设层面为网络媒体语言规范提供保障。

▶ 口语表达清晰

口头语言表达能力是指在说话过程中运用字、词、句、段的能力。具体要求是用词准确，语意明白；语句简洁，文理贯通；语言平易，合乎规范，能把客观概念表述得清晰、准确、连贯。网络直播平台上主播与用户是隔着屏幕在交流，如何能够让对方快速地领会自己的意图，拉近彼此的距离，需要清晰明朗的语言表达。传统媒体的广播电视节目主持人，多是受过严格的专业训练，职业素养和专业水平较高，口头语言表达能力较强。目前在各短视频平台活跃的专业媒体主播，口语表达能力确实胜人一筹，是未经过专业训练的普通网络主播无法比拟的。而跨界主播往往来自不同的社会阶层、不同的行业，许多人口语表达较弱。那么，想让自己的语言表达更加的清楚、简洁，在直播中节省更多的时间，需不断地提升和丰富自己的语言知识，做一些语言的基本功练习。

直播中口语表达的四字箴言："准、简、洁、清"。"准"是指语言使用要尽可能准确；"简"指简练，在寸秒寸金的直播中语言一定要高度概括、归纳；"洁"指说话不重复，不使用太多口头禅；"清"是指字音发音要清楚。吐字清晰是首位。语言表达的第一目的是要使受众获取信息。语言表达清晰，便于用户领会主播意图，有效传播。清晰吐字有利于塑造主播的美好形象，减少与用户交流中的麻烦。无论是何种类型的网络直播，主播的语言表达有一个显著的特点是"以一对多"，要在直播间内与成百上千的用户沟通交流不是一件轻松的事，回答问题稍有怠慢，就会引发用户的不满。所以，主播语速常常很快。以知名电商主播李佳琦为例，很多李佳琦的铁粉（忠实用户）都说："他是一个语速超级快的主播，有时候快到都无法听清他说了什么……""语速快"已经成了李佳琦的一个突出的特点。电商主播语速快的原因主要是直播"实时互动性"，开播后直播间内用户是流动的，不断有新的用户进入直播间。为了让新来的用户了解商品信息，主播往往要重复之前已经说过的内容。同时，还要不断地回答用户提出的各种问题。直播时间有限，要在尽可能短的时间销售出更多的商品，这就要求电商主播语速要快。因为电商直播的核心在于推销产品，主播开直播和用户收看直播都是为了商品，短时间内要让用户接收更多商品信息，就需要语速加快。

著名电视娱乐节目主持人华少，因主持《中国好声音》而声名大噪，被追捧为"中国好舌头"。其原因是他在浙江卫视《中国好声音》的节目上以43秒的疯狂语速念完了350字的赞助商名单。这段惊人语速视频在网上疯传后，华少再用38秒钟念完385个字，为香港保钓人士呐喊助威，刷新此前的纪录。华少做到平均每秒读7.44个字，并且不卡壳、不出错、不含糊，确实显示出他强大的专业基本功以及唇、齿、舌的灵活度。但是，作为没有经过专业发音训练的跨界主播，语速过快势必导致发音含混不清，出现吞字、卡壳的现象。传播的目的应首先保证让受众"听清楚、听明白"，切忌盲目追求过快语速而影响传播效果。

口齿不清的表达是失败的。对于跨界主播来说，无论来自哪个地区，何种行业，清晰的口齿是有效传播的保证。虽然对跨界主播的语言不能用播音员、主持人的专业标准去要求，但是基本的语音调值的准确，分清n和l、h和f、前鼻韵母和后鼻韵母、平翘舌音还是需要做到的。否则就会像某位厨师主播在直播时说："肥（回）锅入（肉），要加作尿（佐料），才好漆（吃）"这样的笑话了。因此，主播养成良好的吐字习惯，尽力做到清晰、准确的发音，是与用户进行正常交流的前提。那么对于没有经过专业训练的跨界主播如何才能让自己发音准确、吐字清晰呢？首先要有耐心，普通话是我们通用的现代标准汉语，学好普通话并不是难事，关键是要持之以恒。如果自身的一些习惯性的发音与普通话差距较大，就必须认真地纠正。其次，坚持用普通话与人交流和沟通，以此增加练习频率。再次，运用"一听、二看、三模仿"的方法练习。"一听"，多听广播播音；"二看"，多看电视新闻节目，因为广播电视的播音员、主持人普通话发音很标准，特别是新闻播音员，发音错误的概率极低；"三模仿"，模仿播音员的普通话语音发声、语调、语气，练习普通话的语流、语感。

避免说错别字。无论在传统媒体传播平台还是网络直播平台，说错别字都是工作严重失误。轻则遭到观众和用户的嘲笑，重则会造成极大的负面影响，甚至可能直接断送职业生涯。众所周知，汉字文化的博大精深，相同的词，能有不同的读法，如调值不同导致词义不同，如"鼻韵 [bí yùn]""避孕 [bì yùn]""放火 [fàng huǒ]""防火 [fáng huǒ]"；前后鼻韵不同导致词义不同，如"金子 [jīn zi]""镜子 [jìng zi]"等。

直播的即时性决定了主播一旦出现错误，错误可能被"病毒式"传播、散发。传统媒体对播音员、主持人出现的语音错误处罚非常严格。传统媒体中，老一代的新闻播音工作者对待播音工作的严谨、认真态度值得网络主播们学习。中央电视台第一代新闻播音员赵忠祥回顾自己直播《新闻联播》那些年，天天坚持练习播音基本功，从不间断；练就拿起任何一篇新闻稿件，如无冷僻词组，即使一遍都不看，也可以播得一字不错的本领。赵忠祥说："保持极低的差错率是中国几代播音员所共同具备的素质，老一代播音员可以达到十万分之一的差错率水平。十万分之一的差错率是什么概念？是每次播报稿件时大脑高度紧张，是对这份工作心怀敬畏。"对中国新闻主播来说，"差错"两个字是时刻悬在头上的达摩克利斯剑，因为观众不能容忍一个新闻主播出错。

某台新闻主播把一个很常用的词"遏（è）制"念成了"jié zhì"，观众反应十分强烈："真不可思议，堂堂电视新闻主播的文化素质是否太低了，是什么学历？""听后很生气，为某台感到汗颜，希望某台对播音员进行一次文化补课。"另有某台新闻女主播把山东兖（yǎn）州读成了"gǔn"州，遭到网友反馈："职业修养太差！"某卫视主播在播报新闻时将重庆涪（fú）陵，读成"bèi"陵，更是引发网上一片哗然、网友不满。这些主持人的专业能力、敬业精神遭到严重质疑。而在镜头前，主持人的表现关系到节目质量和电视台的形象。

同样，在互联网的平台上，网络主播不能因为是非主持专业出身就放松对语言的要求。随着微博、即时聊天软件兴起，出现了"网络语言"。网络语言往往使用谐音字组，而产生的意思却具有多重性，盛行的有"神马都是浮云""给力""肿么"等词汇；还有为了增加趣味性而随意使用别字的"故意错别字"现象，如"骚年（少年）、有木有（有没有）、老湿（老师）、粗事（出事）、主淫（主人）"；因地方方言发音不标准导致的谐音，如"童鞋（同学）"；网络"卖萌"，如"吃"写作"次"，"好好次（吃）"……汉字被谐音字顶替的现象中，有的字词甚至到了喧宾夺主的程度，且由网络扩散。长此以往，会引起许多歧义，增添后人理解今人文意的障碍，不利于中华文化的传承与传播。

网络世界信息量巨大，且瞬息万变。汉字语言是信息的载体之一，它的使用代表着一个国家和民族的素质水平。我们的下一代伴随网络发展而成长，人类社会的一切信息都必将在他们稚嫩的心中打下深深的烙印。为了文

化传承，为了广大的用户，为了下一代不被误导和迷惑，跨界主播一定要肩负社会责任，加强学习，远离错别字，还网络世界一片清新绿色。

▶ 表达观点力求精准

语言表达变化莫测，具有不可预知的魔力。它既能温暖人心，也能使人万分痛苦。在直播中主播表达是否准确，决定了与用户沟通是否顺畅。模糊表达会造成误解、引发麻烦。在网络上制造一个误会只需要几秒，但消除一个误会可能要付出巨大努力，甚至高昂的代价。因此，对于跨界主播来说，表达观点时语言的精准非常重要。语言精准有以下五个要求（见表4-1）。

表 4-1 语言精准的五个要求

要求	说明
易懂性	观点应简洁明了，站在用户角度，运用用户熟悉的场景语言进行表达；避免使用模糊不清的语言，尽量采用简单、明确、具体的措辞，确保用户能准确理解主播的意思
不拖沓	观点要切中用户关心的问题，避免强调不相关或不重要的问题
逻辑严谨	表达观点时应无逻辑漏洞，不易被用户反驳
善用技术	在直播中运用插图、文字、小视频等手段，提前告知听众从哪些角度、如何理解直播信息，从而引导用户的思考方向
表达务实	避免过度纠结细节，先从用户观点中找到共同点，在相互融合的基础上获得用户认可，再表达核心观点，有助于用户接受

▶ 掌握互动交流的"度"

互动交流是主播与用户建立联系、交换信息、传递思想、获取支持的关键手段。直播互动中主播语言交流的"度"把握得如何，决定了能否调动直播间的氛围，引导用户产生交流意愿，维系用户的黏性。怎样吸引用户，把握好互动交流中语言表达的度，取决于主播和所在用户群体的需要。主播若想获取用户的关注并与用户保持稳定关系，期待互相支持、建立良好合作、共享信息、建立信任，那么语言表达中要多采用增进感情交流的话语，提高说话技巧，把话说到用户的心里。而可能使对方产生厌烦、导致不信任，甚至产生负面影响、破坏相互关系的话则是多余的、有害的。把握交流"度"的技巧有如下五种。

话题控制权：主播在直播间与用户互动时应占据话题控制权，使直播在预先制定的话题下进行。直播开始后，进入直播间里的用户多为陌生人，怎样在最短的时间里给用户留下好印象而留住用户？一是主播要主动与用户进行互动、沟通。二是直播间人员繁杂，用户问题五花八门，如果顺着用户抛出的话题做互动，容易应付不过来或偏离主题、打乱直播节奏，所以，主播牢牢掌控话题，才能以不变应万变。

语言表达具有亲和力：语言表达的亲和力能有效增加主播与用户间的情感连接，提高用户直播体验。首先要以正面态度表达；其次要注重语速和节奏，语速及节奏适中可让主播的声音更具韵律感，表达更具感染力，化解用户的紧张或疲惫感；最后注意语调变化，让话语更有表现力，增加用户兴趣。

明确自身立场：主播应遵循自己的原则和价值观，不能为了吸引用户而改变立场，不轻易折中或妥协。语言表达要提供清晰的信息，明确诉求和目的，使用户准确理解直播内容，也维护主播自身形象。

营造直播间氛围：主播一是需找准与用户交流的切入点，话题的起点和归宿都要落在用户身上，才能引起或激发用户的及时反馈；二是与用户之间维持好的留言节奏，流畅的留言路线可以为用户提供有条理的交流场所，让互动看起来更活跃；三是把自己有趣的一面展示出来，让用户看到自己富有个性和特点，让交流更开放、更自在。

委婉表达不同观点：言语委婉需要有高度的语言修养。如运用什么语气、言辞，采用哪种方式，需要主播既要有高度的思想修养，也要有丰富的汉语知识。语气恰当，即便是批评的意见也可以使用户听得舒服，乐意接受，还能激发对方的兴趣和热情，其作用往往超过一般的直言快语。

跨界主播

案例：王濛跨界直播——《濛主来了》

2022年北京冬奥期间，抖音平台为著名短道速滑世界冠军王濛打造的直播间《濛主来了》持续"霸屏"（见图4-9）。"王濛把武大靖踢出直播间"的话题攀上了微博热搜第一，被多家官媒选为头条新闻。王濛作为短道速滑界一代传奇、"四金得主"，在役时实力碾压世界同期运动员，强到常以"老大爷背手滑、颓废撞线"等"名场面"拿下世界冠军，保持着获得冬奥金牌最多的中国人的纪录。她的解说展现了强大的专业性。在观众最关心的判罚方面，她能以"尺之眼"看出中国队比意大利队撞线快0.016秒的毫厘误差，她的那句"不用看回放了，我的眼睛就是尺！"成为B站"鬼畜视频"新宠儿。面对观众头疼的烦琐规则，她能风趣通俗地准确答疑，第一时间解释"场上到底发生了什么"。而她对所有参赛选手如数家珍，使观众听得明明白白。作为东北人，王濛那一股带着东北大碴子味的激情解说，颠覆传统体育解说方式，并独创了其直率、敢说、真诚的唠嗑艺术，创造了独特的"濛言濛语"。

韩国队犯规被罚，王濛："我的天，这真是一个令人意外的惊喜啊！"

美国队犯规，王濛："看见了吗？这个角度给我反复看十遍！"

"土耳其的选手，这是什么表演，我猜他是想在全世界面前抢个镜头""哎哟，她可厉害啊，参加几届冬奥会了，然后滑了再滑，再不滑（回家又生了几个孩子），回来以后，哎呀，比原来滑得还快！"

当武大靖进入王濛直播间，在濛言濛语的"诱导"下连刷三火箭捧场后，反手就被王濛喊话"回去睡觉备战！"并"无情"地将其踢出直播间。惹得网友们踊跃留言"这都是什么欢乐喜剧人""看个冬奥比春晚小品还搞笑是咋回事"……

解说员丰富的肢体语言更是王濛的独家特色。每逢比赛进入高潮时刻，看着王濛皱眉头、瞪眼睛、拍桌子、握拳头、喊号子的肢体动作，观众的情绪被瞬间点燃！从优秀运动员转战解说席，每场直播金句频出，冬奥期间，王濛几乎凭一己之力承包了赛场外的笑点。王濛或许不会想到，多年前的她在冰场上叱咤风云、独孤求败，然其人气巅峰却是当她跨界到小小一方直播间里成为主播的时候。

图4-8 2022年2月5日《濛主来了》抖音直播间截图

王濛将她在体育比赛中的"绝对实力+超强自信+强大气场"带进直播间，展现出极强的控场能力、互动能力、直播间气氛的调动能力。在某场《濛主来了》直播中，王濛视频连线著名体育解说员黄健翔，短道速滑运动员周洋、大杨扬、张虹。

首先连线黄健翔。王濛（体态表现是侧身，一只手放在桌上，一只手在背后）："我觉得咱俩在一起的最大优势就是一个捧哏，一个逗哏的。我的眼睛为什么是尺呢？因为这种比赛到了最后一下的惯性，就可以决出胜负。"黄健翔习惯性地保持着主持人的正襟危坐，微笑着无话可说。

接着中国速度滑冰奥运会冠军张虹进入直播间，王濛立刻转向张虹："虹姐真是带劲了，现在越来越漂亮了。"张虹咧着嘴，呵呵笑："我在（比赛）现场，我的嗓子都喊哑了！"王濛（得意的）："那可能是你没有看屏幕，我们屏幕的感觉更好！哎呀，不是，都一样！"

此时，短道速滑奥运冠军周洋进入直播间。王濛立即将话题转向周洋："老周你别藏着了，快点儿出来吧。"周洋因为信号不好，图像迟迟未能显现，王濛又说："老周啊，你是（在）擦眼泪呢，快点说话。"黄健翔此时想插话，被王濛抢了话："哎呀，你别说话了，你说话太卡了，没人听见你说话。让俺们几个先唠会儿。"此时，直播间周洋图像终于显现，王濛立刻惊奇地大喊："哎呀！怎么回事儿？咱俩穿的一样啊，老周！"周洋穿着和王濛同款印有中国两个字的大红色运动服。由于信号原因画面有点卡顿，王濛又说："你能不能说话？不能说话你就出去"（重新连线）。接着又跟周洋开玩笑："你能不能有点创意啊，你跟我穿一样的干什么呀"，周洋笑着回答："我又不知道你穿这个（衣服）。"

这时，直播间出现了著名运动员大杨扬的图像。黄健翔用标准的体育解说员的口吻向大家介绍："这是（我国）第一枚冬奥金牌得主，北京冬奥会和冬残奥会运动员委员会主席杨扬……"立刻被王濛一口东北大碴子味儿的语言淹没了："哎呀，大杨姐来了（鼓掌）。"此刻王濛终于把话题转到被冷落许久的黄健翔："健翔老师，你真是有福了，四大美女围绕在你的身边。"黄健翔回答："可不是吗。关键是每个人都是（结巴了）每个人都是……每个人都是世界冠军。"大杨扬笑着说："没有办法，有她（王濛）在，就一个人（负责）说，我们就负责笑。"王濛回答："那你要是觉得我说话能够让你高兴的话，你就一直听；你要觉得不开心，你就扯耳机。"周洋在边上一直没话说，也没有动，王濛又把话题转向周洋："老周，你能不能说句话呀，我觉得你好像是在这儿放了张照片唠嗑呢？"黄健翔终于忍不住放声大笑："哈哈哈……"直播间里众人笑成了一片。评论区观看的用户也笑成一片。

王濛问周洋："小范儿（范可新）有没有给你发信息？"周洋回答："她哪有时间给我发信息，光顾着哭了。"王濛又得意地说："那我可能比你们幸福了，因为我刚才收到了几个队员给我发的视频。我说行了行了，收起你们自己的心态（获奖的喜悦）。"周洋说："其实你就是想跟我们显摆，你收到他们的第一时间的回复了呗。"此刻黄健翔想插话，又被王濛抢了："有的时候你得给他先发一个（信息），他才能给你回复。我发的是：给我 lou（发）个语音，快点"，周洋说："（你这是）威胁式！"王濛回答："你别管什么式，好使。"

退役运动员从事解说的大有人在，但像王濛一夜"火"出了圈的并不多。2022年2月5日北京冬奥短道速滑2000米混合团体接力赛解说之后，王濛连上7个热搜。无论是赛场解说还是当主播，她体现出的霸气和横劲儿，都建立在绝对的专业经验上。同时，王濛的自带喜感、段子频出的表达特点赢得用户喜爱，连她的搭档、专业出身的中央电视台前体育知名解说人黄健翔在社交平台表示"被王濛说得没电了，跟王濛一起解说短道速滑比赛，除了念对名字和成绩，真的就不需要说什么了"。

从运动员到演小品、说相声、当主播，王濛的跨界闯出新天地，开启了更丰富、绚烂的人生旅程。[1]

▷ 恰当地使用地域性口语表达

地域性的口语表达指的是用方言作为传播语言，在直播中恰当地使用富有地域性的口语表达，易引发共鸣。方言是在特定区域和环境中，经过漫长的岁月而形成的语言文化，是地域内的历史和情感沉淀。方言能够体现出独特的民间语言的魅力。在传统的广播电视节目中，播音员、主持人主要以标准的普通话作为表达语言，对普通话表达要求较高，需做到字正腔圆、吐字归音到位。但是随着网络直播的发展，网络的灵活性和泛众化似乎消解这种语言的权威性，事实上不论何种类型的主播，使用任何地区的方言都有其关注度和受众。

网络红人"李子柒"是四川人，她发布的视频里以美食和四川话为主。这种具有地方性的语言传播活动不仅没有让受众反感，反而形成了一种新的口语传播特点，使跨界主播具有了鲜明的个人特色，脱离了千篇一律的播音腔和主持范儿。由于使用方言时，主播更加接地气，平民化，并且还在一定程度上消解了字正腔圆的权威感、距离感，使得氛围变得轻松，用户好似在和一个自己身边的朋友交流，产生了与用户的亲密感；另外也在不稳定的"弱关系"网络环境下增强了与用户的情感联系度，引发用户的共鸣。跨界主播使用方言表达可以获取更多的生活和情感用语，在对一定事物的描述等方面会更具体形象。方言可以使主播表现形式更多样化，使直播的可视性和亲和力相较其他类型直播更具独特优势。但是，方言的使用也应有所限制，不能滥用，应根据直播用户定位来确定。如果直播内容定位以区域性用户为主，直播内容体现强调小众化、贴近性、亲民性，以得到地域用户的认同和支持为主，那么所使用方言可不受限制。

互联网传播打破了传统媒体时代固有的传播边界，使得传播无国界、无边界。伴随着网络直播的发展，直播内容越来越呈现出多元化的态势。一些方言类直播内容的产生是地方文化的需要，同样具有媒体的社会责任与价值导向的引领作用。对于某些相对闭塞的地区和民族地区，普通话没有得到普及，主播运用方言或民族语言来进行直播，有利于地方的文化建设，促进社会和谐的推进与发展。这类直播能够让本地用户感觉亲近而新鲜，具有较强的贴近性。

（三）运用倾听能力

倾听是一笔财富。无论是电视观众还是网络用户，每个人都有倾诉的欲

---

1. 以上内容根据抖音APP2022年2月5日王濛直播视频内容整理。

望,都渴望别人能倾听自己的心声。当没有人倾听或讲话根本引不起别人注意的时候,人的内心就会失落,自尊心受到伤害,甚至引发焦虑情绪。"倾听"关涉到一个人的品德修养,关涉到事业的成败,倾听是为了更好地传播。电视访谈节目主持人把善于倾听作为重要的基本功,主持人真正的倾听,是访谈节目成功的重要保证。在一档成功的电视谈话节目中,主持人的现场把握和引导非常重要,而现场把握与引导来自主持人有效、得当的倾听。倾听是言语循环中的第一个环节,是交流的基础。有了倾听,主持人与嘉宾交流沟通才可以顺利进行下去;有了倾听,主持人才能够根据嘉宾的谈话,作出相应的推测和反应,构建彼此交流的平台,提升互助传播效应。

沟通的前提是"倾听",是跨界主播获得生存能力的重要手段。这种能力无关学历,它使得主播穿透屏幕直击用户内心。在网络直播平台上,倾听的目的不仅是更好地与用户交流,更是为在与用户的互动中,获取来自用户的"反馈回路",类似于过去通过"意见箱""问卷调查"来收集民众的反馈。互联网时代是通过大数据来获取用户信息、分析用户心理和用户所需,再通过定制推送,向用户发送所关心的内容,做到精准定位用户,实现信息传播最大化。跨界主播在直播互动过程中,在直播间通过认真"倾听"(声音、文字、肢体语言),来收集用户反馈信息,有助于了解、满足用户需求。无论哪个行业领域的直播,用户的满意都应该是核心目标。"反馈回路"能将用户的想法融入直播内容当中,以助力跨界主播更好地、有针对性地创造优质内容,满足不同用户需求。"凯文·罗伯茨在《挚爱品牌》一书中探讨创意人的难题。他认为:创意人必须要的最重要的事情是倾听。你会认为创意人最拿手的事情是'说',事实是优先要走的重要一步是良好的倾听。"[1]每一场直播都需要创意,倾听的目的是一切为了用户。网络直播中跨界主播与用户的交流不是面对面,而是隔着一方小小的屏幕。倾听是为了更好地运营用户,通过挖掘用户在线上讨论的问题,增进主播对用户的理解。在与用户的互动中,主播要具有掌握直播间的用户"暗示"的能力。直

---

[1]【英】尼克·伯彻:《网红的秘诀》,伍家陞译,北京联合出版公司2016年版,第34页。

播中，无论是观察用户打出的字符，还是与用户的语言互动，都能精确地解读用户的情绪。只有读懂用户的情绪，主播才能做到有效沟通。

有的跨界主播在与用户沟通中存在不顾及用户感受、不回复用户、自顾自地说话等问题。直播间既是一个网络虚拟的社交平台，也是一个舞台，如果没有互动交流，何谈维系？学会倾听，才能把握住用户特殊的心理，跨入用户的情感世界中去。

▶ 了解用户诉求

优秀的主播高度重视用户的反馈，通过主播与用户、用户与用户之间的互动交流，关键词的出现、词语的关联，挖掘出用户需求，并通过由此叠加的互动行为增加用户忠诚度。因此，优秀主播都会在第一时间回复用户。微信用户的高质量留言，也会得到"大V"们的关注。干部主播在新媒体问政中，通过观察用户的反馈，第一时间了解民情民意，知晓民众诉求，及时化解矛盾、解决问题。

跨界主播与用户沟通的第一步便是要学会观察，对用户反馈不急于做出评论。印度哲学家克里希那穆提曾说："不带评论的观察是人类智力的最高形式。"跳出评价自己或他人的框架，才能踏入友好沟通的门槛。评价会让人感受到批评，从而产生逆反心理。倾听需要技巧与艺术，跨界主播倾听技巧不足时，往往会导致在没有弄清用户的意图时就妄下结论，按照自己理解的意思去表达观点，会直接或间接地误导用户，甚至会造成不良的后果。在直播间，主播缺乏倾听意识，与用户想法出入较大的情况时有发生。网络直播间信息未经过滤，因此具有直接性、实时性。用户说的每一句话实际上就是向主播传递一个信息，需认真倾听并在反馈信息之前对信息进行分析和处理，明确沟通的目的。

由倾听引发的"反馈回路"在许多领域被大量采用，在商业领域，有效的倾听可以为企业带来产品战略、营销策略和客户服务的洞察力。

卫星导航制造商 TomTom 公司在脸谱网发现了一个商机。一个叫"让布赖恩·布莱斯德为我的卫星导航配音"的脸谱小组的创建者想要用英国传奇演员——《飞侠哥顿》中的飞鹰侠首领的扮演者布赖恩·布莱斯德的浑厚嗓音为他们的卫星导航配音。布莱斯德接受了这个想法,并在2010年5月帮该小组制作了一部低成本的模拟电影,并表明"布赖恩·布莱斯德的卫星导航"将会是个很棒的主意!TomTom公司认真倾听了客户的诉求。他们告诉这个小组的创建者,如果该小组能达到2.5万个成员,"布赖恩·布莱斯德的卫星导航"的想法将由他们公司变为现实。当小组实现2.5万个成员目标时,TomTom公司履行了承诺,让产品得到了免费的曝光宣传。通过脸谱网的小组评论,TomTom公司也获得了一系列的产品反馈。而那2.5万个人,也通过脸谱网站公开表示支持TomTom公司的导航产品。这一切都与倾听、了解客户(包括潜在客户)想要什么、利用洞察力提供更好的产品和服务及相应的传承观念有关。[1] 聆听使主播获取以用户为中心的洞察力,为创造优质内容提供平台。

▷ 认同用户感受,增强用户存在感

主播与用户之间真正的沟通,是建立在相互尊重、相互理解、有相对自由空间的和谐关系的基础之上。积极的倾听,是给予用户足够的关注,让用户感受到"被重视",是主播传达给用户的重要信息。主播在互动中照顾和理解用户情绪,以及精准有条理地表达观点,主要应做好以下几方面。

理解而不试图说服:首先需理解用户所要传达的意思,不要企图用自己的观点说服对方。有的用户进入直播间是因为心情不好,需要释放情绪、寻找安慰;有时控制不住会发表一些产生负能量的言论。此时,主播不能受负面情绪影响,不强行以自身观点去说服用户,而是要心态平和地认真倾听,多用善意的语气表达宽容和理解,给用户足够的释放情绪的空间。待用户逐渐平和情绪,感受到来自主播的包容和温暖,主播才能维护好直播间气氛。

给予用户"被认同"感:用户的倾诉是对主播的一种信任,并非一定要寻求答案。无论主播能否为用户做些什么,从语言、语气表达上认同用户的

---

[1]【英】尼克·伯彻:《网红的秘诀》,伍家隆译,北京联合出版公司2016年第,第32页。

内心感受，使用户"被认同"，是对其最好的安慰。在网络直播间需要鼓励用户发表自己的想法，用户的心理预期将会是：发表想法—受到认同—更多交流。在这种情况下，给用户更宽松的言论空间，能使用户产生更大更直接的成就感，同样也是"受到认同"的一种正反馈，以促进用户更大的兴趣与动力。

包容也需有底线：需要注意的是，认同用户的感受，不是迎合、讨好，不是没有原则的阿谀奉承和拍马屁。主播要具备底线思维，坚守正确的价值观，才能在鱼龙混杂、各种观点叠加、各种情绪交织的直播间里，起到引导舆论、遵守社会公德的作用，才可能在网络直播发展中获得持久性。

▶ 提高用户认知主动性

认知心理学是最新的心理学分支之一，从 1950 年至 1960 年才发展出来的，到 20 世纪 70 年代成为西方心理学的主要流派。其揭示了人类认知行为的心理过程，即认识转化成图示的内部心理过程。认知心理学的主要特点在于将知识的迁移性视为认知的重要机理，将人类行为的主要决定因素归结为知识的应用。[1] 广义上的认知心理学包括建构主义认知心理学、心理主义心理学和信息加工心理学，狭义上的认知心理学即是信息加工心理学。现代认知心理学吸取了当今信息时代的科技精华，具有高科技的起点。它是以信息加工观点为核心，运用信息加工的观点来探讨人的认知过程，主要包括：人的知觉—注意—表象—记忆—思维及语言。[2] 根据认知心理学原理，认知是人类信息加工的行为。而同样的客观信息，跨界主播感受的不同会影响信息加工结果。当跨界主播主动探求信息，不断从视觉上、听觉上、情感上对用户反馈信息主动吸纳时，才能产生良好的输出效果。对用户主体的反馈迎合了用户，带给用户更愉悦的主体感受。认真倾听、细致分析，会使主播对信息加工获取的结果朝着更有利于维系用户的黏性的方向靠近。直播实时性、互动性是吸引用户的重要因素之一。在观看直播的过程中，用户可以就

---

1. 陈家华：《试论认知心理学理论下的历史理解》，《历史教学问题》2018 年第 10 期。
2. 牛晓红：《认知心理学理论在英语教学中的应用》，《科技视界》2019 年第 28 期。

直播内容实时发送评论，并被其他用户所感知，进而在用户与用户之间、用户与主播之间实现了实时的趣味性交流，这种让用户的表达得到了反馈的方式提高了用户在直播间的存在感，赢在对用户主体的反馈。

▶ 防范直播危机

直播具有不可预知和不可控的风险，危机无处不在。每一场直播，都可能有危机发生。一个小小的危机会引发一场轩然大波，将所有辛苦与成绩化为灰烬。危机预防需从前期策划开始，要整合信息预测危机，形成预案，以备不时之需。跨界主播在直播中要拥有危机意识，要承受直播危机的考验。通过危机干预，化解直播过程中出现的临场危机，从而尽可能地控制危机的发生。

通过倾听用户的意见反馈可以建立一个早期预警系统。利用倾听、追踪用户的观点和对直播内容的意见，跨界主播可以提早发现潜在问题，并在其未发展成全面危机之前采取应对措施，将危机有效化解在萌芽状态。一位叫小陈的游戏主播，擅长玩腾讯游戏王者荣耀。有一次在直播过程中，第一场比赛就遭遇到惨败，几位队友忍不住在弹幕中责骂他，称他水平不及格，造成队友游戏体验不好。这让小陈非常沮丧，但为维护形象和用户观看体验，小陈通过采取以下步骤化解危机：首先，主动与团队沟通。小陈聆听队友的不满和抱怨，并向他们道歉；同时询问队友的意见，就游戏技巧和策略主动沟通。其次，处理用户留言。小陈在直播结束后，花费了很长时间回复直播间用户留言，让用户感受到他的真诚，体会到他已经从错误中拥有了重整旗鼓的精神和能力。再次，积极提升游戏素养。在直播结束后，小陈认真研究这个游戏的规则和战术，虚心向优秀的选手请教，提升游戏素养，减少失误，避免给队友们造成新的困扰。最终，小陈主播通过主动与团队沟通，分析用户意见反馈，积极调整自己的态度和行为，成功化解了这场直播危机。

网络传播平台多，信息传递速度快，如若处理不当，用户一个小小的不满都有可能在瞬间发展为重大危机。主播在直播中聆听、观察用户的评

论和讨论，分析其中是否潜在危机。如发现危机苗头，须在第一时间加以跟进，不要忽视每一个微小的环节，即使是一个误会的评论，也需要寻找合适的途径及时化解。运用倾听能力预防直播危机，主播具体可做好五个方面（见图4-8）。

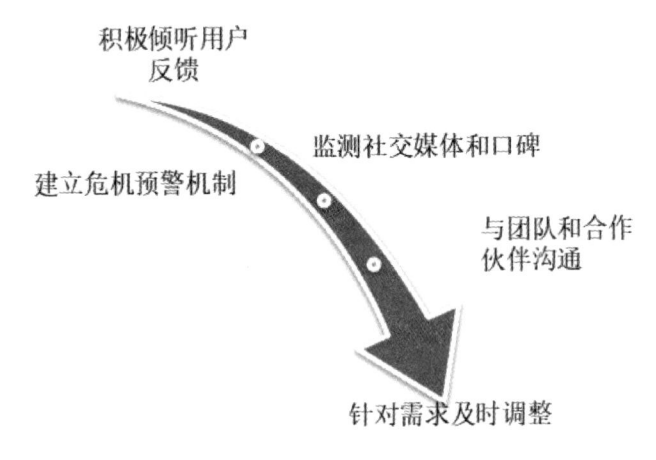

图 4-8 预防直播危机五步法

积极倾听用户反馈：跨界主播应积极关注用户留言、评论和私信，认真倾听他们的意见和问题。通过及时回复，主播可以建立良好的互动关系，增强用户的参与感和忠诚度。如用户有疑问，主播可以及时解答，避免误解。

监测社交媒体和口碑：主播应关注社交媒体上关于自己和直播内容的讨论，以及其他相关领域的口碑和评价。通过倾听外界的声音，主播可及时了解潜在问题，并采取相应措施。

建立危机预警机制：主播可以与团队一起制定危机预警机制，及时发现和识别可能引发危机的迹象。例如，关注关键指标的变化、监测负面评论的增长等。通过早期预警，主播可以提前准备应对策略，避免危机的爆发。

与团队和合作伙伴沟通：跨界主播需要与团队成员、合作伙伴保持良好的沟通，倾听他们的意见和建议。团队成员可能会提供不同的视角和经验，有助于发现潜在的危机并提供解决方案。例如，与技术团队沟通，确保直播技术的稳定性，避免技术故障引发的危机。

针对需求及时调整：虽然前期直播策划已制定各种危机预案，但直播中不可控因素随时出现。主播可根据用户即时需求和喜好进行合理调整，比如增加互动环节、弹幕评选等，更好地满足用户期望。网络直播间也是虚拟社交平台，是用户释放和发泄"不满"的场所，主播应该具有"聆听"的胸怀，给予用户"发泄"的权利。与此同时，直播间又是主播化解用户"不满"的最好场所，主播可以与用户进行平等的交流，充分澄清事实真相，提供更好的服务。

网络直播就像一把"双刃剑"，既可以利用直播进行企业文化宣传、行业先锋形象树立、产品事件行销、媒介关系处理，也能被用户利用发表负面评论制造舆论危机。正视网络直播中用户意见的巨大力量，正确防范化解直播危机可能带来的舆论影响力，有效地利用直播的特点为行业企业进行危机公关，这是许多具有战略前瞻眼光的跨界主播成功的法宝。

Chapter 5

第五章
跨界主播的"网感"培养三要素

　　伴随互联网技术的更新发展，网络直播平台爆发式增长，网络主播大量涌现。传统媒体播音员、主持人与网络主播相比，虽然领域不同，要求不一，但是拥有正确的政治素养、精神素养、业务素养的主播，职业生涯才能更持久。对于跨界主播来说，政治素养决定了主播之路能否走得更远，精神素养决定了用户对其喜爱程度。缺乏良好的人格、修养、风度、气质的精神素养，充斥低级趣味的主播终将会被市场淘汰。主播的业务素养还体现在优秀的语言表达能力、临场应变和即兴发挥能力、与用户的沟通能力、鲜明的个性特色。跨界主播来自不同的专业领域，知识储备不同。所以，跨界主播的业务素养，决定了用户对其接受程度。网络直播是一个新兴的、受市场主导的行业，随着直播平台的迭代更新，对网络主播也不断提出更新的要求。除了上述方面的要求，"网络素养"是当下跨界主播亟待重点培养的。

　　1994年，美国学者麦克·卢尔（Mc Clure）就提出了网络素养（Network Literacy）的概念，认为网络素养包括知识和技能两个方面。随着互联网的发展，我国网民的沟通交流方式，娱乐类应用和电子商务类等互联网应用习惯发生了显著变化，网络素养成为个体生存和发展的必备素养。它囊括了网络信息素养、计算机素养、数字素养等。随着我国学者对相关网络素养研究的深入，其内涵也逐渐从单一技术层面的普及使用网络知识发展到多个层面的主体建构，如提高网络意识和网络能力，加强思想道德教育、文化素养、心理素养等。网络信息素养特别强调的是对信息进行辨别、获取、加工处理、运用、传播、评价、再创造等意识和能力。在信息技术和网络高速发展的当下，网络素养是一种应对互联网时代的基本能力，是网络相关能力的综合体现。从通晓基本的互联网工具，如搜索引擎、电子邮箱，到能分类、整理和对比互联网信息，再到参与互联网共建，不仅是一种基本的技能，也包含了具备技能后在一定意识下作出的复杂行为。网络素养包含以下几个方面的能力：网络知识的基本了解和使用网络获取信息的能力，网络信息价值的认知能力、判断能力和筛选能力，对各种网络信息的解构能力，对网络世界虚幻性的认知能力，建立网络伦理观念的能力，网络交往的能力和认识网络双重性影响的能力等[1]，这也是未来信息时代每一个人的互联网竞争力所在。中国互联网络信息中心（CNNIC）发布的第49次《中国互联网络发展状况统计报告》显示，截至2021年12月，我国网民规模达10.32亿，较2020年12月增长4296万，互联网普及率达73.0%。网络技术的发展和普及极大丰富、便捷了人民群众的生活，但其带来的负面影响也越发明显。由于网络的虚拟性、开放性和隐蔽性，导致虚假信息泛滥、网络语言暴力、侵犯他人隐私等现象频发，干扰了正常网络秩序。因此，在新媒体时代，应引导网民进行理性的思想表达，促进公民网络道德素养的全面提升。[2]

不仅是跨界主播，当前互联网用户网络素养都亟待提高。互联网的发展和普及为广大用户提供了丰富便捷的生活服务，但是由此带来的网络乱象，给网络社会道德秩序带来极大冲击。网络对未成年人的影响是巨大的，早在2010年全国两会上就有15名全国政协委员联名提案，要求大力加强未成年人网络素养教育，积极推动网络素养教育进学校、进课堂，把网络素养教育作为义务教育阶段的课程教学内容，全面提高中小学生的网络应用能力和网络道德规范。因此，全面提升公民网络道德素养、净化网络空间环

---

1. 黄永宜：《浅论大学生的网络媒介素养教育》，《新闻界》2007年第3期。
2. 王蓉：《公民网络道德素养如何提升》，人民论坛网，2019-03-25，http://www.rmlt.com.cn/2019/0325/542901.shtml。

境、完善网络立法和管理规范、促进网络健康有序发展刻不容缓。

跨界主播作为公众人物，在收获用户甚至被戴上"网红"桂冠受到粉丝们热烈追捧时，应深刻认识到与此同时所更应该承担与之相匹配的社会责任和导向作用。更应加强提升自身网络素养，培养责任感、职业道德精神，通过公众平台传播积极向上、具有正确的价值观的内容，起到良好示范引领作用。

一 跨界主播网络行为培养

跨界主播在直播中负责或参与策划、编辑、录制、制作、复制、发布直播信息内容，担当直播活动的主持人，与直播用户进行直接的互动。在经历了野蛮生长且随着监管力度的逐步加强，各大直播平台对内容要求也越来越高，除了根据用户需求在直播内容上进行细分，提升和加大对网络主播的培养，通过发掘、培养扶持和宣传包装三方面对有潜力的网络主播进行系统的搜寻，形成网络主播人才库并给予经济上的支持，对有潜力的主播给予资源倾斜和帮扶；另一方面，各直播平台对内容审核的要求也在逐步加强。除了花重金培养主播，也纷纷出台相关规则对主播进行严格监管，如有的平台针对平台主播的不良行为，开出严厉罚单。2018年1月17日，斗鱼在官方网站发布了《关于对主播"White55开"不文明行为的处罚决定》，称主播"White55开"在某活动的直播中辱骂并诱导粉丝用不良语言攻击某些个人和群体，造成了很恶劣的社会影响，针对"White55开"的不良直播行为，斗鱼决定责令"White55开"在直播间和微博进行公开道歉，暂停"White55开"直播间直播，向"White55开"追加100万元罚款。[1]

2019年6月17日晚，四川长宁县发生6.0级地震，有同胞在地震中罹难。就在全国上下都在关注灾区情况、为同胞祈祷时，却有两位主播在直播时拿地震进行调侃，引起了网友们的愤怒。微博"大V""直播点吧"率先

---

1. 杨硕：《直播平台加大内容投入：培养潜质主播 严惩不良行为》，新民网，2018-01-20，http://www.chinanews.com.cn/sh/2018/01-20/8429100.shtmll。

曝出了某平台主播"仓鼠王"在网上调侃四川地震的截图：作为"蓝战非四小天盒"（由蓝战菲、仓鼠王、小鬼、图图四人组成的竞技游戏团队）的一员，有着不少粉丝拥护的主播"仓鼠王"，在地震发生后发微博，调侃网友"应该在地震时把所有钱充金豆然后刷给他"。当有网友质疑之后，主播"仓鼠王"不但不认错，还称"5.8级地震死不了人"，并且辱骂那些指出其错误的网友。不少网友更是晒出截图，称自己被"仓鼠王"拉黑禁言，其中不少留言只是善意的提醒。然而"仓鼠王"似乎什么都听不进去，在错误的道路上越走越远。紧接着某平台另一主播"小米粥"又被曝出调侃四川地震，虽然其微博已被删除，但还是被网友截图并发给了"直播点吧"。从截图的内容可以看到，小米粥先是发了一条微博，称自己在地震时被压在倒塌的楼板下，因为想到了第二天早上还要直播，就立刻推开楼板从废墟跳了出来。并在3分钟后又发了一条不太恰当的微博，让网友们非常生气。这种用天灾来形容自己勤奋工作的行为，深深地伤害了灾区群众以及全国人民的心。在灾难面前，主播做出如此举动，令网友非常失望。

其实，早在2016年，有关部门就加大了对直播平台的监管力度。2017年5月，文化部开展了集中执法检查和专项清理整治，关停10家网络表演平台，行政处罚48家网络表演经营单位，关闭直播间30235间，整改直播间3382间，处理表演者31371人次，解约表演者547人。文化部将进一步加强网络表演市场监管，严管网络表演平台，严查网络表演禁止内容，查处关停违规网络表演平台。[1] 在此背景下，直播平台纷纷加强了内容审核队伍的建设，并对主播的行为规范提出要求。除了积极参加专业技能培训，努力提高服务用户的意识，跨界主播还应学习法律法规，增强法律意识，培养核心素养。

（一）规范个人行为

新媒体时代，网络的开放性和隐蔽性使传统社会道德规范的约束力降

---

1. 郑海鸥：《文化部严查网络表演市场 关闭10家平台30235间直播间》，人民日报，2017-05-25，http://news.cctv.com/2017/05/25/ARTIKBfsAZWkwCBkI7wVkezN170525.shtml。

低。网络直播初期,由于监管不够完善,作为内容创造者的主播在法规层面权利与义务未完全对等,导致某些主播为所欲为。主播是与处于隐身状态的陌生用户沟通。没有时空的限制,没有社会舆论的监督,没有社会道德规范的约束,部分主播与用户道德意识弱化、无底线等问题不断出现。这些新问题有的属于道德范畴,更严重者触犯法律。

> **案例:"女主播调侃南京大屠杀"要依法依规处理**
>
> "南京大屠杀呀""日本刀好快呀"……直播中,女主播嬉皮笑脸,说着伤害民族情感的话。7月31日,江苏省公安厅网络安全保卫总队官方微博"江苏网警"称,斗鱼主播"陈一发儿"把民族惨痛记忆作为调侃笑料,为此提醒网络主播在直播中应以身作则,切勿挑战道德底线、僭越法律红线。
>
> 斗鱼方面回应迅速:立即封号处理,并组织主播进行爱国主义教育;涉事女主播也出面回应:非常后悔和自责。然而"女主播调侃南京大屠杀"事件并不是简单的道德事件。2018年5月1日,《中华人民共和国英雄烈士保护法》开始实施。该法中明确规定:亵渎、否定英雄烈士事迹和精神,宣扬、美化侵略战争和侵略行为,寻衅滋事,扰乱公共秩序,构成违反治安管理行为的,由公安机关依法给予治安管理处罚;构成犯罪的,依法追究刑事责任。对于"女主播调侃南京大屠杀",必须通过法律严肃处理,给人以警示。
>
> 此事件发生后,网络上涌现出不少正能量声音,不少网友评论指责女主播:"嬉皮笑脸拿国耻来笑""满满的负能量""要把这种主播封掉"……这足以说明人们对于伤害民族感情、往英烈身上泼脏水的行为不能容忍,已形成社会共识。

随后，斗鱼直播平台发声明，对主播陈一发儿的处理公告：即日起，封禁主播陈一发儿的直播间，启动对所有主播的爱国主义教育行动，加强审查力度，杜绝此事的再次发生。[1]

案例：莉哥"顶风作案"篡改国歌

莉哥原名杨凯莉，虎牙直播平台原女主播，2018年10月8日，在直播间公开篡改国歌，以嬉皮笑脸的方式乱改乱唱国歌。根据《中华人民共和国国歌法》，在公共场合故意篡改国歌歌词、曲谱，以歪曲、贬损方式奏唱国歌，或以其他方式侮辱国歌的，由公安机关处以警告或者15日以下拘留；构成犯罪的，依法追究刑事责任。上海市静安公安分局经调查，依法对该主播处以行政拘留五日的处罚。[2] 同月10日，虎牙直播官方发声：虎牙平台决定即日起封禁主播莉哥直播间，冻结主播莉哥直播账号，下架全部相关影品，对其进行整改教育。

互联网平台上一再出现的主播因行为失范事件，暴露出的问题是多方面的。首先，缺乏道德底线，部分网络主播道德底线模糊，导致其言谈举止没有底线；其次，不懂法律，不知何种行为会触犯法律；再次，政治素养严重缺失，导致在网络平台发布一些不当言论。因此，跨界主播应当掌握与直播相关的法律知识，直播账户名称、主播头像与直播间封面等不得含有违法信息。直播间设计应干净整洁，不宜出现与直播内容无关的主体或者产品。直

---

1. 郝雪梅：《"女主播调侃南京大屠杀"要依法依规处理》，中国青年网，2018-08-02，http://pinglun.youth.cn/wztt/201808/t20180802_11687270.htm。
2. 宗和：《上海警方查明虎牙网红女主播"莉哥"直播中侮辱国歌，依法处以行政拘留5日》，上观新闻，2018-10-13，https://www.jfdaily.com/news/detail?id=110453。

播场所不宜选择涉及国家及公共安全,影响社会正常生产、生活秩序,影响他人正常生活,以及平台规定不宜进行直播的场所。互联网不是法外之地,任何组织或个人在网络的一切行为都不能逾越法律的底线,主播作为公众人物,其言行引导性和影响力都很强,因此,从法律层面规范个人行为尤为重要。

▶ 言谈举止得体

在拥有了强大的公众影响力后,主播作为公众人物,其本身的道德素养问题值得关注。主播在直播中的口头语、习惯和行为方式易被用户学习模仿。主播的言行在大肆传播的同时,其不良言行也会严重地影响用户群体,尤其是伴随着互联网成长的青少年用户群体。2020年6月,中国青年报社社会调查中心联合问卷网(wenjuan.com)对2007名受访者进行的一项调查显示,73.7%受访者称,遇到过网络主播言行不当的情况。[1] 其实,早在2016年12月1日,国家互联网信息办公室就出台了号称"史上最严直播新规"——《互联网直播服务管理规定》。以往主播们靠打"擦边球"圈粉(吸引用户)的行为不再被允许,否则将面临最高"永久封杀"的处罚。在这种情况下,各直播平台也积极予以响应,纷纷出台管理条例,对平台内容监管、主播穿着、言谈举止、用户行为都进行了全面、严格规范。含有违法违规内容的网络直播一经发现,将从严给予警告、暂时封禁、永久封禁的处罚,情节严重者相关记录将提交至上级政府监管部门,追究主播的相关责任。2020年7月1日,由中国广告协会发布的国内首份《网络直播营销行为规范》,9类内容、多种行为被禁止。例如,该规范第二十三条,主播在直播营销中应坚持社会主义核心价值观,遵守社会公德,不得含有以下言行:带动用户低俗氛围,引导场内低俗互动;带有性暗示、性挑逗、低俗趣味的;攻击、诋毁、侮辱、谩骂、骚扰他人的;在直播活动中吸烟或者变相宣传烟草制品(含电子烟)的;内容荒诞惊悚,以及易导致他人模仿的危险

---

[1] 孙山:《超九成受访者认为主播有责任传递正确价值观》,《中国青年报》,2020-06-18,https://www.chinanews.com.cn/sh/2020/06-18/9215386.shtml。

动作；其他违反社会主义核心价值观和社会公德的行为。

为了保证直播中正确的导向，跨界主播无论在直播间还是日常生活、公共场所，都应从着装、言论、行为三方面严格要求自己，不要认为日常生活属私人行为就可以为所欲为。一些网络主播为获得更大的关注和点击量等，往往没有底线，靠出格的言论、行为博出位。一名曾拥有数万粉丝、小有名气的美女主播，因吸食大麻被警方抓获。该主播被抓时居然还冲民警卖萌，丝毫没有意识到违法行为的严重性。直到被关押进拘留所后，她才悔之晚矣。

▶ 行为自律

泰迪·罗斯福说："有了自律能力，没有什么事情是你做不到的。"自律，是一个自我约束的过程。网络直播产生的源起是希望主播通过直播的方式与用户分享人生各种美好事物，而并非通过秀下限、拼尺度的方式来积攒人气、获得收益。对于跨界主播来说，自律和坚定是十分重要的品质。自律使主播具备高效率的生活并时刻保持自信，在镜头前精神饱满、精力充沛；能使主播专注内在积累，不在意外界评价；坚守直播方向，走适合自己的路。

遵规则守底线：对用户负责，对自己负责。在 YouTube 平台以游戏直播走红的主播 PewDiePie 就曾因宣扬种族仇恨而被封杀，损失了大量的商业利益。PewDiePie 并没有意识到自己的言行将会造成怎样的后果，不久又被曝光在直播时因被队友在游戏中误杀，公然骂人"黑鬼"。虽然在出口的瞬间发现自己说错话，并且立马改口说自己不是这个意思，仍然在网络上掀起了舆论风暴。曾经和他合作过的《看火人》制作公司发表公开声明，称不再为 PewDiePie 提供任何游戏的试玩。作为影响力巨大的公众人物，管不住自己的言行，不计后果地发表言论和看法，所做之事不能建立在道德底线之上，就有可能玩火自焚。PewDiePie 最后发表声明公开道歉，他终于意识到自己出格的行为有多么愚蠢。

跨界主播

> **案例：西宁一网络主播被严厉处罚**
>
> 2021年1月，西宁湟中区委网信办和公安部门在网络巡查中发现，某短视频平台主播"天一599"在连续十几天的直播过程中存在言语低俗不堪、随意谩骂他人的现象。经进一步调查取证，会同该短视频平台对其依法依规进行了处罚。
>
> "天一599"在直播及直播PK中长期存在侮辱诽谤他人、言行低俗、污言秽语等行为，在网络和社会中均造成恶劣影响，其行为严重违反了《中华人民共和国治安管理处罚法》《网络信息内容生态治理规定》及《互联网直播服务管理规定》。给予其封禁直播权限15日，行政拘留4日的行政处罚。[1]

"能力越大责任越大。"主播打开摄像头开始直播时，犹如站在高台上的演说家，向台下的所有观众阐述看法和认知。对于跨界主播来说，在直播间里一个人就像一支队伍，需要高度的自律，还要具有仪式感。2018年12月31日，大连29岁男子初某某直播喝酒后死亡。该主播为获取关注度，连续三个月直播喝酒、喝油，为博人眼球无所不用其极，选择通过伤害自己的方式，连醉三个月后猝死。该主播的自虐式表演，确实吸引了不少的用户观看，甚至有人会直接用金钱来引诱他继续喝。为了多刷一些点击率，满足自己金钱上的需要，忘却了主播应担负社会责任，不顾及身体健康，最后导致悲剧发生。某些用户因为各种原因造成心理问题，或为释放压力，或为娱乐，选择观看此类直播，降低了自身的道德水准以及对精神价值的追求，造成伦理道德的偏差，对社会造成非常不好的影响。主播只有制定规则并严格遵守底线，才能避免此类错误的发生。

---

1. 王琼：《西宁一网络主播被严厉处罚》，《西宁晚报》，2021-01-05，http://www.qhnews.com/newscenter/system/2021/01/06/013315272.shtml。

有效的后台管理——"印象管理"：戈夫曼在其《日常生活中的自我呈现》一书中提出的"戏剧论"又称为"印象管理"，是指人们试图管理和控制他人对自己所形成的印象的过程。在阐释印象管理的概念时，戈夫曼隐晦地采用戏剧理论进行比喻，他将个体在一段时间之内面对观众，对观众产生了一些特定影响的行为比喻成"表演"。戈夫曼在观察中发现，在不同的情境或者不同的观众面前，"表演"的个体会倾向于扮演不同的角色。把社会交往情境看作戏剧，把交往行为看作人们的自我表演，每个人都在有意识或无意识地进行"表演"，来控制别人对自己的看法，让别人根据自己的角色扮演而对自己产生新的看法。人们在正常情况下都喜欢用和当下的人际关系背景和社会情境相符合的形象向别人展示自己，让自己在别人心中留下一个理想的印象[1]。戈夫曼认为社会交往就像戏剧舞台，每个人都在扮演某个角色，在社会互动中，每个人都竭力维持一种与当前社会情境相吻合的形象以确保他人对其做出愉快的评价。恰当的印象管理是人际交往的润滑剂，可以使交往顺畅地继续下去，是人类文明的标志，个人修养的量尺。根据印象管理理论，试图使别人积极看待自己的努力，叫"获得性"印象管理；而尽可能弱化自己的不足或避免使别人消极地看待自己的防御性措施是"保护性"印象管理。印象管理主要有两种基本形式：自我表现和自我行动。人们总是倾向于向外界展示一个美好的自我。

跨界主播都希望借助不同的方式呈现自我，以求在客户端实现预想中的印象管理效果。做好个人的印象管理，就是要修饰好"前台"，管理好"后台"，保持形象的一致性。为了吸引用户获取关注度，主播都会依据别人对自己的态度形成自我概念，精心设计装饰自己的"前台"——屏幕镜像，为用户创造出一个比较完美的个人形象；同时有效地隐蔽会对自己直播有影响的"后台"——日常生活、行为举止。但仅仅处理好"前台"而放松"后台"管理也是不可取的。处理好"前台"与"后台"的关系，为自己的言论负责。"后台"暴露的问题会严重影响"前台"形象，造成严重后果，它们之

---

1. 【美】欧文·戈夫曼：《日常生活中的自我呈现》，冯钢译，北京大学出版社2016年版，第25~28页。

间的关系是保持相互制约、彼此影响。2019年1月21日，某网发布对其平台上的游戏区域某主播账号封禁处理声明。该主播平常主要直播打游戏，粉丝数已达到了200万。封号原因是某网不断收到用户举报信。从举报信息了解到，该主播在"前台"呈现出一个积极阳光、开朗向上的完美形象，但在"后台"却放纵和宣泄。主播在"前台"呈现的形象与其在"后台"形象相去甚远，割裂了"前台"与"后台"之间的关系。当然，过分的印象管理也很容易给自身套上枷锁，有的主播为了维持自己的优秀形象矫枉过正，久而久之身心俱疲，导致行为走向反面。展示真实的自我，才能获得心灵的自由。

▶ 传递正确价值观

跨界主播在直播中应体现正确的价值引导，不能一味追求流量，不顾内容质量。在直播平台中活跃的用户不少是青少年，他们的价值观很容易被所接触到的内容影响。例如，在美食主播的"吃播"视频中，常常会看到身材瘦小的主播15分钟吃下10斤拉面或一次吃掉5斤红烧肉，1只烤全羊、烤全猪……这些所谓的大胃王们通过在镜头前大快朵颐来获取流量和打赏，而观看者们也极易被这类带有夸张色彩的"吃播"视频所吸引。但据美食博主透露，在保证场景不变的情况下要靠多次间隔进食再加速剪辑来制作视频，一段视频其实要用30个小时制作，先吃后吐、边吃边吐。"吃播"的本意是分享美食、传递快乐，同时收获粉丝和打赏。但这种靠"催吐+假吃"吸引眼球，不但伤害了身体，也向网络用户尤其是青少年群体传递非正常的食品消费观念，凸显了粮食浪费现象。据联合国粮农组织统计，全球每年约1/3粮食被损耗和浪费，总量约13亿吨。但世界76.33亿人口中，至少还有8.2亿人面临饥饿。[1] 拿粮食当道具，糟蹋粮食，为博眼球胡吃海塞的美食直播，应该被严格约束。

还有一些不应该向未成年人直播推介的内容，如兜售烟、酒、保健

---

1. 积木育儿：《联合国粮农组织统计显示，全球每年约1/3粮食被损耗和浪费》，新浪网，2020-08-12, https://k.sina.com.cn/article_5812110275_m15a6dc3c303300pdwi.html。

品、网络游戏等，以及打着瑜伽、健身旗号进行低俗表演、炫富、卖假货、传递"一夜暴富""读书无用"等灰色价值观的内容。以前不玩网络游戏的青少年，受到游戏直播的影响，满脑子都是游戏，影响正常的学习和生活。如果任由主播在平台上播放价值观扭曲的视频博眼球，会形成一种不好的社会导向。

"东方甄选"直播间呈现了另外一种风气。有粉丝在新东方"东方甄选"直播间斥巨资狂刷礼物，被主播董宇辉将其直接拉黑，并回复道："虽然这些（打赏的）钱都将捐出去用作公益事业，但不赞成大家这样做。现在有调查显示，疫情期间中国近有 6 亿人每个月的收入不足 1000 元，所以刷礼物的钱可以给自己的员工买一些农产品做福利（发给员工），这样不仅农民可以赚钱，快递小哥可以赚钱，自己的员工也可以获得一些实惠。另外很重要的一点是，（我们）直播间里有很多青少年，（斥巨资刷礼物）会给他们灌输有钱就值得关注这种行为，这是非常不好的价值观。"当前，网络直播已经成为人们休闲娱乐的重要平台。让网络直播回归正轨，跨界主播传递正确价值观尤为重要。

（二）具备正能量

跨界主播单靠一个爆点红极一时不是长久之计，需传递正确的三观，树立"正能量"的形象，才能走得长远。网线另一头牵动的是无数有待关照的灵魂，近年来，直播平台如 KK、YY、火山、虎牙、花椒等相继推出了公益直播活动项目，运用互联网的及时性、参与性，使得公益成了人人可参与的全民性活动。

▷ 积极投身公益直播

跨界主播宜利用直播平台积攒的人气、收获的流量，投身公益直播，回馈社会。如走访敬老院、主播支教、举办赈灾义演、帮助农民售卖农产品等公益活动。公益直播因其特有的直接性、即时性以及便利性，被广大用户津津乐道。公益直播展示真实生活。虎牙主播牛哥直播做的唯一事情，就是送流浪汉回家。他通过直播,帮助众多的流浪汉回到自己的家乡,见到了梦寐以求的家人。牛哥已经成功地帮助 50 名流浪汉重获家庭的温暖。他希望通过直播的方式,引起全社会对流浪汉群体生存困境的关注。主流媒体争相报道牛哥的事迹,公益直播在帮助别人的同时传递了社会正能量,发挥了直播的社会作用,可谓两全其美。

移动直播作为大众接触度高、参与度高的社交互动平台,在弘扬传统文化方面也能发挥巨大的作用。跨界主播能够将直播行业的价值和活力有效渗透到社会公益领域,以 YY 平台的"直播扶贫"为例,其扶贫创新方式成了传统扶贫模式的有益补充,给贫困地区和人群带来了实实在在的帮助。非遗文化的传承,年轻人是关键。将非遗文化故事以年轻人喜欢的话语体系、运用新媒体方式与平台进行传播,才能爆发出更强劲的生命力。移动直播就在传统非遗文化与年轻人之间建立起了一座沟通的桥梁。

案例:赋能精准扶贫,直播也能派上大用场

贵州毕节织金县,苗族非遗蜡染文化聚集地之一。绣娘的非遗技艺从来都"深锁大山",她们的价值,只在手中的记忆成为艺术品的那一刻才能显现。不仅如此,由于产品销售渠道不广,非遗传承也面临窘境。

图 5-1 绣娘在直播

而直播平台则能给予一个较好的解决方案(见图5-1)。利用平台特色,YY开创了"直播+电商+非遗+扶贫"的创新模式,扶持绣娘通过直播真实生动地展示织金苗族文化特色、非遗蜡染技艺,帮助织金县贫困苗族绣娘增加就业以及非遗文旅和手工艺品的销售推广。数据显示,不到一个月的时间,通过直播达成意向签订

600余件订单，网上成功签订订单10余万元，总销售额在原基础上同比增加了2倍。如今织金县32个乡镇2000多名苗族绣娘，实现了在家工作有收入的愿望，有效带动了织金更多的贫困人口的就业和脱贫，也探索出精准扶贫的创新模式。

据悉，YY已连续两年承担"看美丽乡村"大型系列的直播任务，覆盖了超1623万人次，让中国乡村美丽风景展现在大众面前，通过直播的力量帮助更多美丽乡村打开致富之路，并获得中央网络安全和信息化委员会办公室（以下简称中央网信办）颁发的"特别贡献奖"。早在2017年，YY直播已成立"非遗"频道，推出各类非遗项目主题的直播内容。2019年更是开创"遇见非遗"栏目，每周非遗手艺人带网友一起走进非遗，领略非遗手工艺品之美。YY直播还推出"遇见普洱"栏目，推出"茶文化+电商"的直播创新模式，拉动茶文化的新消费。YY系列"直播+非遗"动作，让无数优秀的民间艺术文化和无形的非物质文化遗产更加立体、形象、真实、生动，也让更多年轻人能够通过直播的镜头全方位了解传统文化，让更多民间优秀传统文化迸发新的生命力。

值得一提的是，YY还围绕非遗征集和扶持正能量主播，已经形成涵盖刺绣、版画、面塑、剪纸、掐丝、国画、发簪等在内的非遗手艺人和继承人主播，非遗文化直播已经在YY平台上形成风潮。普通人通过直播平台展示自己才艺、特色的同时，还能以自己的小小善举帮助他人，为正能量发声。YY平台上聚集着众多通过直播公益助人的凡人善举：赵广军的"生命热线"直接帮助近1000名咨询者，影响力辐射超过100万直播受众；主播茉莉在自己的家乡坚持做慈善公益直播，每天坚持负重上山、身体力行地帮助贫困老人；主播小阿雷经常长途跋涉到偏远地区捐助，为孤贫老人、留守儿童送去温暖和关怀。这些有温度的、充满人文关怀的善举，给

跨界主播

> 社会增添满满的感动与温暖,激发出更多人身上"善"的基因,共同营造社会的和谐氛围。[1]

对于公益直播在粉丝中产生的积极效应,亚洲人气组合 Max Mess 队长张艺璇一语中的:我参与光明网的公益直播,我的粉丝就会更信赖我、喜欢我,我的号召力越强,就可以影响到更多网友做善事、走正路,得到社会认可让我成就感满满。[2] 跨界主播投身公益直播,既播出了公益责任和社会责任,播出了爱心,也播出了正能量,有助于提升主播自身的形象和信誉,实现多赢的效果。

▶ 拒绝低俗内容

低俗内容主要是指低级趣味、庸俗,使人萎靡、颓废的内容,如:极度渲染暴力;过度猎奇、捕风捉影,恶炒名人绯闻,甚至不惜夸大甚至编造假新闻;以"性"为卖点,专打擦边球;漠视苦难与死亡,缺少人文关怀;用语粗俗,给人不良暗示等。近年来,关于网络直播平台的乱象触目惊心。一位用户名为"吃货凤姐"的主播为吸引网民关注,增加视频点击量,吃各种奇怪东西。在其发布的视频中,先后吃了灯泡、仙人掌、面包虫、生猪蹄、鱿鱼、金鱼、黄鳝、辣椒面、生姜和放满芥末的泡面等千奇百怪的东西。不仅如此,她还直播把鞭炮挂在身上点燃、鼻子插烟头、用头撞破西瓜、用头碎灯管等行为;在发布的视频文字说明中,均写着"求关注",号召网友"双击评论"。该主播的直播内容引发警方关注并介入调查。此外,媒体已报道过的如"主播直播驾豪车撞人""人造美女""变性手术""网络女

---

1. 徐晶卉:《6 万主播近 5000 小时直播点亮正能量之光》,文汇客户端,2020-01-12,https://wenhui.whb.cn/third/baidu/202001/12/313752.html。
2. 吴晋娜:《这场公益直播如何做到千万级传播量》,《光明日报》,2018-06-05,https://about.gmw.cn/2018-06/07/content_29176027.htm。

主播直播挑逗9岁小学生"等低俗直播内容误导普通网民的价值观,甚至直接影响用户对世界的看法和人生追求。作为一个新的领域,网络直播平台若以"法律擦边球"的风格来吸引网民的眼球,渲染色情、暴力画面,侵犯个人隐私权,所带来的危害相当大,主要表现在以下三个方面。

一是严重危害青少年身心健康。网络的参与者中有大量的青少年。他们由于生活经验不足,辨别是非能力、自我保护能力不强,更容易遭受不法侵害,更需要全社会的保护。网络低俗信息会危害青少年的身心健康,甚至诱导其走上违法犯罪的道路。

二是干扰侵蚀社会秩序和网络秩序。2016年3月16日,一位网络男主播为博出位,公开直播自己到南京仙林某学校骚扰女学生过程。后经警方处置后,该主播承认错误并道歉。然而才过去两天,他又故技重施,再次在网络平台进行直播路边搭讪。在遭到一名女生的无视和拒绝后,索性强吻对方。对此,警方对该男主播进行抓捕,其行为已属猥亵妇女,扰乱公共秩序。2016年12月某夜,一男一女两名主播进入某商场,直播挑战"在商场过夜"。两人藏在衣柜里,试图直播在商场过夜情况,被商场的安保人员发现。他们的直播行为违反了公序良俗,给商场带来不必要的困扰,且可能鼓励年轻人效仿,不应被提倡。为何此类直播能吸引大批粉丝?有心理医生指出这是一种"不正常的情感宣泄方式"。除了主播自身的职业素养问题,一些用户在观看直播时也会提出"非分"要求,通过打赏而要求主播做出出格行为,追求低级感官刺激,用于自己的宣泄、减压。此种减压方式如同游戏成瘾,导致用户依赖,对人的心理健康不利。

三是侵犯正义和道德的底线。直播最大的特点是能给用户带来真实、直接的体验以及想象空间。但直播的边界问题也饱受业界诟病,社会责任和道德责任对于直播来说尤为重要。2017年7月1日的中央电视台《平安365》栏目播出一则新闻:某网络主播在距地面30多米高的13楼佯装跳楼,实则为直播。其行为引起不知情民众的围观,警方和围观群众为解救"跳楼自杀者"付出心力。这种危险直播扰乱了社会秩序,既给解救者带来人身危险,也对群众的人身和财产安全造成威胁。这种行为,已违反了《治安管理处罚法》。为了博眼球出位，失守网络直播底线。有主播甚至铤而走险，做出非法行为。

2023年7月5日，为加强自媒体管理，中央网络安全和信息化委员会办公室秘书局发布《关于加强"自媒体"管理的通知》。为了更好地落实这一通知，首都互联网协会征求属地重点网站意见建议，制定发布《首都互联网平台"自媒体"管理行业自律公约》（以下简称《公约》）。《公约》通过"十倡议""十抵制"，鼓励自媒体积极传播优质内容弘扬正能量，严格自媒体全过程管理，强化经济处罚手段，严厉打击网络暴力、网络谣言、联动炒作、卖惨引流等危害公众利益、网民反映强烈的自媒体突出乱象，坚决遏制自媒体通过不良行为违规获利。

《公约》得到属地网站平台积极响应，抖音、快手、今日头条、西瓜视频、微博、新浪、搜狐、网易、凤凰、百度、知乎、豆瓣、优酷、爱奇艺、一点资讯、奇虎360等16家网站平台作为首批签约单位，承诺将严格遵守《公约》要求，积极践行企业主体责任，共同营造健康有序、向上向善的美好网上精神家园。[1]跨界主播作为行业参与者需自我规范，坚决抵制低俗内容，树立正确导向，才能在促进直播行业良性发展中发挥出应有的作用。

（三）强化信息辨识能力

内容创造者应具备对信息的敏感度、辨识能力，感知用户需求，创造出用户喜闻乐见的个性化符号和优质内容。在信息爆炸、资讯飞舞的时代，一些被人刻意伪造、精心炮制过的信息，往往迷住了人们的视线，混淆了真与假的界限。在内容上谎话连篇，语气上阴阳怪气，扭曲事实散布负能量，追根到底，就是想发杂音扰乱主旋律。因此，作为内容生产者和传播者，信息辨识能力是跨界主播应具备的重要网络素养。

信息辨识选择能力是指人们根据信息的内容及自身的经验，判断信息

---

1. 邓淑红：《十倡议、十抵制！首都互联网平台"自媒体"管理行业自律公约发布》，《新京报》，2023-07-18，https://www.bjnews.com.cn/detail/1689674415129004.html。

的性质和有选择地利用信息的能力,属于跨界主播应具备的重要网络素养之一。国际图书馆协会联合会在2011年的《媒介和信息素养建议书》中将媒介和信息素养定义为:由知识、态度以及各种技能组成,通过这些技能可以知晓何时需要何种信息;从哪里并且如何获取所需信息;发现信息时如何进行客观评价和有序组织;并且以正当的方式加以利用。[1]在当今各种社会思潮冲击下,多元复杂的海量信息汇聚在一起。拥有信息辨识能力,才能将"茫茫网海"中杂乱无章的信息进行加工整理,因此,跨界主播除了具备丰富的知识,还需要积累经验。

▷ 寻找辨识途径,去伪存真

拥有信息辨识能力需要跨界主播批判性地思考、理性逻辑分析。长期以来,由于接受教育水平不同,部分网民是非辨别能力参差不齐,偏信甚至传播虚假信息;习惯于质疑主流媒体发布信息的可信度,却对于自媒体发布的信息深信不疑。这跟主流媒体在某些网络舆情上的失声,以及对网民的社会关切回应不及时、解释不充分有一定的关系。从根本上来说,部分网民迷信网络谣言,甚至偏信、盲从、传播虚假信息,主要缘于自身价值观出现了偏差。由此,跨界主播在内容生产和传播中的导向及引领作用尤为重要。

2013年12月2日上午,北京市朝阳区香河园路与左家庄东街交叉口处的斑马线上发生的一起交通事故,一名骑摩托车的外籍男子撞倒一位过马路的中年妇女,各大网站和社交媒体纷纷把一个"大妈讹老外"的图片新闻推上首页,引起网民关注。照片拍摄者是某通讯社的签约摄影师李某某。照片显示,一位倒在地上的中年女性拉扯着一位骑摩托车的外国青年。事件发生后,网上出现几种观点:"老外街头扶摔倒大妈遭讹1800元""中国大妈冤枉,她确实被老外撞了""老外用中文对倒地大妈爆粗口"。不少网民纷纷谴责这位"碰瓷"大妈,替外国小伙鸣不平,甚至还有网友把事件性质上升到了国家形象层面。但到当日中午,事件突然出现逆转。一段网友拍摄的视频

1.《国际图联媒介和信息素养建议书》,2020-03-19,https://www.ifla.org/files/assets/information-literacy/publications/media-info-lit-recommend-zh.pdf。

显示，这位外国青年对着不放他走的中年女性用中文破口大骂。第二天，警方经过现场调查以及调取监控录像，查明外籍男子确实在人行横道内将中年女子撞倒，是明显的交通违法行为。且该名男子没有驾驶证，所驾驶的摩托车也没有牌照。警方已经依法暂扣了摩托车并处置其交通违法行为。而被撞中年女性也有正当职业和退休金，并不是人们所推测的职业"碰瓷"者。值得注意的是，这些照片的拍摄者李某某，并没有对事件的来龙去脉做全面调查，主观地认定这是一起"碰瓷"事件。他在接受采访时说："我当时恰好开车路过，看到有个大妈躺在人行道上，边上有个老外一直在拉她……感觉大妈想讹钱，当时老外都蒙了。我把照片传到网上，是想鞭笞一下这种丑恶（行为），弘扬一下正义。"作为新闻报道者，对新闻事件没有深入调查就做出主观判断，缺乏客观态度，便会形成预设立场。预设立场，就像戴上了一副有色眼镜去看待事物。普通网民预设立场，最多是为了宣泄一下自己的情绪。而新闻报道者如果预设了立场，就会在伤害新闻真实的同时，大大降低媒体的公信力。从讹人到被撞，事件遭遇了戏剧性逆转，如同一场荒唐的闹剧。而在这场闹剧背后，网络媒体无疑起到推波助澜的作用。近年来，伴随网络媒体的迅猛发展，类似事件屡见不鲜。一些不实报道，既误导了人们对事实的判断，更给事件的当事人带来巨大伤害。传统媒介的新闻传播者拥有专业知识背景和严谨的职业道德，其主要职责就是向公众提供准确、真实、客观、权威的信息。而网络媒介与传统媒介不同点在于传播源非常分散，各行各业各色人等都有，信息的真实性、准确性、权威性相对较弱。尤其在重大突发事件（自然灾害、人为事故）、社会热点事件爆发的时候，网络信息的传播速度非常快。伴随着这些网络信息的传播，有大量的谣言、谎言、有害评论、假新闻夹杂其中，普通网民很难辨别信息真实性。因此，信息传播者首先要做的是判断消息的来源和可靠性，并要想方设法加以验证；其次，要具有判断信息的职业敏感、执着精神、求真精神和技巧。

> 案例："10·28"重庆万州公交客车坠江事件
>
> 2018年10月28日10时08分,重庆市万州区一辆公交客车与一辆小轿车在万州区长江二桥相撞后,公交客车坠入江中。造成15名驾乘人员遇难。经多方取证调查,还原当日情况。当天9时35分,乘客刘某在龙都广场四季花城站上车,其目的地为壹号家居馆站。由于道路维修改道,22路公交车不再行经壹号家居馆站。当车行至南滨公园站时,驾驶员冉某提醒到壹号家居馆的乘客在此站下车,刘某未下车。当车继续行驶途中,刘某发现车辆已过自己的目的地站,要求下车,但该处无公交车站,驾驶员冉某未停车。
>
> 刘某从座位起身走到正在驾驶的冉某右后侧,靠在冉某旁边的扶手立柱上指责冉某。冉某多次转头与刘某解释、争吵,双方争执逐步升级,并相互有攻击性语言。当车行驶至万州长江二桥距南桥桥头348米处时,刘某右手持手机击向冉某头部右侧,冉某右手放开方向盘还击,侧身挥拳击中刘某颈部。随后,刘某再次用手机击打冉某肩部,冉某用右手格挡并抓住刘某右上臂。冉某收回右手并用右手往左侧急打方向(车辆时速为51公里),导致车辆失控向左偏离越过中心实线,与对向正常行驶的一位女司机驾驶的红色小轿车(车辆时速为58公里)相撞后,冲上路沿、撞断护栏坠入江中。[1]

根据新浪舆情通(识别舆情监测系统)统计,重庆公交客车坠江事件发生后,仅10月28日10时至11月2日,"重庆万州公交客车坠江"全网信息量达到一万余条,微博信息量占比90%以上,成为主要传播平台,由此

---

[1] 佚名:《重庆万州大巴坠江事件视频回顾!"10·28"重庆公交坠江事故始末》,中国小康网,2018-11-13,https://news.chinaxiaokang.com/shehuipindao/fazhi/20181113/549920_4.html。

引发的话题"重庆公交坠江事件""重庆公交车坠江原因"等总阅读量超过12亿次。[1] 在未经有关部门权威调查和通报的情况下，"小轿车逆行导致大巴坠桥""司机是女司机，还穿了高跟鞋""女司机已被警方控制"等不实消息被部分网络媒体、自媒体和网友大量转发、评论。不明真相的网友跟风评论并对小轿车女司机展开人身攻击。网友在不了解事实真相的情况下，对"涉事女司机"实施网络暴力行为。更有甚者人为将事件放大，将所有"女司机"作为谩骂打击的靶子，对当事人和整个社会都产生了不同程度的负面影响。当事件进入公交车打捞救援阶段后，部分网友又对救援工作质疑，认为救援不力、进展缓慢，表现出极大的不满情绪。在真相浮出水面后，网友又发动力量集体声讨"肇事女乘客"，人肉搜索并不断曝光其姓名、职业、照片，更有人称该"肇事女乘客"是出了名的"泼妇"，舆情不断发展成网络暴力的人身攻击。此次事件暴露出部分网络媒体、自媒体的职业素养欠缺和背离良知底线，为片面讲求时效、追逐眼球利益而放弃了新闻真实性的本质要求，把未经求证的信息盲目通过网络广而告之，导致公众舆论导向的偏差，致使媒体公信力遭到质疑。

  时效与真实，是内容生产的重要两环。在网络媒体高速发展的时代，谁率先生产出优质内容，谁就会博得更多流量。但绝不能为追求时效而忽略"真实"这一根本基础。"真相还在路上，舆论请等一等。"目前影响跨界主播信息辨识能力有几个方面的因素：一是信息基础知识储备不足。拥有一定的信息基础知识可以明确信息的需求目标，提高信息的针对性。当前，主播行业进入门槛低，部分主播信息知识缺乏是导致信息辨识能力缺失的一个重要原因。二是分辨能力弱，主播无法对众多信息去伪存真，被虚假信息蒙蔽。三是缺少经验积累，对信息判定不够准确。因此，跨界主播要提升信息辨识能力，仅仅拥有所处行业领域的专业知识远远不够，还必须广学博览，掌握信息知识，培养自己健康的信息意识，引导目标用户理性地辨别和

---

1. 曹爱民、王尹希：《微博传播中的次生舆情演变特点及综合治理——以"10·28"重庆公交车坠江事件为例》，声屏世界，2019-11-29，https://www.doc88.com/p-7768728583698.html。

分析信息的来源及可信度，提高信息的辨别取舍能力。不被群体非理性的情绪所裹挟，保持客观、冷静、文明的发声习惯，避免"信息茧房"和"回音壁效应"。

▷ 具备"质疑"精神

跨界主播在内容生产时应学会"质疑"，"质疑"精神是新闻从业者应该具备的基本职业素养，也应成为网络主播的职业素养。2015年3月18日，当新加坡总理李光耀逝世的假消息传出时，包括美国CNN、中国主流网络媒体等全球媒体，全都争着抢发新闻，关于李光耀的各种消息铺天盖地，却没有人去质疑他离世消息的真假。当几分钟后确认这是一条假消息，场面又是一片混乱：编辑们手足无措地撤稿、删稿、道歉。这一假消息的发散造成不良后果。2011年3月11日，日本福岛核电站发生事故。当时，各路媒体只在不断地重复再现福岛核电站泄漏后视觉冲击极强的画面，而社交媒体上转载的各国专家意见各不相同，甚至截然相反，由此，造成民众恐慌。之后，核电站泄漏后的新闻挖掘未有建树，恐慌之中的群众在流言影响下，担心核辐射会污染海盐，开始抢购囤积食盐，导致不少地方食盐脱销，价格上涨。一起远在日本的核事故，尚且引起如此恐慌，如果灾难近在咫尺，又会引起怎样的混乱？在这个渠道多样、信息过载的时代，跨界主播作为内容生产者和信息传播者，要摆脱上述困境，唯有树立"质疑精神"，才能增强对信息的辨别能力、追求真相的能力。

（四）提升人文素养，拥有人文关怀精神

人文素养和人文关怀是两个不同的概念。人文素养，即"人文科学的研究能力、知识水平和人文科学体现出来的以人为对象、以人为中心的精神——人的内在品质"。人文关怀则是指个人或社会关注和关心弱势群体、提倡人文精神和价值观，体现出的关爱、同情和认同等情感及行为。人文素养强调的是修养和文化素质，而人文关怀则强调社会责任和关爱精神；人文素养注重对于自身的修养和个人价值提升，而人文关怀注重对于社会和

他人的关心和支持。两者可以相互促进，一个拥有较高人文素养的跨界主播往往也更容易有人文关怀精神和行为，从而对社会和他人有更多的贡献。

▶ 提升人文素养

传统媒体时代，人们往往将主持人的人文学科知识等同于其能力和素养，将高学历视为良好的人文素养的标志。在网络直播平台，人文素养对于跨界主播更显重要，素养缺失不仅会对主播形象造成损害，也会对社会、用户和粉丝造成负面影响。跨界主播的人文素养缺失主要表现在以下几方面。

无良行为：某些跨界主播为吸引流量在直播时有故意挑衅、诽谤他人等不良行为。这些行为不但对他人不尊重，甚至还可能侵犯了民事权利。

文化素质低：某些跨界主播在传播知识、观点和价值观时表现出文化素质不高，如内容浅薄、文笔贫弱、思想粗鄙等。这种情况容易引起用户对其信任度和权威性的质疑。

恶意营销：某些跨界主播在直播带货中过度渲染和营销，尤其涉及健康产品和药品等直播内容。这容易误导用户，甚至可能涉嫌虚假宣传和违法行为。

以上问题的发生可能与网络直播的操作模式相关。网红热潮促使网络主播快速成长，"短期展示效应"也导致大量短视频内容同质化、刻意获取短期关注度，部分缺失人文素养的网络主播也能上线直播。

因此，跨界主播应注重自身素质和道德修养，把人文素养当成品质去追求，用优质的内容回馈大众。同平台、同类别直播，跨界主播的差距来自学问、修养和经验。要想缩小差距，全面提升人文素养是重要手段。跨界主播可从以下几方面提升人文素养。

广泛阅读、拓宽视野：阅读可以获取更多知识和信息，提升文学修养和表达能力，领略不同的文化和思想。

了解文化背景：直播前，主播需要了解不同地区的文化背景和特点，以便能跨越地域和文化差异，让用户更好地接受传播内容。

深入思考：对社会现象、人生哲理等进行思考，培养判断力和独立思考能力。

培养同理心：关心他人，尝试理解他们的感受和观点，提高人际交往能力。

探索当代文化艺术：跨界主播可通过参观展览、演出，欣赏音乐会等方式来拓展自己的艺术和文化修养，以提高审美能力和创作能力。

▶ 拥有人文关怀精神

直播间的灵魂人物是主播。优秀的主播要以自己的个性魅力吸引用户。跨界主播不是演员，其个性并非设计而来，而是经历了来自生活的积累、岁月的修炼，对生活的切身感受和独立思考，来自主播价值取向以及在直播中所体现的人文关怀。目前，一些跨界主播的人文关怀缺失可能是由于以下几个方面的原因。

时间和精力有限：同时承担不同角色和工作任务，精力和时间不足，导致跨界主播在人文关怀方面的投入和关注都不够。

商业化驱动：跨界主播的自我价值、社会影响和商业收益可能都与其活跃度和用户关注度相关，这使得某些主播会有一些目的性很强却缺乏真正人文关怀的言行，如为个人名利而夸大事实、投放虚假消息等。

缺乏人文素养：某些跨界主播缺乏相关领域的教育积累或者实践经验，无法深刻理解和体现人文关怀的精神和意义。

审美偏差：某些跨界主播或许可以制造出新颖、吸引眼球的内容，但其内容偏离了人文精神，体现出扭曲或消极的价值观。

需要注意的是，虽然某些跨界主播在人文关怀方面存在不足，但并不意味着职业本身就缺乏社会责任和关爱精神。跨界主播要想做好人文关怀，需要从以下几个方面发力。

保持正面价值观：关注和支持社会弱势群体，对于环境保护、文化保护、人权和民主等话题发表有建设性的观点和态度，传递正能量。

制作和分享有意义的内容：通过纪录片、传统文化、公益活动、艺术创作等内容的制作和分享，传播正向价值观。

引导用户：鼓励用户参与并发扬人文精神和关爱精神，让社会更加美好。

避免过度商业化和利益驱动的操作：履行好社会责任，保持独立的思考和行为方式。

总之，优秀的跨界主播必须兼具较高的人文素养和人文精神，才能够更好地传递正能量，更好地发挥社会影响力。

在福建莆田的一片海域上，一位身穿白色连帽外套、脚踩迷彩胶鞋、留着平头的渔民，正趴在一艘渔船的船沿上，将一条被渔网缠住的鲨鱼拉出水面，随后熟练地在镜头前展示这条大鱼。这位渔民是赶海视频自媒体人"渔人阿烽"（见图5-2）。他在抖音和西瓜视频上有450多万粉丝，是名副其实的"网红"。我们也可以称其为跨界"渔民主播"。阿烽本名叫陈烽，是福建莆田人。2018年9月，他在短视频平台西瓜视频上发布了第一个自制短视频。出乎他意料的是，这条关于他捉青蟹的视频很快就获得了20万的观看量。这些观看量所带来的广告收入，让他挣了700元。赚到自媒体"第一桶金"的阿烽感受到来自粉丝的关爱支持，不忘回报社会。从2019年开始，阿烽带动了几个朋友一起做短视频，希望能帮助他们也过上更好的生活。在西瓜视频上，"老渔民阿雄"已经有了97万粉丝，而"我是表嫂"也吸引了60多万人关注。在得知童年玩伴家庭遭遇不幸，生活难以维系之际，阿烽给对方送去了2万元救命钱，并将这件事拍成视频发到网上。此后，看到视频的网友们累计给阿烽"打赏"了20余万元，而他也将这些"打赏"全数捐给了朋友的家庭，并将每一笔爱心赞助记录、公开，供网友监督。网友纷纷在视频下评论"这才是'网红'该有的样子，不枉我们支持你""很喜欢阿烽赶海的幸福节奏，他有一颗善良的心。希望他越来越好，幸福满满"。

除了帮助身边的人，阿烽也希望通过自己的行动，给大家做好保护海洋生态的表率。熟悉阿烽的网友都会记得他的口头禅：抓到小鱼

图 5-2 阿烽直播赶海（图片来源：抖音 APP@渔人阿烽账户视频截图）

时，阿烽说"叫你爷爷奶奶出来"然后把它放掉；抓到带籽的母螃蟹时，阿烽说"等你的孩子长大了我再来抓你"，然后将其放生……

"吃一个带籽的螃蟹，相当于吃了几千只、几万只蟹。"阿烽用最朴实的话语解释道。[1]

创造优质的直播内容的同时不能失去对"人"的关注。阿烽一系列充满人文关怀的直播内容一直都很受追捧。从对困难朋友的救助，到带领乡亲致富，再到对海洋的保护，无不让用户感受到阿烽质朴的情感、心地的善良，触动了用户情感而引发共鸣，赢得了用户的拥护和爱戴。优秀的跨界主播心中有"人"，不但能为网络直播创造轰动效应、创造高点击量，也能以自己个人魅力与亲和力，增进用户对平台的信任。

二 成为具备"网感"的跨界主播

"网感"，指跨界主播应具备的网络感知力，对网络热点的敏感度，是由互联网社交习惯建立起来的思考方式及表达方式，也是跨界主播对短时间内网络热点内容的判断和预测。这种判断和预测并非简单的追逐热点，而是透过表面现象挖掘内容后面的本质，以提出自身独到见解。跨界主播作为互联网大潮中的一名"掘金者"，紧抓时事热点，快速生产优质内容，是基本的职业素养。

（一）"网感"的重要性

跨界主播的一个重要特点是拥有自身的专业方向，在自身的专业领域向用户提供优质的专业内容。但在内容制造中，不能只讲专业不讲"网感"。培养"网感"，并非要求主播对任何网络热点都具有强大的敏感性。有人擅于商业，有人热爱娱乐，有人专攻企业动向，有人研究军事。可根据所选择的直播内容，深度培养该领域的敏感度，在自身擅长的领域深耕。有"网感"

---

[1]. 章博宁、吴剑锋、陈旺等：《网红渔民带着粉丝"云"赶海》，新华每日电讯，2020-08-21，http://www.xinhuanet.com/mrdx/2020-08/21/c_139307085.htm。

的主播能够根据相关信息预判热点，产生影响力，甚至制造热点。

▶ 及时掌握用户需求

对于跨界主播来说，用户需求永远是第一位的。作为内容的创造者，对网络热点新闻、网络新词具有高度的敏感，快速察觉一些端倪从而进行针对性地挖掘，才能创造出用户需求的优质内容。"网感"好的跨界主播，发一个符号、一张图片，随意地写上几句话，就能引发用户的跟风。"网感"差的，即便是辛苦码字、发图，在直播中卖力地与用户互动，却总是无法吸引用户。在"注意力"经济时代，缺少"网感"往往会错失良机。

前文提到的中央广播电视总台时政类竖屏栏目（短视频）《主播说联播》不到一个月的时间，便开拓了"两微一抖一快"（微信、微博、抖音、快手四个平台）的多元化传播渠道。栏目中的不少经典语录被网友大量转发以及再创造后得到了二次传播，相关话题多次冲上微博热搜榜，引起了强烈反响。作为一档时政类短视频栏目，《主播说联播》能够取得成功绝不是偶然的。首要的原因在于其深入了解用户需求，愿意为用户做出改变，运用其国家级主流媒体独有的内容优势，在抢占传播平台上下足了功夫。其次，在呈现形式上，有效迎合了当下用户的观看方式，采用竖屏呈现。竖屏凸显画面的垂直空间、弱化横向空间，放大人脸在镜框中的比例，最大程度地弱化背景信息，以此帮助用户快速将注意力放在主体上，关注其最重要的动作、神态表情，沉浸在其讲述的故事里，增强了认知的亲密度和丰富性。再次，在表达方式上有巨大突破。"语态年轻化"是《主播说联播》的一大特色。康辉、李梓萌、海霞等知名主播一改往日在《新闻联播》的严肃形象，舍弃了模式化、官方化的"读稿"播报方式，采用了更加接地气的表达方式，如大量使用网络热词"别急着甩锅""满嘴跑火车""令人喷饭"，诙谐亲民，受到年轻用户的喜爱。抗击疫情时期的"我懂""谢谢你为湖北拼过单"等极具情感的语录也温暖了广大用户的心。《主播说联播》栏目顺应了全媒体时代大众获取碎片化信息的方式。这为跨界主播创作短视频内容提供了宝贵的经验和启示。

在网络社交平台上，跨界主播是通过内容来吸引用户，推送内容与用户需求匹配。了解用户的偏好、喜欢的内容、阅读习惯和时长，才能产生互动。如果内容生产仅仅停留在盲人摸象阶段，那阅读量惨淡、关注度低也属正常情况。

▶ 跟进热点、制造热点

网络世界，用户对于"话题"的需求是恒久不变的。在这个时代，每个人都生活在一个个碎片的主题中，每天都要刷手机和热点，话题已经变得和空气、水一样不可或缺。具备"网感"的跨界主播，拥有善于制造舆论话题的能力，自带的高流量和热度使他们随时能够引领出网络大热点，在众多新媒体平台中找到那个最具有传播价值的话题。

优秀的跨界主播需要经常策划出一些热门的话题，并带动用户加入互动，吸引更高的人气，并将人气延续到社交平台，呈现"病毒式"传播效果。"网感"可以为一个跨界主播带来更多的"超能力"。一般来讲，主播的粉丝来自不同的背景、行业、年龄、层次及性别，主播用"网感"可以找到他们兴趣的交会点，从而创造出更大的热度。

有的主播通常是在已有的热点里，抢热门、蹭热点，这只是"网感"的初级表现形式。"制造"热点才是"网感"的高级表现形式。当热点还未真正爆出，某些主播就琢磨怎样在这个话题上做文章。电视剧《欢乐颂》播出时，受到了很多年轻人的喜爱。有人以文章形式跟进《欢乐颂》蹭热点，而另一个成功跟进方式是让公众号用户参与一个有趣的测试形式："来测测你是《欢乐颂》里的谁？"很多公众号就是因为这个小测试，阅读数突破了10W+。成功的原因，一是跟进了热点，二是创造了新的热点。这种测试给了用户极其强烈的参与感。同理，还有类似的小测试："你是《琅琊榜》里的谁？""来测测你今后会开什么车？"

跨界主播分布在社会的不同领域，热点制造需选择在一定时间、一定范围内，公众最为关心的热点问题。当前，广大用户最关心的社会热门话题应该包括教育、社保、医疗、楼市、股市、劳动就业等。此类热门话题来源于生活，直接反映社会生活中与普通百姓息息相关的切身问题。针对短期的一些大事件、新鲜词，很多跨界主播会做总结、讲背后的故事等；针对长期的如对趋势的理解、小范围爆发的热点、刚萌芽的事物，跨界主播能做出判定并及时跟进，定会引发更大的社会效应。

2021年7月，网友被一个久违的品牌刷屏了，它就是鸿星尔克。这个因为河南大雨给灾区捐款5000万元的运动品牌火了（见图5-3）。7月20日，河南郑州暴发历史罕见的洪涝灾害，造成人民生命财产的重大损失。7月21日，鸿星尔克在官方微博宣布，其通过郑州慈善总会、壹基金紧急捐赠5000万元物资，驰援河南灾区。此事之所以被网友刷屏，是因为有网络传言，这家公司2020年巨亏2亿多元，面临"濒临倒闭"的风险，却捐出了跟某些一线国产品牌一样的钱款物资。5000万元对这个连微博会员都"充不起"的品牌而言，数目不小，此举直接将国民情怀引爆。网友评论"感觉你都要倒闭了，还捐了这么多"。从7月22日开始，鸿星尔克电商直播间涌入大量网友，人们用下单购买商品表示对这个品牌的认同。24日，"鸿星尔克"淘宝直播间粉丝量已突破千万，其抖音直播间销售数据突破了1亿元。因为热度瞬间暴涨，7月22日晚，平时只有几千用户观看的鸿星尔克网络直播间，被涌入的上百万人将货品一扫而空。两位主播甚至不停地劝说用户，不要凭一时冲动消费，不要刷礼物。不仅是线上门店，在成都、湖南、长沙、哈尔滨、贵阳、西安、郑州等地，均有鸿星尔克线下门店被抢购的现象。随后，一篇关于"鸿星尔克的微博评论好心酸"话题登上微博热搜榜榜首。网友为"舍不得开微博会员"的鸿星尔克充了十年微博会员，到23日其官方

图5-3 鸿星尔克官方微博截图（图片来源：新浪鸿星尔克企业微博）

账号会员年数更被网友续费至2140年。[1]

"鸿星尔克"事件是一次成功的跟进热点并制造热点的借势传播。它告诉我们，在信息爆炸的互联网时代，制造与众不同的信息，更能被广泛传播。有人说："鸿星尔克事件是一次堪称标杆级的事件传播，且不可复制。"抛开企业在国家遭受灾难面前体现出的家国情怀和责任担当，也不用去判断企业的初衷是什么，一家"濒临倒闭"的民族企业，在灾难面前捐出了半条身家性命；在灾难性突发事件面前，"小企业大捐款反差"制造的话题以及其行为引发的消费者爱国情怀共鸣等几种元素的完美契合下，鸿星尔克借热度实现浴火重生，实属经典。即便是河南暴雨和奥运会的热度当前，鸿星尔克品牌仍能在拥挤的热搜上占据一席之地。在热度的持续发酵下，鸿星尔克集团总部也成为全国各地网红直播的打卡地。

▶ 符合社会和谐的主题

在当下的舆论环境中，跨界主播通过关注、分析用户热议的话题进行创意选题，关注各新媒体、自媒体、短视频平台热点，思考在目标人群领域内，哪些话题能够触动用户，确立内容创作的主题和目标。抓住洞察点，让人产生共鸣甚至是情绪的宣泄。这个洞察可以对症特定人群，也可以是社会痛点，比如必胜客发布《教你如何吃垮必胜客》，戳中了吃货的恶搞心理；某沙发品牌"空沙发活动"，妻子举牌抗议另一半加班不回家，戳中了民众普遍的加班之痛而制造共鸣。

跨界主播探索创造的内容，要确保适合自己的专业领域。因为如果该话题与专业领域无关，即使内容迅速走红了，也可能会显得不真实，进而失去部分用户。当一个热门话题被恰当地使用时，它能够提升内容，展示业内专业知识。制造热门话题，一定要符合社会和谐的大主题，不能造谣传谣，不能偏离生活。最好的热门话题来源于生活，并引起共鸣。前文提到2021年河南郑州"7·20"洪灾时，无论是在抖音还是在快手等直播平台，许多跨

---

1. 张蕾、李瑞琪：《全国网民为鸿星尔克野性消费背后》，山东商报速豹新闻，2021-07-25，https://www.toutiao.com/article/6988514120165458439/。

界主播纷纷发布视频，以平民的视角、独家的内容，向广大网友展示全国人民支援灾区、郑州市民在洪水面前守望相助的内容，令人感动。

"大家好！现在我身边的这辆车是来自伊吾县的一辆车。大家可以看到，上面写的是河南省濮阳市赠。这辆车里装的是咱们伊吾县人民的爱心馕。今天就要在这里汇总，一会儿就要装车发往河南。感恩的心，感谢有你，哈密人民的爱心和哈密人民的馕饼子，送给河南人民，加油河南！"这条视频的出镜人就是一位普通的新疆市民，语言清晰、质朴、简洁，表达流畅，重点突出。尤其该主播强调了这辆运馕车是当年河南省濮阳市赠送给伊吾县人民的爱心车，如今再满载伊吾县人民的感恩之情报答河南人民，体现了相当的政治高度，非常符合和谐社会的大主题（见图5-4）。

2021年6月30日，河南法制频道《晓辉在路上》栏目在外景拍摄节目过程中，突遇一辆红色轿车失控，撞进路边绿化带。该栏目跨界主播警察晓辉发现后，立即上前检查情况，果断进行处置。整条视频1分15秒，全程记录了主播晓辉处置事故现场的全过程。"询问车主是否清醒能否说话→拨打120呼唤急救车→给车主喝水降温→联系家人→120赶到向医务人员描述车主情况→110赶到向交警介绍事发现场情况"，晓辉按这样的流程处理后，面向镜头说了一段结语："咱们的民警（交警）已赶到了现场，对现场进行了处置。同时我们也联系上了家属，让家属到医院去看看患者到底有什么问题。在这里（我们）还要提醒（驾驶人员）

图5-4 来自新疆普通市民的现场报道截图（图片来源：抖音APP@哈密市融媒体中心账号视频）

天气炎热，如果我们身体不适，一定不要强行驾车。"视频最后显示的字幕："《晓辉在路上》栏目记者了解到，目前该女子身体已无大碍。"视频干脆利落，既向网友展示了一名警察的职业素养，又展现了一名跨界主播的专业风采。一段现场的真实记录,主播急促的语气体现了救人的心情,表达条理清晰有序,同时人情味满满,代入感极强。直播瞬间获得17万点赞,为人民警察树立了高大的正面形象。这种关乎百姓生活的内容,主题正、及时性强,体现了跨界主播极佳的"网感"。

网络热点转换很快,跨界主播对每一阶段、不同时期出现的热点要关注、分析、跟进,这是创作优质内容的基础和保证。

(二)"网感"的核心要素

具备"网感"不仅是跨界主播、新媒体人必备的职业素养,更是每一个在互联网端生产内容的人都应具备的一项底层能力。为什么有的跨界主播能俘获千万粉丝?为什么有的热门网剧能够引爆全网?为什么有的直播间爆款单品能够做到秒空?归根结底都是其具备良好"网感"的核心要素(见图5-5)。在互联网上资讯传播、引流、吸粉、打造IP,短视频直播、卖货、网络变现等都离不开"网感"。因此,拥有"网感"的核心要素,是培养"网感"的根本。

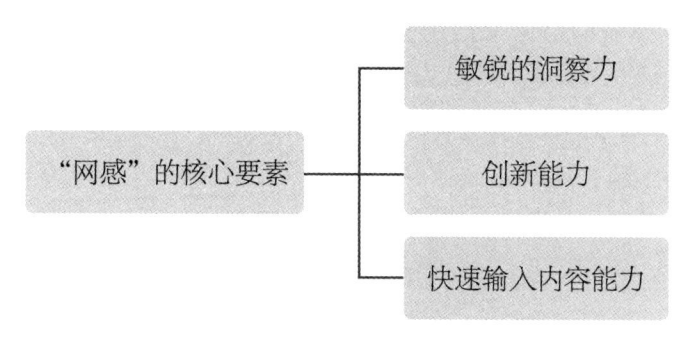

图5-5 "网感"的核心要素

▶ 敏锐的洞察力

跨界主播的洞察力,决定了其人生高度和职业生涯的持续性(见图5-6)。洞察力强的人,都是极敏感的人。相较于普通人,他们能更快地抓住热点,知道哪些热点能应用、嫁接到自己的专业领域。有洞察力的跨界主播不会用偏见或先入为主的方式来判断事物。当一个网络热点爆发时,在广大网友无法分辨、判断的情况下，跨界主播能做到不被表象蒙蔽，精准预测趋势。跨界主播主要从事的领域非常多样化，无论在直播中提供何种专业服务，都要洞察用户心理，想用户所想，及时、准确提供最前沿的资讯，才能增加用户黏性，提高用户留存率。

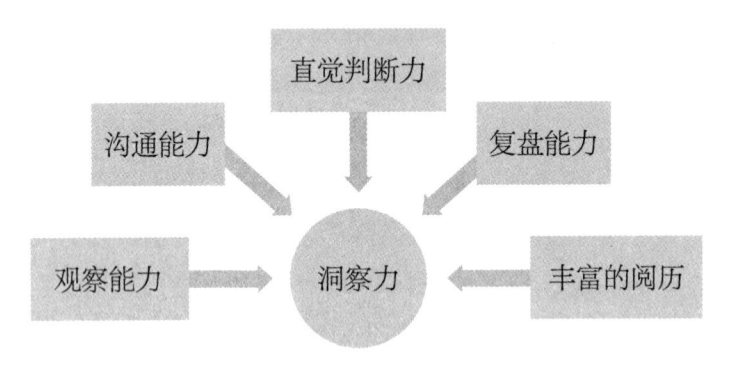

图 5-6　洞察力

观察能力：具有洞察力的跨界主播往往十分细心。他们通常会通过观察身边事物，或通过人的行为举止，客观地做出判断和决定。敏锐而细致的观察能力是在生活中有意识地、长期坚持不懈地观察中培养起来的，它使主播在与用户互动中，能够敏捷地把握住他们的性格特征，更顺畅地与之互动。

沟通能力：有洞察力的跨界主播通常能够做到与各种人顺畅沟通，这也是他们训练大脑、开阔视野的一种很好方法。在人际交往的过程中，收集不同人群在不同情况下说话和做事的方式，进行研判。此种能力的养成，可以帮助主播顺利根据对方言行做出预判，排除沟通障碍。

直觉判断力：不用经过复杂的逻辑分析，凭借直觉就能做出正确判断。直觉具有迅捷性、直接性、本能意识等特征，它是基于主播的职业、阅历、知识和本能的一种思维形式。有洞察力的跨界主播具有敏锐的直觉，这种感觉常常犹如神来之笔给人带来意想不到的收获。直觉的培养来自足够多的经验积累以及长期刻意的练习。

复盘能力：每次完成直播后"复盘"，是跨界主播必须做的功课。它可以帮助主播发现直播中存在的各种问题，查找原因并寻求解决之道。同时通过不断反省自己的言语和行为，及时纠错才能避免下次在直播中再遇到类似事情时重蹈覆辙。反复思考与总结，能够帮助主播探测前路的明暗，培养洞察力，为自身发展做准备。

丰富的阅历：敏锐的洞察力与个人的丰富经验是分不开的。经验越丰富的人，洞察力会越强。老人们常常对年轻人说的一句话："我过的桥比你走的路还多！我吃的盐比你吃的米都多！"折射出的道理是："见多识广，经验丰富。"经验需要积累和岁月的沉淀，需要不断地试错纠错和丰富的社会阅历，才能引发深度思考和增长见识。留心观察生活，身边每个细节都可以带来启示，从而增加思维的深度；多积累，用不间断的思考来丰富自己；加深自身生活阅历，丰富人生经验。

▶ 创新能力

创新，才能避免直播平台内容同质化。敏锐的洞察力可以帮助跨界主播了解热点，但创新才能避免全网千篇一律的重复，还能解决如何用的问题。新冠疫情之后，各大直播平台增速有所放缓，视频直播行业发展整体进入平稳期，各类直播逐步恢复常态化。虽然直播行业高速增长的趋势逐渐减弱，但用户对于跨界主播的播放质量，直播内容的丰富性、趣味性的要求却随之提升。具备创新能力的优质跨界主播，是各大直播平台争夺的优势资源。各大直播平台通过挖掘发展潜力、丰富内容生态，以直播万物的思维，助力内容创新，保证直播的多元价值。跨界主播创新能力包含以下内容（见表5-1）：

表5-1

内容创新	主播能够将不同领域的知识和经验融合，创造出新颖独特的内容，吸引用户
形式创新	在直播或视频制作中尝试新的表现形式，如虚拟现实、互动直播等，给用户带来全新的体验
合作创新	与其他领域的专家、艺人等合作，擦出创意的火花，为用户呈现出与众不同的节目

续表

技术应用创新	善于利用新技术，如人工智能、大数据等，提升直播效果和用户体验
话题创新	挖掘和引入新颖的话题，引发用户的兴趣和讨论

具备创新能力，要求跨界主播具有相当高的内在素养。腾讯研究院一份针对4500多位主播的问卷调查显示：在头部主播（直播月收入1万元以上）中，本科以上学历占比达41%，其中博士学历占比高达18%。而非头部的主播中，84%的主播学历在专科以下。可见直播行业在高度商业化的当下，头部的流量越来越集中于由高学历主播生产的优质内容。提升内容生产者的素质和水平、生产更多的优质内容成为行业发展的必然趋势。[1]这也就不难理解一些直播平台签约主播时，会把学历作为一个重要的指标考察。

培养创新能力需要持续的努力和实践。首先，要保持好奇，对周围的世界充满探究欲，不断学习新知识。其次，通过学习不同领域的知识，拓宽视野，找到素材和灵感。再次，从多个角度思考问题，挑战常规，敢于质疑，寻找新的解决方案。此外，培养创造力，例如，通过绘画、写作、音乐等方式，也有助于锻炼创新能力。最后，要坦然接受失败，从失败中吸取教训，调整策略，继续前行。

▶ 快速输出内容的能力

内容输出能力，是跨界主播应具备的多种能力之一，需要实际场景的证实。直播行业维持热度的重点在于打造优质的直播内容，从而保证用户状态长期活跃，有效吸引新用户、激活老用户。快速的内容输出能力，能使跨界主播的敏感度和创新性不停留于思考的阶段，而能落实到最终成果上。直播的内容和质量决定了用户的黏性，也决定了平台的收入。快速输出内容的能力，决定了主播是否能于竞争中抢占先机。

---

1. 赵莹莹：《网红主播粉丝减少收入下降 网红经济面临洗牌》，《北京晚报》，2017-06-07，http://finance.haiwainet.cn/n/2017/0607/c352345-30954849.html。

跨界主播需拥有传播感知能力。当一个热点爆发后，许多意见领袖、网络"大V"都会发声表态，但总是有人能找到最受欢迎的角度和观点，吸引用户的注意力。这来自其良好的传播感知能力，即对市场和用户需求的判断能力。但是，仅仅具有传播感知能力还远远不够。就像一个餐厅的老客户去吃饭，服务员一看到他就知其偏好，但做不出他想要的菜。2021年7月31日，北京朝阳公安@平安朝阳发布情况通报，吴某凡因涉嫌强奸罪，被朝阳公安分局依法刑事拘留，案件侦办正在进一步展开。此消息一公布，瞬间冲上微博热搜。而早在7月26日，当吴某凡事件还处于发酵状态时，中国政法大学教授吴法天就曾做客某自媒体频道，与主播就该事件进行分析探讨，并做出预测。他在访谈中幽默风趣、措辞犀利、有理有据，且表达严谨，提前预判事件可能的发展趋势，给社会公众、广大用户及时传递独特、客观、全维度的观点。这体现了跨界主播在热点爆发时起到的舆论导向作用。

（三）"网感"的培养

"网感"无处不在，像空气、像水、像阳光，却又无法刻意地意识它的存在。网上流行这样一句话："网感就是对人性的洞察。"培养"网感"，就是认识人性，了解用户的心理。跨界主播的"网感"培养，除了自身具备的综合素养外，更多来自主播的个人阅历，对热点的判断力、案例的获取与领悟能力。培养"网感"没有速成方法，需要坚持每天在海量的新媒体平台信息上去搜寻网络舆论的方向，尝试找到网络热议话题背后的那一把钥匙，再去主动引导话题。"网感"能够帮助主播抓住那些稍纵即逝的机会，是跨界主播不断追寻和练就的内功。主播只有经历苦苦追求和不断自我超越的过程，才能学有所成、笑傲江湖。

▷ 根据目的导向关注相关热点

目的是对活动预期结果的主观设想，拥有天然的凝聚力和激励作用；目的决定方向。目前，各大平台（如微博、知乎、贴吧、抖音、头条、豆瓣等）都有自己的热搜榜，跨界主播点开手机，即可看到当前讨论度最高的及正在爬升的新话题；关注网络用户都在了解什么、关心什么；利用实时热搜，了解每日话题。由于不同的平台受欢迎的内容时有不同，主播要以专业方向为目的，从目前在做或想做的平台出发，选中相关平台，熟悉平台的内容规则、爆款内容的具体套路；深度关注相关账号，每天花一定的时间完全浸泡其中，慢慢培养自己对热点和平台的敏感度。

不积跬步无以至千里。由于跨界主播所提供的内容专业性强，培养"网感"，需深度关注本专业细分垂直领域内容，成为所在领域的目标用户，深入底层了解本领域用户喜好、流行趋势、语言话术。如美妆类跨界主播，需深度关注小红书、蘑菇街等平台，观摩头部主播直播内容；若要在财经领域有所建树，多观摩经济学家马光远、叶檀、水皮等著名财经跨界主播、财经大V栏目；企业类跨界主播除了要对当下营销或行业热门事件进行分析，对相关信息的爆发特点、传播路径、传播节点、传播分布偏好、衍生话题、舆论焦点、品牌好感度、用户画像等方面也要进行全面解读。除上述细分行业的案例，主播还要时刻关注互联网的热度情况、政策变动、消费者情绪、行业变动等信息，帮助自己全面了解事件特点、梳理事件发展及相关舆情变化的脉络及趋势，及时调整策略，为有需求的客户定制个性化内容。

▶ 积累素材多做储备

在寻找热点的过程中，除了要感受平台的氛围调性，也要做好个人的素材积累（见图5-7）。素材积累，一般来讲是有时间线的，比如娱乐新闻，明星本人即是一条时间线，某些"古早"（特指较早前的、有代表性的）的微博、话题，及时收录保存，当下次再有相关的热点出现时，可借鉴使用。有些素材，是可以重复使用的，如节日、重复的社会议题（高考、考研）、情感共鸣类的热点。当然，热门的事物不仅限于网络事件，各大APP、电视剧、游戏、娱乐明星等发起的活动都有可能成为"网感"的一部分。

定时、定量观察 + 搜集段子 + 随手记录 + 素材管理 = 素材储备

图 5-7　素材积累

定时、定量观察：内容创作者首先应是主动阅读者，通过每日主动阅读，丰富见闻，了解作者观点，观摩作者的写作逻辑、表现方法。除了阅读书籍，每天再设定固定的时间去看热门榜单，刷朋友圈，看抖音、知乎、豆瓣、B站、小红书，看行业社会娱乐新闻，与同行交流。主播要有计划地养成在网络平台定时、定量观察的习惯，做好时间规划，可以在一天之内少量多次地观摩。在规定时间内完成才具备有效性。

搜集段子：互联网技术的普及和应用，使各种形式的段子在贴吧、论坛、社交网站等平台广泛流行。段子是由大众运用夸张、反讽、比喻等修辞手法创造的一种言简义丰的民间文学形式。运用段子、歇后语或幽默的小故事，可以使沟通过程中更加顺畅。从传播角度上看，段子具备一定的影响力。网络段子来源于日常生活，也是网络空间及现实社会的一面镜子。好段子里都有作者的智慧见解，网络段子里自带的网络新词特别多，多看段子可以帮助主播熟悉网络语言的内涵，增加幽默感，也是素材来源之一。被誉为"国家级段子手"的中央广播电视总台新闻主播朱广权凭借字正腔圆、一本正经的段子播报，成了全网最火的中央广播电视总台主持人之一。在播报天气时，冬天他说"冷空气'无缝衔接'，没让温度大幅下跌"；夏天他说，"晒得你出走半生，归来仍然是少年——包青天"。在号召养狗文明的时候，他说，"你若拴好，便是晴天；你若拴不好，就会跑偏，爱恨就在一瞬间"。这种段子似的播报插入在一本正经的新闻之中，给了观众耳目一新的感觉，引发巨大的舆论反响。有人问，朱广权的段子都是自己写的吗？是不是有团队幕后策划？事实上这些段子都是他在节目开始之前自己写下的。朱广权从小爱读书，还喜欢听评书相声，积累了许多丰富的段子知识，搭配他的"押韵强迫症"，常常能在瞬间想出一个新颖的段子。朱广权闯出了自己的风格，靠的是日积月累、厚积薄发，这过程正如他说过的段子，"你必须非常努力，才能在爆发的那一刻看起来毫不费力"。

随手记录：在平时随手拍、随手录、随手建立素材库，将大量的观察积累变成日常的一种习惯。朋友圈里看到的热门文章，收藏；等公交车时看到的站牌广告文案、照片，留存；看电影的时候被某一个画面、某段台词激发的灵感，在手机备忘录里用语音或者文字快速建立备忘；读到好词好句、看到精彩段子，截屏；这些或许都是未来内容生产的灵感来源。很多时候，我们不能写出一些优质东西，本质就在于自身的积累不够。积累的关键就在于日常有目的地进行记录和分类，学会从别人的内容生产之中寻找套路，进行仿写练习，慢慢找到感觉。

素材管理：建立素材库是网络时代内容生产的必选动作。常见的素材积累的方法，如文件夹分类、表格整理、思维导图等。要养成随手收集、保存、归类文件夹的习惯。既可以在电脑上建立不同的文件夹，也可以用手机建立素材库。借助几种常见的应用工具，如微信收藏夹、备忘录、便笺、相机、截屏、相册等作为存储单元，对优质内容进行储备，随时搜索、查阅，方便自己去模仿和借鉴。

▷ 在模仿借鉴的基础上创新

"网感"的培养练习，除了模仿与借鉴，重点还在于创新。在练习中做到模仿学习，在实践中呈现个人的原创。如果是话题的借鉴，那就要求主播在内容上推出个人新颖的观点；如果借鉴的是观点，那就要求在形式上体现自己的风格。

关注行业顶尖人物：无论是大众还是小众的类目或内容，每个行业必定有佼佼者。学习行业顶流人物，分析他们如何培养自己的"网感"和内容创造力，了解他们的成长故事。以用户的身份，加入他们的圈子中，参与他们发起的活动，去感受、分析，然后换位思考。对一些成功的经典案例进行反复解剖，内化为自己的直觉，这是创新最好的方法。

关注相关公众号：媒体的发展都是以各种工具为载体的。全媒体时代，工具的多样化，传播方式的改变，运营的方式也呈现出各种不同的特点。目前常用的运营工具有微信公众平台、二维码、APP、微电影、微视频、大数据等。微信公众平台是个人可参与，人人可运营的平台。企业、商家、政府、个人都可以申请微信公众号，拥有一个属于自己的平台。用微信公众平台可以编辑素材（文字、图片、视频）发送给目标用户，使主播生产的内容得以推广，也可以用来推广企业产品和企业文化。好的内容可以积累很多用户（粉丝），然后在用户之间互相传播，达到宣传作用。公众号有大、小之分（根据粉丝量判断），有的大号流量优势是靠稳定流量可以达到日均 3 万 + 的阅读量，因为它可能有上百万的关注度。公众号具有推广宣传成本低，传播速度快的特点。公众号的内容似移动的互联网图书库，每日更新海量知识。跨界主播可重点关注本行业或自己感兴趣的优质的公众号。观摩公众号内容来源、发布形式、图片的挑选和设计、引导关注的设置等。

Chapter 6

第六章

跨界直播全流程设计

互联网连接万物,是一对多,一对 N,一对一切的传播方式。作为内容传播者的跨界主播,正确使用"有效传播"的技巧,对维系用户起着至关重要的作用。有效传播来自传播者自身素养、传播技巧和跨界能力。

一、直播间"前台"要素

跨界主播的内容创作最终的呈现是在直播间,不同于一般的文案、图片、视频的创作,需要主播本人亮相直播间,与用户进行"零距离"的互动。这种网络直播间与传统媒体广播电视直播间相比,既有相同特点,又存在巨大差异。相同之处都是主播进行新闻、资讯、娱乐相关内容传播的场所。不同之处,一为主播构成不同,有专业和非专业之分。二为直播间设置不同。传统媒体直播间设备高端,造价昂贵,需要设立专门的导播间,有专业设备技术人员、导播人员、编辑组成的团队做技术支撑,传播质量、效果好;跨界主播的直播间设备简单,智能手机+互联网和一个适宜直播的场所，即可以开播。有些自媒体主播的直播间就设置在家中，以房间一隅为背景就能开播。户外直播的场所更无须固定。

在网络平台上，跨界主播的直播间犹如一个公司的"前台"，不论是面对客户还是同事，都应使人感受到主人的热情和温暖。一是和蔼可亲的态度，让进入直播间的来访者（用户）减压、放松、愉悦。二是要有灵活的应变能力。公司前台面对的访客各式各样，而进入直播间的用户也形形色色。同时，意想不到的突发事件时有发生，缺少应变能力会造成直播间混乱。三是公司前台代表公司的品牌形象，公司前台的工作人员还要有形象意识。直播间里，跨界主播的个人形象更是塑造个人品牌的灵魂。第一印象对用户很重要。跨界主播建立起良好的"前台"意识基础，与"后台"（团队、个人印象管理）相结合，才能形成最有效的传播。跨界主播在网络平台直播的信息内容相较于微信、微博等更具有可视性、直观性。用户不再是单向的信息接收者，而是内容的生产参与者，能对内容进行及时的反馈与评判。这些因素决定了跨界主播的"前台"要素需要从几个方面考量。

（一）构建优质的网络形象

传播学中有一个媒介形象建构理论，意指某个个体（个人或组织）根据社会交往的自身需求，建构其自身社会评价、品行等媒介形象集合体的过程。其建构出的媒介形象，实际上是代表建构者刻意塑造的社会形象。对于任何一个有尊严的现代人来说，都会有建构自身良好社会形象的内在需求，而媒介形象无疑是最为重要的方面。这是因为，无论是在单位、家庭，还是在某个特定的社会环境中，个人建构的社会形象传播的知晓面相对有限，而在"万物皆媒"的新媒体时代，媒介形象则可以无处不在地影响最多的人群。[1] 媒介形象是媒介根据自身文化和经营管理的需要，在社会和市场中刻意树立的，用以影响大众、表现自我的精神与物质的姿态和形象。从另一个角度说，媒介形象是社会公众根据一定的标准和要求，对某个媒介经

---

1. 顾理平：《从明星人设崩塌看个人媒介形象的构建》，《视听界》2022 年第 1 期。

过主观努力形成和表现出来的形象特征及其形成的整体看法和最终印象，并转化为基本信念和综合评价。网络媒介被称为继报刊、广播、电视之后出现的第四媒介。跨界主播通过网络媒介的传播来提高其在用户中的知名度和影响力，从而争取用户的认同和支持。个人媒介形象的塑造本身就是一种自我呈现，恰当的媒介形象可以帮助个人在人群中找到群体认同和自我认同。跨界主播的媒介形象构建犹如广告促销行为。主播的播报内容借助网络媒介进行传播，因此，主播拥有良好的媒介形象才能赢得更多的用户关注。跨界主播的媒介形象包括：外形塑造、传播技能、文化修养、网络素养、优质内容创造力等方面。本节重点讨论外形塑造、传播技能这两方面的相关内容。

▶ 外形塑造

前文提到，跨界主播吸引用户三大要素：外形、技能和幽默。在吸引用户的特质上，一些头部主播（超级网红）相比普通主播，对于外形、技能、幽默三项更为看重。普通主播在直播时表现为互动积极、专注投入，更关注直播的临场表现。而优质主播除了直播内容外，还十分注重自身的外表设计，力求做到外在形象与内涵兼备。跨界主播的形象是用户对其内容输出的整体印象和评价的一部分，既是主播的外在形态和相貌，也是主播外表包装和塑造后所呈现的整体效果。主要包括主播的发型、化妆、服饰及仪态的设计。互联网用户的精神需求和审美要求不断攀升，对主播的个人形象设计要求也越来越高。这种要求不但体现在对主播个人内涵及精神的要求，更加体现在对跨界主播气质和品位的追求。因此，跨界主播的形象塑造既能对个人形象进行完善和提升、提高自信度，还能让其在追求品位中找到自我。

具体来说，主播外形塑造可做好如下三点。

与内容定位相结合：任何个人形象的设计和包装，其目的都是掩饰缺点、突出优点、增加关注度。跨界主播的形象设计，首先，要扬长避短、完善自身形象。每个人长相不一、优缺点各有不同。无论是服装、化妆、发型还是配饰都应先满足"扬长避短"或者说"完善"这一功能。每个人都有适合自己的类型（本书第二章分析了跨界主播的不同类型），万不可随意模仿。其次，主播的形象设计要结合不同类型、不同需求来进行，必须与内容创作相吻合。有些跨界主播易犯的错误是总按自我的喜好进行打扮，不理解用户的审美差异。主播按个人喜好挑选设计出来的打扮通常会让用户兴味索然。形象设计的内容包含很多，简单来说，当主播出现在用户面前时，5秒之内能使用户清晰地理解节目的定位。如直播内容为党政宣传、专业知识分享、社会评论、娱乐、户外旅游等，则形象设计时必须分别对应权威、儒雅、端庄、犀利、活泼。在直播间将自身的形象气质和内容完美结合展示在用户面前，才能获得好的传播效果。"容貌英俊、五官硬朗，高大魁梧的康巴汉子，政府官员的背景"，这是甘孜文旅局局长刘洪给网友留下的深刻印象。刘洪的短视频作品不只让自己成了"网红"，更让更多的人看到甘孜的美景，了解甘孜这片土地。刘洪作为文旅局局长来担当"形象代言人"，最大的优势是可信度和安全感，良好的"人设"，使网友感叹"政府都在推荐的，肯定是让人安心的"。截至2022年8月16日，"@甘孜文旅局长刘洪"抖音账号已有粉丝176.1万，获赞2665.6万（见图6-1）。我们看到，无论是拥有373.8万（数据统计截至2023年7月29日）粉丝的中央电视台前新闻主播张宏民、拥有326.8万（数据统计截至2023年7月29日）粉丝的经济学家马光远，还是2022年6月火爆出圈的、拥有1140.4万（数据统计时间截至2023年7月29日）粉丝的东方甄选主播、英语老师董宇辉，其形象的塑造与创作内容，在风格、品位等方面都十分契合。既有独特性，又具备极高的文化修养。再次，文化修养是塑造良好的外在形象的基础。直播间是网络虚拟社交场所，在这个场所中，主播的谈吐举止与外在形象同样重要。而主播体现出的个性及心理素质需要依靠丰富的文化修养来调节，具备了一定的文化修

图6-1 甘孜文旅局局长刘洪在宣传甘孜旅游（图片来源：抖音APP@甘孜文旅局长刘洪账号视频截图）

养，才能使自己的形象更加丰满和完善。总之，对于非播音主持专业出身的跨界主播，注重形象包装才能给用户良好的第一印象。

适当的妆容：化妆在形象设计中起着画龙点睛的作用，可以更好地展示自我、表现自我。虽然说跨界主播不是专业媒体的播音主持人，但是需要面对手机镜头，仍然要具有镜头前的表达状态和意识。为了保证跨界主播的形象，体现出主播的精、气、神，在每次直播前都应该适当地化妆。妆面要求因人而异。娱乐型主播有特殊才艺要求，可妆容浓重；其他类型主播视内容与专业特色而定。传统媒体主持人妆容在传统媒体平台和短视频平台表现不同。在传统媒体平台他们的妆容通常会更加正式、庄重。而在短视频平台更倾向于展现真实、自然的一面，妆容也会显得更加轻松、日常。不同的妆容的不同反映其在不同平台上的形象定位差异。短视频平台上，许多跨界主播妆容展现出亲和、接地气的特点，与短视频平台的氛围更加融合，更容易与网友产生共鸣、增加粉丝黏性。

跨界主播妆容设计需把握一个重要原则：主播的妆容与直播内容风格应统一。

妆容与直播内容风格统一的重要性在于（见图6-2）：

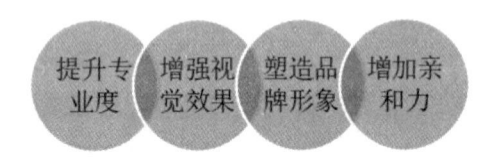

提升专业度　增强视觉效果　塑造品牌形象　增加亲和力

图6-2

主播妆容与直播内容风格统一，可从以下几个方面入手（见图6-3）。

了解直播内容	突出主题
适应氛围	展现个性

（中心：主播妆容与直播内容更好地统一）

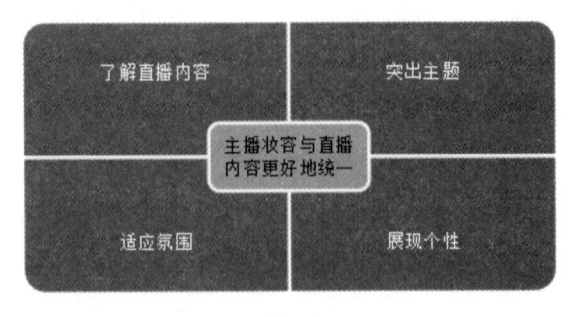

图6-3

了解直播内容：在化妆前，主播需要深入了解直播的主题、氛围和目的，以便根据内容来选择合适的妆容风格。

突出主题：根据直播内容的特点，通过色彩、造型等方式，让妆容与主题相呼应。如，美食类直播可以选择温暖、鲜艳的妆容，而知识分享类直播可以选择简洁、大气的妆容。

适应氛围：氛围轻松、活泼还是严肃、专业，选择与此适应的妆容风格。如，娱乐直播可以尝试一些夸张、有趣的妆容，而新闻类直播则需要稳重、端庄的形象。

展现个性：在统一的基础上，加入一些个人特色，使妆容既符合直播内容，又能突出主播的个性魅力。

不同妆容风格适用于不同主题或氛围的直播如下（见表6-1）：

表6-1

妆容风格	适用主题或氛围
自然清新	生活分享、户外、健身
甜美可爱	美妆、时尚、美食
复古	历史、文化、艺术
冷艳	音乐、舞蹈、表演
夸张舞台	娱乐、表演、综艺
商务正式	财经、商务、职场
创意特效	特效化妆、角色扮演、科幻

以上作为基本参考，主播妆容风格还需要根据个人特色、直播内容和目标受众来进行调整和创新。有些普通主播凭借真实、自然的本色出镜，同样吸引了用户的关注和喜爱。这也说明在跨界直播领域中，真实和独特的个人风格同样能够产生良好的传播效果。对于希望通过适当妆容提升形象的普通主播，可以通过观看化妆教程视频、阅读相关文章或参加化妆培训课程，了解一些基本的化妆技巧和步骤，从简单的日常妆容开始尝试。如，打底、画眉、涂口红等，逐渐增加难度；保持皮肤的清洁和良好状态，找到适合自己肤质的护肤品，使妆容服帖、自然；向有化妆经验的朋友或专业化妆师请

教，获取一些实用的建议和技巧；多尝试不同的妆容，不断积累经验，找到适合的风格。

发型设计与服装搭配：发型的式样和风格极大地体现了跨界主播的性格及精神面貌，应根据自己的年龄、脸形、职业要求、内容定位进行设计。服装是形象设计中的重头戏，在人物形象的设计中，占据着很大的视觉空间。服装的款式、颜色、材质要充分考虑视觉、触觉与人所产生的心理、生理反应。服装能够体现出职业性格与时代、民族特征，体现个性。"服饰语"应当理性、自然、端庄、大方、职业化、专业化，才能充分体现跨界主播内容输出的专业性、权威性、真实性、可信性；也可以体现出主播的文化修养、为人处世、信仰爱好、心灵中善和美的境地。服饰的选择凝聚着主播的个性和审美兴趣。2021年12月29日，张宏民发布一段视频，宣布自己正式入驻短视频平台。他通过视频表示，过去大家通过《新闻联播》节目认识他；如今，他是以一个普通的内容创作者身份重新出现在用户面前。他发布的第一条视频中，身穿粉色条纹衬衫，搭配浅棕色的西装外套。伴随着《新闻联播》片头音乐，张宏民老师坐在镜头前讲述着2008年北京奥运会的新闻，勾起了不少用户的回忆。当天，他的账号就被近百万网友关注，而且人气还在不断增长。从张宏民已发布的小视频可以发现，每一条都经过精心制作，无论内容还是场景、灯光、服饰，无论室内作品还是外景作品，都十分考究。服饰搭配与内容完美结合，或是正装，或是唐装，或是户外运动服，或是休闲居家服，无不体现主播内涵、儒雅、高品位的气质。跨界主播的服饰在画面中还有着特殊的含义，受到节目特点的规范和制约。用户在收看节目时，服饰信息可能会首先进入视线范围，有的用户通过主播的服饰来判断节目的内容和性质。对于跨界主播而言，着装除符合自身的性格特点，还需符合时间、地点、场合，贴近用户的审美期待。

▷ 直播间设计

在直播间，如果说主播是主角，那么直播间的设置就是主播的第二张脸。虽然直播间是用于辅助主播人设提升，但它在用户的视觉信息接收中占比最大。广义上来说，直播间包含了除主播外一切会被用户看到的物体。不要错误地认为，跨界主播直播间作为非传统媒体的专业直播间，就可以随心所欲，不顾及直播展现出的画面是否有美感，是否能够渲染主题。跨界主播直播间虽然不复杂，如设备的专业度不高、画面简单，即便只露出主播身后的小小一隅，或桌上、台前的小摆设，无不透露出主播的品位，从而达到辅助提升主题、补充信息等作用。我们看到优秀的跨界主播，直播间呈现的画面虽然简洁，但又十分讲究。建议从直播间的三个要素着手，对其进行打造。

背景设置：主要指主播身后的背景。好的直播背景能提升用户的观看体验。那么，具体做法应遵循以下三个原则。第一个原则是简洁干净。直播间背景如果过于凌乱复杂、色彩深沉，会给用户带来视觉上的压迫感，让人感到不舒服。第二个原则是要和主播的风格相吻合，是成熟稳重、谦和儒雅，还是柔美清风，要匹配固定风格。第三个原则是与服装、妆容相互搭配。如浅色的背景要配深色系的服装，而深色的背景就要配浅色服装。张宏民在短视频直播间的背景设置，时而为格子型书架，时而为一些生活空间场景，实景虚化结合，背景的色彩都巧妙地衬托出主播儒雅、稳重的形象，极具权威感和可信度。

灯光布置：网络直播间的灯光设置要根据不同直播内容和场景来进行，包括亮度、角度及颜色，保证最佳直播效果。直播间照明设施不宜过多，但要精致、准确地安装在需要的位置，主要保证镜头画面的照明效果。照明一般分为顶光（主播上方的光源）、顺光（主播正面的光源）、侧光（主播旁侧的光源）、背景光。每一种光源都有不同的作用，也各有优缺点。比如顶光是提供直播间上方的亮度和整体的主光源，它使主播在摄像镜头前表现更加生动自然，镜头画面更加有层次感，增加视觉冲击力，对于直播间的氛围和感知度提升有所帮助。但是，顶光过暗或过亮都会影响用户的视觉体验，如顶光过亮会导致过度曝光，使主播脸部细节丢失和眼部的反光。顺光是主播常用的主要光源，以辅助主播面部光线均匀、柔和，给用户以舒适的视觉感受。要求不高的直播间，如带货的电商主播、游戏主播做直播时，对形象的要求没有那么高，只设置一个顺光就可以。顺光的优点是能够让视频主播清晰易见；缺点是视频画面平板，欠缺层次立体感，主播脸型无法构建立体感。因此，对形象有较高要求的娱乐主播、意见领袖型主播，就要充分考虑光源的布置。侧光能够展现画面的层次及质感，勾画出明显的轮廓，展现出主播细节质感，是主播常用的光源。但侧光有时会造成视频画面半亮半暗，因此，可根据房间的自然光度以及背景设置来确定侧光。背景光，又称为辅助性背景灯，一般安装在主播身后的背景中，使画面更有立体感。在直播间，主播的受光与其所坐的位置有关，位置不同，拍出来的视频画面效果也会不同。光源位置方向，对视频成像大有影响。因此，主播要合理布置光源位置，或者通过转换所坐的位置去改善视频画面。

不同类别直播场景灯光设置要求与作用，见表 6-2。

表 6-2　不同类别直播场景灯光设置要求与作用

序号	灯光设置要求	灯光设置示例	直播场景
1	主光源位于主播正前方，高度略高于主播头部，使用大功率灯	美妆类直播，使用一盏大功率环形灯作为主光源	均匀照亮主播面部，避免阴影
2	辅助光源位于主播两侧或背后，亮度比主光源低	服装类直播，使用两盏柔光灯作为辅助光源	照亮主播身体和服装，避免过暗或过亮的情况
3	背景光源位于主播背后或侧面，亮度比主光源和辅助光源都低	美食类直播，使用一盏彩色灯作为背景光源	照亮主播的背景和道具，增加直播场景趣味性
4	反射板位于主播侧面或后面，可以反射光线，增加光线亮度和均匀度	舞蹈、健身类直播，使用一块白色反射板	反射主播身体和动作，使直播场景更生动
5	软光箱位于主播正前方或侧面，可以软化光线，使光线更柔和均匀	访谈类直播，使用一个大型软光箱	软化主播面部和身体光线，使直播场景更温馨
6	硬光箱位于主播正前方或侧面，可以硬化光线，使光线更集中强烈	摄影类直播，使用一个小型硬光箱	硬化主播面部和身体光线，使直播场景更有立体感
7	灯具附件可以调节灯具角度和方向，使灯具更灵活	游戏类直播，使用一个可调节灯臂	将灯具固定在桌子上，并调节灯具角度和方向，使直播场景更舒适

运用室内的人造光，比较容易控制光源。而户外直播要合理利用自然光源。利用好自然光源不仅可以提高视频画面的质量，还能够减少后期制作的成本和时间。一要充分利用摄制黄金时间，即每天日出前一个小时和日落后一个小时，在这段时间里，阳光的角度比较低，光线柔和，色彩相对鲜艳；二要避免阳光直射，可以利用房屋、树木、遮阳伞等遮挡阳光，使景物光线柔和、明暗分明；三要利用反光板，在光照不足的时候，可以使用反光板来反射阳光，增强光线效果；四要利用建筑物和天际线，在以城市风貌、自然风景和天际线等为拍摄背景时，可以利用天空

图 6-4 贺娇龙为宣传新疆昭苏县湿地公园拍摄的小视频宣传片（图片来源：抖音 APP@贺娇龙视频截图）

反射出来的光线，增加画面的层次感。前文提到的主播贺娇龙，在担任新疆伊犁州文旅局副局长时，为宣传新疆昭苏县湿地公园拍摄的小视频宣传片，对自然光源的运用达到唯美的境界。在画面中，她头戴白沿帽，身着一袭白色拖地长裙，衣袂飘飘，手提马灯，漫步在开满野花的草地上。天边晚霞尚存一抹余晖，头顶上的天空已是夜色阑珊、星光密布。马灯散发出的橘黄色光晕，成为画面上亮眼的点缀，恰好地营造出"秋荷一滴露，清夜坠玄天"的意境。而女主角孤独的背影又使人感受到"语已多，情未了。回首犹重道：记得绿萝裙，处处怜芳草"的淡淡哀伤（见图6-4）。

细节处理： 重视细节，也许不起眼的一处角落的设计，就会触发用户内心深处的某一情结。多在细节上下功夫，往往会起到事半功倍的效果。不管是绿色植物还是特色摆件，不需要过于复杂和奢华，只需恰到好处的点缀，就能增加画面活力、辅助突出主题，还能增加直播间的高级感、提升格调。

以下是一些网络直播间布置的细节处理，不同的直播间需要根据实际情况进行适当的调整和优化（见表6-3）。

表6-3　网络直播间的布置常见细节处理

建议	说明
背景	简洁明了，避免过多颜色和图案，可使用纯色或带品牌标识的背景
灯光	合理使用主灯、辅助灯和背景灯等多种设备，使主播清晰展示商品，直播间更明亮
装饰	与直播内容和品牌相符，用简单装饰品如绿植、海报、摆件增加趣味性和美观度
设备	配备必要设备如电脑、手机、摄像头、麦克风等，注意选择和使用细节，确保直播质量
陈列	简洁明了，使用展示架、托盘等工具陈列商品，让用户清晰地看到
卫生	保持直播间整洁，定期清理消毒，留下良好印象
隐私	使用窗帘、屏风等工具隔断直播间，保护主播和用户隐私

叶檀女士的财经小视频经常变换直播背景和用心设置的细节。无论是在办公室还是办公区做直播，面前的桌子或身旁的茶几，都会传达出极其用心的细节设计。或是挥动着手臂可爱的招财猫，或是两只可爱的红色的小牛，体现出主播希望通过专业内容分享，为广大用户带来财富的愿望。这类吉祥物的寓意很受用户欢迎。

假如设置一个以美食为主题的直播间，在细节的处理上注意以下要素（见表6-4）：

表6-4　美食直播间细节要素

建议	说明
背景	大幅美食图片或壁画作为背景，或色彩鲜艳的布料或壁纸来营造温馨氛围
灯光	合理使用主灯、辅助灯和柔和温暖的灯光，使食物看起来更诱人，可用吊灯、台灯、壁灯等多种灯光组合背景灯等多种设备，使主播清晰展示商品，直播间更明亮

续表

建议	说明
道具	直播台上摆放各种美食道具，如餐具、酒杯、调料瓶等，让用户感受美食氛围，背景中可放置美食书籍、杂志等
摄像头和麦克风	选择高质量的摄像头和麦克风，确保直播画面和声音清晰，可选择高清摄像头和定向麦克风
直播平台	选择适合美食直播的直播平台，如抖音、快手、B 站等。这些平台都有丰富的美食直播资源和用户群体，可以提高直播的曝光率和收益

（二）获取用户依赖感

所谓依赖感，就是日久天长积累而形成的某种习惯。依赖感可以是物质上的，亦可以是精神上的；既是单向的，亦可是双向的。培养用户依赖感才能拥有用户黏度。跨界主播出道时往往名不见经传，需要一定时间段持续直播，才能逐步建立自己人气。持续分享有价值的知识或信息、让用户获得内容的愉悦，是增强用户依赖感的重要手段。

▶ 增加用户黏度

用户黏度是指用户对于品牌或产品的忠诚、信任与良性体验等结合起来形成的依赖程度和再消费期望程度。"黏度"是衡量用户对跨界主播忠诚度的重要指标，它对于树立跨界主播的品牌形象起着关键作用。一些成功的主播都知道要注重培养用户的"黏度"。广义黏度指的是用户对网站的依赖度、忠诚度和使用程度，通常黏度越高的网站价值越高。对于跨界主播来说，用户的黏度指的是网站上的"社交黏度"，网络的虚拟社区就是靠这种黏度维系。正因为社交黏度是建立在人与人的关系之上，所以主播与用户的黏度维系需要了解和信任，需要时间。一旦了解和信任关系得以建立，就不会轻易丧失。以下有四个提升用户黏度的方法。

建立"情感认同"：跨界主播要获取用户的依赖感，建立情感连接是必要手段。建立"情感认同"可以使用户更加贴近主播，形成强烈的情感互动，提高直播间的活跃度和用户留存率。跨界主播通常来自不同领域，需要在直播中打破领域壁垒，尽可能多地与用户分享自己的故事、经验和见解，引发用户共鸣和理解。

与优质用户建立密切关系： 与优质用户建立密切关系的目的是增加直播间的黏性和活跃度，进而增加用户数量。优质用户可以成为主播的忠实粉丝，主播也可以为优质用户带来更多福利和互动体验。优质用户还可以带动其他用户加入互动，形成良性循环，提高直播间的人气和曝光度。除了积极主动互动、给优质用户颁发专属头衔、送出专属福利，主播还可以邀请优质用户参与线下或社群活动，并与他们分享自己的体验和见解，以增进优质用户的亲密感。

特色内容是生命力： 跨界主播分享的内容价值决定了用户的黏度。只有不断提供有特色、有价值的内容，直播才能拥有持续的生命力；用户进入直播间后才会产生兴趣，进而变成忠实用户。当用户认定了可以从主播输出内容里不断获取价值信息，他们就会不断来"充电"。关于跨界主播的优质内容输出能力在本文第三章有过详细分析，不再赘述。

策划趣味活动： 用活动来增强用户黏度，是非常有效的方式之一。特别是涉及商品宣传、销售方面的直播。方式方法很多，常见的活动是有奖转发，只要点击一下鼠标和@几位好友，就有机会获得奖品。如果是消费者感兴趣的活动话题，加上奖品的诱惑，很多用户都会积极转发。某些论坛里有积分排行榜、发帖排行榜，策划有趣且用户操作方便的微活动，才能够增加用户黏度。张宏民就在其@张宏民账号中发布了一些网友可以参与录制的趣味小视频，如"和张宏民一起挑战生僻字""和张宏民一起播新闻""和张宏民一起读古诗"等。这些趣味小视频，使得普通网友获得了与"国嘴""同台亮相"的机会；再通过网友的转播，增大了曝光度，扩大了影响力。

▶ **保持直播的持续性**

心理学上有个概念叫"多看效应"，又名"重复曝光效应"，指人们会单纯地因为自己熟悉某个事物而产生好感。跨界主播要树立品牌形象、经营自己的直播间，掌握好直播时段和频次至关重要。YouTube 上有一个特别有名的网红叫 Tyler Oakley，主要做 BBB 脱口秀类节目。他内容输出频率平均三天一次，且输出形式多元。每周除要在"自己的频道"（指网络红人或社交媒体的个人账号）固定上传两期节目，他还会与其他网红进行合作。此外，他还出版了自己的图书及网络大电影，参加了许多著名节目如 NBC 早间新闻类型节目《周六深夜秀》，大型活动如电影节、电视节，以及定期举办线下的网友见面会。每一次曝光都是一次内容的输出，Tyler Oakley 的粉丝平均每三天就能看到他的新视频。这个频率比许多人见自己的父母甚至亲朋好友的频率都要高。持续地让自己出现在用户面前，让用户对主播产生好朋友一样的感觉，是跨界主播获取成功的要素之一。保持直播的连续性要做好以下几个环节的设置（见图 6-5）。

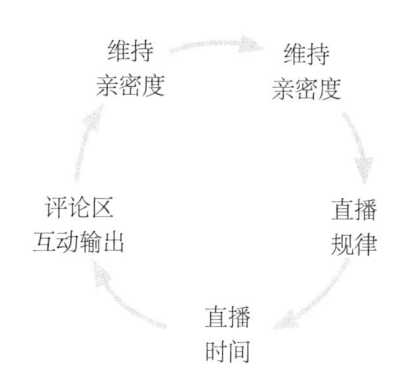

图 6-5 保持直播连续性环节设置

直播时间：直播时长决定着主播的曝光率，也决定着"涨粉"的速度、收益的多少。传统媒体节目都有固定播出时间，如中央广播电视总台《新闻联播》每晚七点准时开播。观众到点就坐在电视机前等待节目播出。直播时间的固定是有讲究的，在网络直播发展初期，网络直播以娱乐直播、游戏直播为主，任何一个平台，几乎看不到一大早就起床直播的主播，不少用户也没有这样的观看习惯。随着直播内容垂直细化，不同主播的用户群体不同，直播的时段也有所不同。跨界主播找到能达到最佳效果的直播时间非常必要。定时开播有助于培养用户习惯，培养对主播的依赖感，增加主播与用户之间的黏性。每到开播时间段，用户自然而然地进入直播间。很多主播都明白固定时间开播的重要性。比如，财经类股票分析类主播选择早上股市开盘前或开盘中直播，下午闭市后会对全天行情进行总结；还有一些财经专家主播选择晚间固定时段在直播间进行复盘。直播时间的相对固定，利于增加用户忠诚度。

直播规律：直播时间选择根据主播的内容定位和用户群习惯来设置，固定时间、固定时长、固定直播周期，形成自己的直播规律。运动健身的主播，选择在早上7点直播，带领自己的粉丝晨练，或跑步或瑜伽或健身操。娱乐或游戏主播的直播时间常常在晚上10点左右，此时的粉丝们也基本上都结束了自己一天的学习或工作，会去直播间闲逛。讲悬疑故事或情感电台的主播，一般会选择深夜时间段。一个平台如果有大量同类型的主播开播时，新主播要考虑避开大主播时间段，避免与之竞争。一旦直播时间固定，就要严格守时，停播时需提前告知用户，培养用户习惯。此外，长时间停播必然会导致用户的流失，转而投向他人。淘宝每天有上万主播在直播，作为顶级流量主播李佳琦就表达过自己的担忧，很怕自己一天不直播，粉丝就"移情别恋"了。在互联网直播平台竞争如此激烈的情况下，轻易停播乃大忌。

直播频率：直播投放的频率尤为重要，需要经过精心设计。直播的频率和时长一样，都是做好直播的基础和前提。如果时长和频率都不稳定，很难吸引用户。对于用户来说，从直播中获取感兴趣的信息越多越好，但是跨界主播作为内容的创造者不可能无限制地提供高质量内容，因此把握直播频率就显得尤为重要。美食博主"香喷喷的小烤鸡"，是美拍美食频道的人气之星。2014年起，该博主以美拍短视频的形式，将自己热爱的美食发布到网上，以最轻松幽默的方式为粉丝讲解美食制作。他用最轻松、幽默、搞笑的方式分享美食制作方法，再配合到位的表情与语言，让厨艺成为一种个性化娱乐。他曾用8个月的时间拍了233个视频，并以每周两次的频率在美拍等平台上直播做菜，粉丝数量迅速突破200万。处于直播初期的跨界主播，在还欠缺名气和影响力的情况下，以生动而且固定的形象，保持好出镜频次，能够在很大程度上赢得用户的好感。在心理学上，人的大脑一旦被重复输入同一个形象，对这个熟悉的形象就会减少不确定性，从而产生安全感。当跨界主播的形象在用户的脑海中越来越清晰、确定、可靠的时候，他就更能获得用户的认可和喜欢。

维持亲密度：亲密度，是指在直播间主播与用户的互动来往程度。互动来往越密切，互动的次数越多，亲密度就越高。用户经常访问主播的直播间，评论、点赞、转发的行为都能增加亲密度。亲密度有什么作用？以电商主播为例，经常关注直播间的粉丝用户可以享受一些优惠，类似贵宾卡折扣，让用户更加关注店铺，形成良性循环。亲密度高的用户，也就是俗称的"铁杆粉丝"，他们往往是用户群体中的积极分子，可以活跃直播间氛围，带动用户群体，使主播的内容获得更广泛的传播。对于企业型跨界主播来说，用户亲密度是一种以用户为本的销售手段，在营销传播过程中必须领先用户以引领用户。不管是何种类型的跨界主播，都应在直播间培养一批具备高亲密度的用户，他们就像"鲇鱼效应"中的那条鲇鱼，搅得评论区热闹、活泛。5G万物互联时代，跨界主播需要洞察用户需求，并为其提供个性化、多元化的体验，才能赢得用户的选择。只有与用户深度链接，并通过内容、产品体验等多方面的强化，才能与用户的生活建立更大的亲密度。无论是娱乐型主播、电商主播还是游戏类主播，都会通过给予用户增加亲密度的福利待遇等措施，提高互动数值，积累和转化为某种享受权限，以调动用户积极性。在电商直播间，用户进入直播间进行一系列行为，如每日打卡赚积分：每日观看直播加2分，关注主播加5分，观看满4分钟加5分，发布一条评论加2分（上限10次），点赞满20次加2分，分享直播加10分等。通过积累直播间积分值，用户可升级为不同等级的主播粉丝；积分越多，粉丝等级越高，享受权益越大。有的跨界主播通过给用户提供个性化的福利，例如签名照、周年纪念礼物等，表达与用户之间的感性认同，以维持亲密度。

保持评论区互动输出：在内容输出达到一定频率的同时，跨界主播要逐渐增加互动输出的频率，即分配一定的时间与用户直接互动。互动输出能够让主播的影响力直达用户，是增强用户黏性的最好方法。一般主播会通过微博、微信留言、直播间回复等一系列方式来与用户进行直接互动。跨界主播存在的价值就是为了满足用户的某种需求，这种需求是在反复沟通中才能实现的。满足这种需求的好处就在于用户会对主播产生较高的忠诚度。因此，跨界主播在直播中要密切关注评论区用户的提问、观点等了解用户需求，在接下来的内容输出上才能做到因地制宜、有的放矢。目前，一些企业型跨界主播已经建立了以用户为导向的竞争策略。要真正地吸引、取悦和保留用户，进而提升用户亲密度，就必须充分利用用户反馈信息，提供给用户真正需要和满意的内容服务。2012年6月"河南疾控"的微信公众号因其文章《再解答：新冠疫苗接种禁忌相关问题》的留言区互动，聚集了大量前来围观的网友。在微博、知乎等社交媒体上，也有不少用户晒出"河南疾控"公众号编辑与网友互动的截图，各种"机智"的回答、有趣的互动让人直呼可爱。面对"打新冠疫苗能怀孕吗"的提问，"河南疾控"俏皮地回答称"您好，就目前上报的不良反应数据而言，没有一例因为新冠疫苗而导致怀孕的"。又有网友提问："为什么我打第一针就很疼，疼了两天，碰到就疼，我老婆却说一点不疼？"回答为："好的，知道你有老婆了"……幽默的回答让人忍俊不禁，紧跟网络热点的回复，引发用户热烈反响。在回复中既有轻松愉悦的反馈，也有正经的科普，用户在欢快的氛围中接收了信息。

二 跨界主播个性化塑造

"个性"也可称为性格或人格，著名心理专家郝滨先生认为："个性可界定为个体思想、情绪、价值观、信念、感知、行为与态度之总称，它确定了我们如何审视自己以及周围的环境。它是不断进化和改变的，是人从降生开始，生活中所经历的一切总和。"个性是个体独有的并与其他个体区别开来的整体特性，具有一定倾向性的、稳定的、本质的心理特征的总和，是一个人共性中所凸显出的一部分。传统媒体广播电视播音员、主持人都非常注重"个性化"塑造，它是播音员、主持人个人的综合素质和人格的体现与浓缩，与广播电视节目的质量与活力息息相关。为此，传统媒体播音员、主持人注重自身潜质的开掘和对于基本素质的训练、总结和提升特点，力求使所主持节目具有新颖和鲜明的特色，以赢得公众的认同与好评。

跨界主播的"个性化"简单地说，就是要做到"与众不同"。跨界主播非常重要的一个素质，就是"有别于他人，强烈的个性化"。成为跨界主播，除了多才多艺，拥有个性才是关键。在网络平台上，没有个性就没有流量。评判一个优秀的跨界主播最简单的标准，就是要让用户在最短的时间里，记住你并喜欢你，进而喜欢你所输出的节目内容。"个性化"体现在跨界主播的语言表达特色、外表形象、内在素养、肢体语言表现、内容的专业特点、直播中体现出的传播技能等各个方面，是主播表现出的特别与众不同之处。某些网络主播错误地认为"唯有出格才能形成个性"，不惜扮丑搞怪，以此渴望得到流量关注。这类主播往往只会有"15分钟的辉煌"便销声匿迹。出格，不等于可以无底线。如果没有正确的"三观"与丰富内涵做支撑，只会被别人以"看小丑"一般的心态对待，笑过即忘。

（一）善用"金句"

"金句"与名言不同，说者不一定有名，但易读易诵、易传播，朗朗上口，铿锵有力。在写作中运用"金句"，是整篇文章的闪光点，最出彩、最吸引眼球、令人感悟颇深。使用"金句"，能起到增色添彩，撞击读者的心灵，启迪心智的作用。"金句"来源于中华优秀传统文化，中华传统诗词中"金句"颇多，被后人大量引用。古今中外，"金句"历来在政治活动、外交联系、人际交往、民族沟通等场合发挥重要作用。恰当地引用"金句"，能产生画龙点睛、豁然开朗的效果。1972年2月21日，美国总统尼克松在北京的欢迎宴会上引用了毛泽东诗词："多少事，从来急；天地转，光阴迫。一万年太久，只争朝夕！"产生了很好的外交效应，成为外交佳话。语言是时代鲜活的符号，唯有与时俱进、有个性化、有风格的语言，才能激发广大用户的认同感。

互联网时代，"金句"之所以能广为流传，在于其生动、浸润人心，与广大网民形成同频共振，映衬着时代的表情，折射出当下社会的气质和状态，让人感受到社会的发展、时代的前行。要想跨界直播内容精彩，获得忠诚的用户，内容和价值是第一要素。但很多受用户欢迎的跨界主播往往因为其独特的"金句"备受关注。"金句"不仅能为直播画龙点睛，还能迅速聚集用户围观，获得用户的好感、好评，最终将用户转化为忠实的粉丝。因此，跨界主播在生产优质内容的同时，一定要注重"金句"的运用。

▶ 标签化

"标签"的本意是指贴在或系在物品上，用来标注物品价格、功能、提示等的纸片。"标签化"是网络传播中的典型现象，不仅是科学技术发展的结果，也是草根阶层表达思想的最简单的一种方式。"标签化"可以理解为跨界主播特有的、显著的、标志性的符号。"金句"能够成就主播"标签化"的语言风格。网络传播中"标签化"现象产生的原因首先在于媒介。网络时代各大媒介竞争激烈，网站的浏览量直接关乎广告投入、运作成本以及收入情况。因此，主播"标签化"的传播手段是网络媒介竞争的产物。从网络传播的角度来说，吸引用户浏览的根本在于迎合用户的兴趣，事件标签化便激发了用户的好奇心，浏览量自然也增大。

跨界主播"标签化"的语言风格也是主播形成独特个性的加分项。如网红"北美崔哥"每次的开场亮相都有一个标志性动作和语言，左手端着一杯茶，右手挥舞配合开场音乐节奏，情绪满满地说道："欢迎收看崔哥天！天！侃！"。其挥着手一字一顿地说出"天！天！侃！"的招牌动作，形成了独特的风格。

2020年，全球遭遇罕见新冠病毒侵袭，湖北武汉遭受重创。为帮助湖北解封、鄂地重启、经济复苏，由中央广播电视总台主持人朱广权和电商主播李佳琦，在央视新闻客户端和淘宝联手"云直播"，开展湖北美食公益直播，为湖北美食带货。网民惊呼：直播界又"地震了"！这场直播被誉为"国家级段子手"朱广权和"人间唢呐"李佳琦合体，这对组合被网友亲切地称为"小朱配琦"。4月7日当晚，直播观看量达到1.2亿人。直播开场,朱广权"金句"频出:"激动的心、颤抖的手,推荐什么都买走,而且颜值担当,眼里藏星河,笑里带月光,看得你发慌,不买都泪汪汪。"引起公众热烈反响。在长达130分钟的直播里,朱广权"话风清奇",不仅能喊出"我的妈呀""买它"等李佳琦标签式的经典话语,还能引经据典作打油诗。"支持湖北你最拼,买完特产去相亲""烟笼寒水月笼沙,不止东湖与樱花,门前风景雨来佳,还有莲藕鱼糕玉露茶,米酒香菇小龙虾,赶紧下单买回家,买它买它就买它,热干面和小龙虾"。李佳琦还是延续着一贯的风格,语速惊人、情绪动人。两位在镜头前高效地推荐了17件商品,热干面、藕带、香菇、酒酿、茶叶等湖北产品轮番上阵。中间每买一款商品,都有金句段子搭配。比如:卖莲藕,有"知道为什么过节要送藕吗?因为藕代表佳偶天成,送了藕就不会变心,因为奇变偶不变,符号看象限。所以吃了藕,海枯石烂心不变";卖绿豆糕,有"(佳琦)用你的先知先觉启发你的后知后觉,让你买得不知不觉";卖热干面,有"不逼自己一把不知道自己还会一字马"……

直播的结尾,朱广权仍金句不断:"谢谢你为湖北拼过单,让我们携手渡难关,销量还能翻一番,像一条大河波浪宽"。一场直播,段子密集,"疯狂"输出。国家级段子手加直播带货"一哥"的强强联手、倾情直播,让全国网友大呼过瘾!有网友点评"一不小心就上了堂网课""看完直播决定再也不看直播了,我要去读书。权叔太有文化了,一张嘴,那文化底蕴就知道不是一朝一夕的"。

这些朗朗上口的"金句"融入湖北特色产品,极具话题传播性。从网络热度数据来看,"湖北拼单活动单日"话题"朱广权李佳琦直播""小朱配琦""朱广权模仿李佳琦"等讨论量将近40万条,阅读量超百亿,产生了较大影响力,也足可以见两大主播"云直播"的可观效果。

▶ 增加辨识度

较高的辨识度能让主播在短时间内给用户留下深刻印象。新潮的发型、独特的嗓音、自成一派的穿衣风格,都能提高跨界主播的辨识度。而打造"金句",可以极大地增加主播的辨识度。电商主播李佳琦"OMG、所有女生、买它"等口头禅成了吸引粉丝不断买入商品的"咒语"。董宇辉"讲课式"带货直播,不仅"即兴小作文"随口拈来,还有习惯性提问:"导演,我问你一个问题……""导演,黄沙百战穿金甲,后面是啥?"董宇辉每场直播,导演都被问得心惊胆战、瑟瑟发抖。他的"疯狂"提问,既给用户带来丰富的知识,也增加自己独特的辨识度。以下两个技巧能有效增加辨识度。

适当重复:在心理学中,一句话如果不停地、重复地出现,就会给人强烈的心理暗示。人的注意力是有限的,如果短时间呈现大量的信息,只能接收到小部分的信息。重复有两个切入时机,一种在直播开场,一种在直播的结尾。许多主播在节目开场都会设置开场"金句",每期重复使用,放在直播的开头,让用户产生共鸣,受到吸引。这样的重复形成品牌标签,便于加深用户印象。如《主播说联播》开场词是"主播说联播,今天我来说",成为该节目的标志性口号,也成为敲开受众心灵大门的友好来信。游戏解说主播"小熊flippy"则以"休闲玩家、娱乐解说"的字样,形成个人独特的标签。这一标签不仅出现在自媒体频道页,其每个视频解说的开头,都会以"休闲玩家、娱乐解说,大家好,我是小熊flippy"作为开场语。这使他与其他主播明显地区别开来。在任何场合下,只要听到或看到这句话,网友马上就会联想到小熊flippy的名字。在李佳琦直播间,每场直播都能反复听到他充满魔性地喊着"我的妈呀""OMG""买它""所有女生,今晚一定要给我抢到它!"这类重复已经成为李佳琦鲜明的个人特色。这种反复再现的短句,可以瞬间抓住消费者的注意力。

个性化口头禅:口头禅是一个人的习惯用语、性格标志,反映一个人当下的心态,也透露出一个人的修养和气质。给自己设置个性化的"金句"口头禅,也是跨界主播增加辨识度的好方法。如凭借自拍短视频获得巨大成功的网红主播"papi酱"。在其视频中的口头禅是"我是papi酱,一个集美貌与才华于一身的女子"。而这句话成为媒体与粉丝竞相传播的焦点。这句话从此也就成为papi酱的个人标志性标签。网红"巨魔战将"每次都在视频里说"奥利给"。"奥利给"虽然不是他创造的词语，但是被他"带火"，引发很多网友跟风使用，也成就了他的口头禅式标签。知名的美食试吃视频创作者"李大仙"，每期视频开头这句"我是不爱做菜、爱菜刀的李大仙"，已经成为他的形象标签。

▷ 增强感染力

感染力有引发人们产生相同思想、相同感情的力量，有启发智慧或激励感情的能力。感染力核心是"情"，"感人心者，莫先乎情"，富有感情的语言才能拨动听者的心弦。"金句"的感染力在于能直达用户的内心、发人深省，带来强烈的共鸣感，在网络上获得广泛传播。一场直播中，用户没有记住大多数内容，却牢牢记住了触动内心的"金句"。"金句"不但会增加用户对主播的好感度，还会大概率引发用户的转发和分享。在直播中，使用"金句"能具有以下效果。

融入真实感受：当"金句"的使用和主题、情境相符合时，能增加感染力。跨界主播可以在节目关键时刻或介绍重点时使用"金句"，帮助用户更好地理解与记忆。在不同情境下，运用恰当语气和表达方式能较好地营造直播间氛围。主播打动直播观众，就一定要把自己放在用户的位置上，融入用户的真实感受。东方甄选主播里被称为"行走的段子手"的物理老师明明，文案创造力很强，直播中也是金句频出，如表达自己消极怠工："划划水，看看表，舒服一秒是一秒"；以过来人身份谈自己对男女关系的理解："女人是一首诗，你怎么跟一首诗讲道理"；形容自己表达不畅："嘴在前面跑，脑在后面追"；批评别人说话冷漠："长着36.5度的嘴，怎么能说出如此冰冷的话"……逗乐一片网友，直击网友的内心。

调动直播气氛：网络直播开场需快速调动直播间气氛，主播应想办法让用户参与互动，即使只有用户的弹幕回应，也达到了活跃气氛的效果。例如，主播可以这样开场："进来直播间的是美女，还是帅哥呢？唰唰弹幕让我看到你哦！""做人要开心，直播就更要开心！跟我一起开怀大笑吧！""到100个粉丝，我们来一波福利好不好？""谁说直播间是无聊的地

方？和我一起，充满了无限可能！"生动有趣的金句，能快速吸引用户注意力，让用户好奇和兴奋，增加留存率和互动率；能让用户轻松愉快，增强直播间吸引力、人气和体验感；能提升用户的购买欲望和参与度，促进商品销售、实现商业效益。因此，调动气氛可以带来立竿见影的效果，增强用户黏性和商业价值。

引导关注：关注量是衡量主播价值的重要指标，也是影响直播间推荐度的关键要素。因此，在用各种开场技巧成功调动直播间气氛后，主播就要引导粉丝关注。"没点关注的宝宝们，动动你们发财的小手点关注啦！""一分喜欢点关注，十分喜欢刷礼物！""万水千山总是情，点个关注行不行""点点关注不迷路，主播带你走上幸福路"这些句子被各类型主播频频使用。有的跨界主播在分享完自己的直播内容后不会忘了说一句："喜欢，点个赞再走"。

2018年10月，"超星名师讲坛"在抖音平台上传了一段华中师大文学院博士生导师戴建业教授讲授盛唐诗歌的课程视频（见图6-6），引来众多网友围观，第一天的点击量突破2000万次。之后，更多"戴教授古诗词解析"的视频被广泛传播迅速走红。很多人无意中点开了戴教授的某个讲课视频，很快"种草上瘾"，熬更守夜像追连续剧似的追更新视频。戴建业教授浓厚的湖北乡音，幽默风趣的语言，接地气又不失深度的内容，被网友称作"课堂上的一股泥石流"。当年戴教授在一所中学实习教书，曾因不会讲普通话，学生上课听不懂而被家长投诉。后来又因普通话讲不好，在参加中央广播电视总台《百家讲坛》节目录制时，录制一半被导演放弃。谁承想多年后，戴老师以方言搭配诗人的"幽默吐槽"，营造出的独特讲课风格大受学生欢迎而在互联网走红。

图6-6 戴建业教授在讲课（图片来源：抖音APP@戴建业视频截图）

戴老师讲杜甫："唐朝每个诗人都自我感觉良好，都很牛。连杜甫那么老实巴交的一个人都牛得很，上大学以前我以为他写的'读书破万卷，下笔如有神'是夸别人，上大学后来我才知道，我的个天，他是在夸自己，你知道吧？"戴老师讲李白："唐玄宗把李白贬出了宫廷，并给他一笔钱让他滚蛋，说他不是当宰相的料，听懂了没有？他从长安来到洛阳。杜甫是李白的超级粉丝，慕名求见李白。李白赏脸让他见了一面。见了以后就对李白佩服得要死。我不知道李白是牛吹得好，还真的是风度迷人，反正是他就听了李白的话，跟着大哥一起从河南洛阳出发到河北、山东，干什么呢？李白就忽悠他一起去访名山、寻仙人、找仙草、炼仙丹。中途还遇见个流浪汉高适，从春天访到秋天，啥也没找到，后来杜甫醒悟了，说大哥我不干了……"

戴老师以独树一帜的语言构建了一个现代人与古代诗人之间的共享时空：接地气的表达方式颠覆了古代文人在一般人心中的严肃形象，拉近了现代人与古代人之间的距离，将受众真正带入诗人的内心世界；打破了学生对古代文学枯燥乏味的刻板印象，更好地解读了古诗文所蕴含的哲理；将传统的被动教学课堂，变成了一场精神层面的互动交流和沉浸式体验。而戴建业的语音特色及个性化口头禅如，"我的个天！""你知道吧""听懂了没有？"成为个人的鲜明标签，深受广大用户喜爱。

（二）掌握网络热门语言

跨界主播的内容分享涵盖了网络用户生活、学习、工作、娱乐等多方面。掌握网络语言，熟练使用网络热门语言，便于更好地与用户"零距离"互动。网络语言是指从网络中产生并应用于网络交流的一种语言，包括中英文文字、字母、标点、符号、拼音、图标、图片等多种组合。这种组合，往往在网络媒介传播中表达特殊的意义。网络语言是网民们为了提高网上聊天的效率或诙谐、逗乐等特定需要而采取的对话方式，久而久之就形成特定语言。网络语言的生成方式充分体现人民群众的智慧，来源广泛。根据来源不同、网络空间不同、生成方式不同，出现了许多跟口头语、书面语，与一般网络语言不一样的各种新词、新句。"美眉、囧男、东东""楼主、潜水、灌水""高富帅""喜大普奔""待我长发及腰，少年娶我可好""我和小伙伴们都惊呆了"等网络热门词汇、句子，就像狂风骤雨一般席卷网络，来得快，变化得更快。网络语言的盛行使得语言表达更加丰富，人们之间的沟通变得新奇、简单、幽默，符合现代社会多元化的特点，不仅节省时间而且彰显个性。但是，任何事物都具有两面性，有利有弊。新事物的出现总会有不同的声音。经历时间的洗礼后就会留住精华、去其糟粕。跨界主播的直播语言中所体现的对网络热门词汇的使用程度，决定其是否快速被用户尤其是年轻用户群体接受，毕竟网络世界的活跃分子主要为年轻用户。

▶ 提升互动效果

跨界主播和用户之间的思想交流，主要依靠语言作为重要的信息载体。网络语言作为互联网时代的产物，有着自身鲜明特色，不能简单地将其归纳为书面用语或者口头用语，它是一种新的信息载体。这种信息载体之所以被广大用户接受，一个重要原因是其清新独特的表达风格，更形象地表达人类说话的动作、语气、音调、姿势等，即时传递情感；或以一种诙谐的比喻形容某种网络行为，加深印象，使互动交流的双方获得愉悦，营造良好的互动交流氛围。

在《主播说联播》节目中，主播们运用各种网络流行语言点评新闻内容。他们或是用"阿中哥哥"来称呼中国，或是用"为你打call"来表达对香港特首林郑月娥的支持，或是用"no zuo no die"来告诫国泰航空不要以身试法。康辉的爆款金句"荒唐得令人喷饭"更是迅速登上了微博的热搜榜，阅读量上亿。他的"为民发声"，使用户对主播好感度立刻上升，获得好的传播效果。

▶ 获得认同感

跨界主播对网络语言的掌握和使用，可以让其在网络虚拟社区中获得认同，并使自身形象和信息交流更趋于个性化。由于网络直播互动中主播与用户、用户与用户之间未曾谋面，导致互动具有很大的随意性。通过熟悉如何使用网络用语，主播与用户更快地在虚拟社区中获取认同。为了显示与众不同、突出自我、吸引更多的注意力，主播在直播中要去追求表达的标新立异。由于不同的虚拟社区会有自己独特的网络语言，使用者善于使用这种独特的用语，主播与用户之间、用户与用户之间，便能产生认同感，取得某种默契。

▶ 理性对待网络语言

伴随网络的快速发展，网络流行语和"热词"层出不穷，日新月异。一夜之间，会有数个网络语言被网民使用。它们在一定程度上弥补了其他语言形式的不足，其所表现出的即时、快速等特点是符合网络信息交流和传播的发展趋势的。在互联网和大众娱乐流行文化盛行的当代，网络流行语的用词和语法结构都极具创新性。相较于其他流行语，网络流行语和"热词"更接地气、有个性，也更有创造性；同时具有变化快、持续时间短的特点。网络流行语中有一部分产生于网民的创造，还有一部分产生于现实生活中的热门事件、影视剧等，并通过网络平台的传播才成为人们竞相使用的流行语或热词。不少流行语在从线上到线下、从网民到全民的使用过程中逐渐产生了价值。其实，当网络流行语或"热词"真正流行之时，已脱离了最初的语境，其特殊内涵也在传播过程中不断地被丰富和完善，直至形成公认的稳定含义。这或许正是一些网络流行语或"热词"能够脍炙人口的原因。跨界主播在使用网络语言时，要从以下三个方面认真考量。

适度、有选择性地使用网络语言：语言是一条有生命的河流，网络语言是当下网络时代多重因素共同促进的结果，不可否认其所具有的趣味性、通俗性和时代感。一些网络"热词"的流行，体现了时代的宽容，个体话语权的自由和创新精神。有的网络语言亦充满正能量。跨界主播使用正能量的网络流行语有利于增强亲和力和感染力，如"给力""点赞""蛮拼的""主要看气质""洪荒之力"等。这些网络流行语体现出我国的社会进步和语言文字发展的新气象。在当前传统媒体与新媒体融合发展的新背景下，中外社交媒体网站中的新闻报道，为满足新媒体网站上字数限制的机制和吸引年轻用户的关注与参与，新闻标题和内容报道中也常常运用一些网络流行语，以突破某些限制，追求简洁和吸引人的效果。2016年8月8日奥运会期间，中国游泳运动员傅园慧接受记者采访时，形容自己已竭尽全力拼搏时，说自己已使出"洪荒之力"。这个词源于电视剧《花千骨》中提到的，在天地初开之际，一种足以毁灭世界的强大力量。之后便在网络新媒体中迅速爆红，成为年度热词，也多次被融入主流媒体和各大网站新闻报道中。如2016年9月19日，《人民日报》"残奥会落幕，中国红'主导'了里约，他们真正用尽了'洪荒之力'"。在网络上爆红的云南民歌《老司机带带我》，使得"老司机"一词成为网络上颇为流行的词语。在使用和传播过程中，该词词义逐渐泛化，泛指在某些方面熟门熟路、资历较老、见识广、经验足的人，如2016年10月19日《光明日报》用"中国航天'老司机景海鹏''新司机陈冬'进入天宫二号，向全国人民问好！"的新闻报道。再如，从一句夸赞别人的网络流行句"厉害了，我的……"衍生出的多个版本，2016年12月24日，中国新闻网官微以"厉害了我的考研爷爷！75岁四战考研，草稿装满布袋"为标题介绍考研爷爷邹伟敏。2018年，《厉害了，我的国》的纪录电影登上了全国各大影院，获得不菲的票房战绩。

2020年初，新冠疫情暴发，武汉成为全国人民最牵挂的地方。作为定点隔离治疗地雷神山、火神山医院需要在极短时间内建设完成并投入使用，整个建设过程在网络以"慢直播"的形式展现在全国人民面前。超1亿网友观看直播，"监工"火神山和雷神山医院建造，见证着攻坚克难的中国速度。于是，网络热词"云监工"应运而生。这场慢直播还被网友融入了"饭圈"文化，网友们纷纷为叉车、铲车、挖掘机起名"叉酱、蓝忘机、送高宗"。此外，还有赞美广大抗疫的医护人员、英勇救火的消防员、抗洪抢险的伟大战士、志愿者等英雄们总称的热词"逆行者"，表达现在青年人的代名词"后浪"等。

在网络时代，用户的公民意识和角色定位更加理性，对生活事件和社会现象的参与意识和关心程度都大大增强。网络语言的出现，满足了网友言语交流的需要，不仅为人们的生活增添了乐趣，更加满足了人们"雷人""调侃""卖萌""新颖"等心理追求。跨界主播作为公众人物，甚至是有影响力的公众人物，恰当地运用好语言是能够起到正面的导向作用，达到较好的传播效果。

摒弃低俗、恶搞语言：网络语言也存在局限性，给信息交流带来一定的障碍。一些网络语言趣味低俗，甚至是现实生活中粗话、脏话的翻版。这些"热词"主要来源于游戏、聊天、网上论战等网络活动。若一些自控能力较差、模仿能力较强的青少年长久接触使用，势必带来严重后果。此外，网络语言的滥用会给书面语言的交流带来一定的混乱。不规范的网络语言和规范的现代汉语日益频繁地交叉，在一定程度上阻碍人们的正常沟通交流。跨界主播对待网络语言的态度不能简单化，全盘肯定或全盘否定，而应该尽可能创造条件扬长避短，对低俗、恶搞的网络语言要坚决摒弃，在直播中做到合理引导。

维护媒体语言环境：一些网络语言的产生和发展存在着诸多的问题，例如随意地遣词造句，所用字形、字音、字义等的改变与泛化，不符合汉语语法规则；某些网络语言虽诙谐幽默，但同时也在一定程度上破坏了现代汉语的严谨性，对现行汉字或词语造成冲击。用数字、字母、谐音借代的办法使用语言文字，对汉字系统产生损害，比如用"：)"代替"笑"，用"T_T"代替"哭"。

从互动交流角度来看，首先，跨界主播要加强对网络语言现状、规律和发展趋势研究，分析、探讨其在传播交流中的效果与效率。其次，一定要对网络语言进行规范使用：一是要确定规范的标准；二是规范使用方式，确定主播在不同场合下选择合适的网络语言表达方式。最后，跨界主播要结合自身特点，注重网络礼仪，提高自身网络语言的品位，增强网络语言行为的修养，方能规范网络语言的使用，维护媒体语言环境，使网络语言能够得以健康发展。

（三）"微时代"擅讲"微故事"

当下，"微博""微信""微电影""微营销"实实在在地影响着人们的生活。人们突然发现，这个世界的游戏规则正在被重新定义。用户的注意力已经围绕新技术的不断发展而改变。网络时代推倒了以前的传播方式，"微时代"来临。"微时代"不仅带来了互联网的新形态、媒体传播的新格局，也让处于这个时代的人们被裹挟着改变了生活方式、思维方式，改变着整个社会的心态。现如今，微博和微信就像阳光、空气和水一样，成为人们生活中必不可少的要素，它们共同构成了"微时代"信息获取和新型社交的巨大场域。微社区、微媒体，各种"微"事物不断出现，"微时代"带来大变革。

在大批"草根写手"助推下日渐形成的新兴写作，发端于微博的"微写作"已成为受人关注的独特文化现象。有人预言，由"微写作"而形成的"微文学"正在成长为一种全民文学样式。其文体包括"微小说""微诗歌""微故事""微笑话"等。新媒体发展的必然结果是碎片化时代的到来，各种资讯、知识被碎片化，用户耐心和专注力也被碎片化。智能手机的贴身和便携性，使得人们已在不知不觉中成为"微阅读"的忠实执行者了。坐地铁刷一刷朋友圈，上卫生间时看一看微博，躺床上刷一刷公众号，等车时拿出手机看新闻、追剧，走路时戴上耳机"听"小说，"微阅读"已成为阅读领域的快餐。我们把曾经做过而且继续做着微不足道的事、生活在这个熟悉而又陌生的时代、能够不断发出微小的声音的普通人叫"微民"。当"微民"的行动和力量迅速集结，"微力"出现了，微不足道的芸芸众生有可能化为一股推动事件发展的强大动力。而今天，"微力"聚沙成塔，已经改变了原有的生活格局。换言之，以往的"通信工具"概念正在被颠覆，微博与微信已经成为广大"微民"的生存方式。[1]

在"微时代"，信息传播方式由起初的微博客、手机短信、彩信、飞信、QQ，过渡到以微博、微信等自媒体为媒介的信息传播方式。清华大学传播学博士栾轶玫认为，"微传播"的核心特征是"微"，即传播的内容是

---

1. 陈恺思：《"微传播时代"的内涵与外延》，人民网，2017-07-20，http://media.people.com.cn/n1/2017/0720/c413464-29418608-2.html。

"微内容"（一句话、一个表情符号、一张图片等等）；传播体验是"微动作"（通过简单的按键操作、鼠标点击就能完成选择、评价、投票等功能）；传播渠道是"微介质"（手机等介质）；传播对象是"微受众"（小众、对象性传播）。"微传播"去中心化的特质将技术带来的便利最大化地呈现在我们面前。[1]在互联网大潮中，每个"微用户"个体每天都会面对海量的、多而杂的信息，跨界主播在内容创作中如何能够抓住用户的关注点，具备讲好"微故事"的能力十分重要。"微故事"是"微博客"的衍生物，其共同点是篇幅短小，微博以140字左右的文字更新信息，并实现即时分享。而在网络直播盛行的今天，跨界主播的内容分享形式多样，除"微"文字还有"微（短）视频"。"微"的意思就是小。"微故事"指的就是"小故事"。其特点就是篇幅超短，含金量高，以少量的字数达到情节和智慧的高度浓缩，又以可读性强、吸引力大、传播力强的特点而广受用户喜爱。擅讲"微故事"更是为跨界主播独特个性化塑造增光添彩。

▶ 有"故事"才有"魅力"

会讲故事的人，一定是自带光环的。一句"我们来讲一个故事吧"，总是能迅速使面对的男女老少、大人小孩提起足够的兴趣。对于进入直播间的陌生用户，讲述"微故事"能使跨界主播迅速拉近与用户的距离，使彼此更加亲近，也会令进入直播间的用户津津乐道，带来特别强的融入感，获取用户的点赞和关注。主播可以通过一个个鲜活的小故事来传递思想，在潜移默化中传递信息。讲故事是有目的的，或做铺垫，或活跃气氛，或启迪他人的思考，或是正能量的有效引导，而非不着边际、天马行空。讲好"微故事"具有三个方面的作用。

增强传播影响力："微时代"带来了信息传输的高效率，传播活动也随之具有瞬时性的特点，信息的传播速度更快、传播的内容更具冲击力和震撼力。

---

1. 史晓玲、网福明：《当前社会的音乐"微传播"现象》，《北方音乐》2016年第17期。

跨界主播

案例：女副县长贺娇龙的直播故事

2020年11月，新疆昭苏县前副县长贺娇龙身披红斗篷，飒爽策马，为当地旅游项目代言，火遍全网（见图6-7）。在走红之前，贺娇龙一直为昭苏县直播带货，还注册了短视频账号"贺县长说昭苏"，是一名实实在在的跨界"县长主播"。2020年5月，贺娇龙就根据当地"县领导助力直播带货，解决当地农副产品销售难问题"的统一安排，认领了担任短视频账号主播的任务，开始为昭苏农产品直播带货。截至2020年11月30日，抖音账号"贺县长说昭苏"已拥有粉丝超50万，发表作品170余条，获赞逾97万。带动线上线下销售农副产品的产值超一千万元，打赏收入累计突破百万元，收入全部用于慰问和资助养老院、福利院、留守儿童、重病儿童等公益活动。[1] 旅游产业是昭苏的主导产业，由于新冠疫情原因，昭苏旅游行业受到很大的冲击。为了推介昭苏的绝美风光，2020年11月底，贺娇龙身披红色斗篷头戴皮帽在雪地中策马奔腾的视频，在网络上创造了播放量奇迹。走红带来最直接的影响是，贺娇龙在抖音平台粉丝量剧增。许多人由此认识了贺娇龙，更记住了她的家乡昭苏县——贺娇龙反复提及的"中国天马故乡"。贺娇龙的短视频之所以火爆，是因为每条视频设计都体现了很好的故事性。服装和造型完美地契合

图6-7 贺娇龙拍摄的那拉提杏花谷宣传片（图片来源：抖音APP@贺娇龙视频截图）

了视频所体现的主题。在贺娇龙为宣传那拉提杏花谷而拍摄的短视频中，为伊犁州旅游代言，并喊话网友："贺县长是'可可托海牧羊人中的养蜂女，嫁到了伊犁'，贺县长确实'嫁到了'伊犁州文旅局做了副局长。今天贺局长带你们来到那拉提杏花谷。欢迎全国各地的朋友来那拉提杏花谷打卡。"在视频中，贺娇龙一袭白衣白裙，头戴白色斗篷长纱飘飘，策马奔腾在开满鲜花的山谷，演绎出一个古代侠女的美好故事。故事所创造出的画面感，令用户在头脑中形成真实情境，因而产生情感调动。网友评论："这里住着哪位神仙吗？也太漂亮了吧！""世界的美景，新疆都有，大美新疆！""太美了，有生之年一定要去一趟！"2023年，贺娇龙出任新疆优质农产品产销服务中心主任。其抖音账号更名为@贺娇龙，至2023年7月29日，其粉丝量已达513.3万人。继续为宣传新疆、推广新疆创作形式多样的短视频产品。

增添人格魅力：讲故事，可以体现主播文化底蕴、演讲能力、情感倾向，展现其个人特点和风格，增加人格魅力。讲故事，更容易让用户产生共鸣，更接受和喜欢主播。将故事背后的情感和主题与需要通过直播传播的核心内容联系起来，能易于理解，营造更好的氛围。

增强表达特色：人的大脑天生喜欢故事，一个好的故事，需要一个善于讲故事的人来阐述。通过语言、语气、手势、身体语言娓娓道来，会讲故事的人，能让用户从一字一句之间感受到故事的魅力。讲故事的本领是可以训练的。对于跨界主播而言，贴近目标用户，讲好"微故事"，就能产生最具竞争力的优势。前文提到的戴建业教授，采用故事化的方式讲述古诗词，如

---

1. 苟继鹏：《新疆走红女副县长贺娇龙：希望昭苏县成全国"网红"》，中国新闻网，2020-12-01，http://www.mnw.cn/news/shehui/2340771.html。

"李白一听说奉召进京，马上就膨胀了。写出'仰天大笑出门去，我辈岂是蓬蒿人'，看他的鬼样子，你们知道什么叫'得意忘形'吧，这就是活标本。"网友留言说"上戴老师的课像听评书一样"。罗翔教授在讲课时，一到案例分析的阶段，常把其故事中"犯罪嫌疑人"取名叫"张三"。"张三"成为他讲课特有的代号和笑点。每当罗翔老师授课时，弹幕上不停地飞出"保护我方张三""张三恭候多时"的评论，网友乐不可支。

与科班出身的专业主持人相比，跨界主播普通话可能不够标准，但是在内容的专业性上却占据着得天独厚的优势。自有领域的知名人士或者专家学者的跨界型主播在直播中，通过自己的独特语言，巧妙地把"微故事"贯穿在专业知识中，更加生动、形象地传达出要表达的核心内容，使用户更容易理解和记忆，专业内容传播与表达完美契合。

▶ "微故事"大作用

深入人心的观点被包裹在故事中才更易被人接受。"微故事"篇幅短小，情节简单而又富于哲理。因此，每个故事都能给人以启迪，继而受到广大用户特别是年轻用户群体的喜爱。虽然"微故事"并不是一种独立的文体，但每个故事都能说明一个道理，大致可分为哲理、励志、名人的故事，成功或失败的故事等。用"微故事"宣讲大道理，用身边的故事教育引导身边的人，本质就是维护用户、依靠用户、服务用户。只有说用户听得懂的话，讲用户明白的理，和用户"坐一条板凳"，与用户"谈得来、交得心"，才能展现生机活力、取得最佳传播效果。跨界主播在直播中，多讲些"微故事"，能更吸引眼球，引起用户兴趣，更好地传递品牌价值和文化。"微故事"的作用具体体现在以下两个方面。

通俗易懂： 专业理论知识入脑入心并不是一件容易的事情，跨界主播在把握年轻用户的思维方式、性格特质和表达习惯的基础上，用接地气的语言、听得懂的道理、讲故事的办法，展现专业理论高度、小故事温度和逻辑深度。用"微故事"的通俗表达，使深奥、枯燥的专业理论知识或哲理与年轻用户无缝对接，才更具感染力和吸引力，激发更多年轻用户参与其中。2019年，来自四川广元的中学教师向波在抖音平台走红，"圈粉"300万。因为向老师在课堂上用一个个小故事，将深奥、复杂的知识点讲得非常生动，曾因"不要因为学习耽误了放屁"的讲课视频火爆网络。为了让学生能够快速学习，更好地理解甲烷、氨气、硫化氢等这几个知识点，向老师将日常生活中最常见也最隐私的"屁"当作教学案例讲了出来。关于恋爱中人体产生的化学反应，向老师解读："多情的人其实不能怪他，多巴胺这样分泌，你能控制住吗？""我们的皮肤是怎么变黑的？……只要我破坏了黑素细胞，让合成黑色素的功能异常，那我不就成了白雪公主了吗，不，那是白癜风。""美白是一个漫长的过程，有些姑娘不信邪，我就要三天美白七天祛斑，这口气比脚气都大。""皮肤有多白，是由基因来决定，你到底能有多白，可以看一下自己手臂内侧腋窝附近，不是腋毛啊，这就是白的极限。"每次上课前，向波老师都将授课知识点制作成一个一分钟左右的短视频。这些"微故事"既有趣又通俗易懂，激发了学生学习化学的热情。这些视频上传到网上后获得了网友的数万点赞，不少网友纷纷评论想要"跟着老师重新学化学"。

感化力强："微故事"的感化力最强，避免空洞苍白的说教，让信息接收者动情入心。2019年8月21日主播海霞在《新闻联播》播出这篇《所谓网络窃密，纯属倒打一耙！美国一些人的不实之词荒谬在哪里？》的评论，见如下案例。

案例：海霞评论"网络窃密"事件

2019年8月21日《新闻联播》播报了一则新闻。本台消息：今天出版的《人民日报》发表钟声文章，题目是《所谓网络窃密，纯属倒打一耙！美国一些人的不实之词荒谬在哪里？》。文章说，美国一些人为了给中国捏造罪名，可谓煞费苦心。最近，又连续抛出

"中国入侵电脑窃取商业秘密"的论调,变着花样上演造谣生事的闹剧。文章指出,众所周知,美国有关部门长期以来对外国政府企业和个人进行大规模、有组织的网络窃密和监听监控活动,如果全球公选黑客帝国,美国注定一骑绝尘、高居榜首。文章强调,中国是网络安全的坚定维护者,从未以任何形式参与或支持任何人从事窃取商业秘密的行为,抹黑中国的论调,无论其如何花样翻新,在铁的事实面前都会不堪一击,充其量不过是给国际社会增加一点笑料而已。

随后,在当天海霞录制的《主播说联播》中,又用不同于联播中的表达语态,做了这样的评述:

今天我在《新闻联播》里播出了一条评论,说的是美国一些人指责中国搞"网络窃密",这纯属倒打一耙。说到美国的这些不实言论,我想讲一个小故事。今年7月初,英国和加拿大在伦敦共同举办了一场"全球新闻自由会议",但俄罗斯两家知名媒体却被禁止参会。原因是会议主办方声称,这两家媒体和俄罗斯政府的关系比较近,并且"积极散布假消息",所以不能参会。然而有意思的是,会议主办方并没有提供具体的事实证据来证明其说法。这个事情发生之后,有一句话火了:我们在讨论言论自由,你可以闭嘴了。今天,非常类似的一幕又发生了。对此,网友的一句话刷了屏:"我支持中国香港,你们可以关我账号了。"

对此,我也想说,挺香港、撑警队,我们不仅不会闭嘴,还会大声说出来。

同一个内容,同一个主播,在不同的播出平台、不同的载体,大屏(电视)、小屏(手机)面对的是不同类型的用户,语言表现方式和表达技巧不同,效果也不一样。大屏语体端正、大方、字正腔圆,气息的饱满度高,权威感强烈。小屏语体松弛柔和、亲和力强,更具平民角度,这种话语表达贴近用户需求。"微故事"用大白话、大实话、家常话,巧妙地把形势政策融于情节,形式生动活泼。"微故事"不是茶余饭后的闲聊,也不是刻板的说教,而是以生动的情节、感人的表述展示丰富内涵、揭示深刻主题,用户喜爱听、听得懂,也记得牢,能更好地实现党和国家的权威声音走进生活、入心入脑。

▶ 营造用户接受体验的轻松氛围

"微故事"是让用户身心愉悦的"金钥匙"。有些跨界主播在"微故事"中使用方言、俚语,内容直白浅显,情节设计符合广大普通网友审美情趣,能够舒缓压力、愉悦身心,满足广大普通网友尤其是来自农村网友的精神文化需求。一个微故事,说一个,乐一群;说一场,乐一晚。网络直播间的及时互动性,还可以使直播间用户参与到说故事、讨论故事中。在内容传播中用"微故事"的方法来营造一种情境,传授某些道德知识、道德原则,而不是生硬地、直接地灌输,使广大用户特别是青少年用户群体用自己的认知结构去吸收、感受,形成一种积极的传播方式。

中央广播电视总台《百家讲坛》主讲人、国学老师赵玉平用一个微故事讲述一个关于"善用鼓励与赞美"的人生哲理。

> **案例:想成大事一定要经常被激励**
>
> 为了研究人类早期行为,我在北师大的实验幼儿园待过一年左右的时间,我应该是我所在大学自建校以来唯一一个博士论文是在幼儿园完成的人。我做了身体检查,办了健康证,交了伙食费、管理费、学费,在母亲陪伴下,走正常流程去办理入托手续(幼儿园规定送小朋友入托需家长签字),以学生而不是以老师的身份进入

那个（小朋友）集体。这样才能看到（孩子们）真实的世界。我所在班是长托混龄班，有26个小朋友，我是第27个。到幼儿园的第一天就引起了轰动，全园小朋友们都来看我。我跟班主任老师说我有点害臊，老师说：小朋友都会经历这个阶段，你自己调整一下，别哭啊（笑）。然后，我坐在那里，小朋友继续围着我看。一个小孩问：你这么老也上幼儿园？我就给小朋友们合理解释：我没有上过幼儿园，我回来补课，要不然外面的人不要我。小朋友惊讶地说：你是留级生啊！

　　我跟小朋友接触时发现：由于各种因素，比如兴趣、爱好、性格、本能和先天的禀赋不同，在一个群体当中肯定会有你特别喜欢的人，也有你特别不喜欢的人。我发现有一个小朋友特别喜欢我，就是周启宁小朋友，一个四岁左右的小女孩。这是我人生当中第一次经历这么简单、直接的、来自异性的喜欢（笑）。她上来直接拽着我的手说：我真喜欢你，抱抱我。我一点思想准备都没有，然后就把她抱起来。她摸着我的脸说：你真高、真帅、真有劲。这种"无原则、无边界、无底线"的赞美居然在我眼前发生了，（感觉）自己的心灵（被夸地）如同接受一次洗礼、得到升华，真的有一种灵魂出窍的感觉。那几天，我每次从大学步行到幼儿园的这一段路程，都感觉天格外蓝、云格外白、花草在茂盛地生长、鸟儿欢快地歌唱，走路的时候觉得脚步都是轻快的。我发现在儿童的世界当中，有一些重要的（潜在）规则或意识，也在成年人世界中运行，只不过变得不显著了，如对身边人的直接赞美。其实这个（赞美）力量非常大。在一些小事上随时赞美别人，对于改善（人际）关系、增加能量、激励对方效果特别好。周启宁小朋友特别喜欢赞美我，所以，每次当我有（课题研究方面）重大问题就跟她沟通，虽然她不能给我提供方案、方法、策略，但是她直接的赞美都会点燃我的热情。后来，研究项目结束了，我要离开幼儿园了，临走时跟她告别说："我要走了。"她说："要走了，是不是要死了？"我说："不是的。"她说："那就没关系，只要活着就能见面。"我觉得这话说得很有哲理，只要活着就能见面，又死不了，哭什么呢？然后她给我留了一个电话，我们就此别过。

我回到学校后突然觉得生活少了很多色彩，在幼儿园时生活是五色的，而大学是灰色的。有段时间我接受了一个（非常有）挑战的任务，要上中央电视台《百家讲坛》讲课，（当时）觉得很有压力。我对自己的要求是，先对着空教室讲21遍，（熟练）到这个程度，才能去上节目。录制《百家讲坛》我要做到没稿子、没提词器，现场讲3个小时，接近4万字的内容全部用脑子记下来，人名、地名、时间、地点、来龙去脉、原理方法、定理推论，要做到98%没有错误，压力巨大。我决定给自己找一个激励的来源。我就想到了周启宁小朋友，让她激励激励我。当我第一次拨通那个电话，周启宁小朋友拿着电话第一句话问：你怎么不给我打电话呀，我都生气了。孩子的这种（因为喜欢而责备的）语气，让（我）心里感觉特别甜蜜。然后我俩开始聊。我说：我有一个特别重要的事（心里有压力）需要你夸我两句。小女孩问：那你准备好了吗？我说：准备好了。然后她就"疾风暴雨"般地夸了我5分钟。第二天，我(精神饱满)斗志昂扬地完成了《百家讲坛》录制。

每个人都需要（被）鼓舞，每个人都需要（被）激励。厉害的（能力强）人有一个重要的特点，就是在他的生活中一定有一两个"激励资源"，在关键时刻一定有人对他输出鼓励、输出能量、给他加油，这个特别重要。我们身上所有的出色行为都需要（被）提醒，如果没有人提醒，你的出色行为会打折扣。如果连着一个月没有人提醒你的出色，你就会退步。我在周启宁小朋友身上学了很

> 多夸人的技巧，最重要的技巧就是"无原则、无边界、无底线"，这叫"三无式"夸人。大家要记住，出色的行为是需要提醒的，赞美是一种提醒。进一步讲，当一个要完成一项工作或任务，而自己特别不喜欢这项工作或任务时，如果身边有人提醒你、鼓励你、赞美你、给你加油，你可能会表现得更好。

赵玉平老师通过这个故事给想成就一番大事的人提出了三点建议：第一，跟自己喜欢的人一起做事；第二，增强自己的认同感，看到做事的意义；第三，找一个激励的资源，让别人提醒你的出色。用微故事轻松、有趣地表述信息和哲理，更易被年轻用户群体接受，真正做到了寓教于乐。

三 直播间吸"粉"三大核心要素

移动互联网时代，手机已成为人们的媒体终端、阅读终端、情绪终端，手机直播已成为一种主要的媒介传播形态，媒介生产与消费都进入一种"微时代"。在"微时代"，跨界主播的内容传播价值的最大化，意味着收益的最大化。实现内容传播价值最大化，可以增加粉丝量和影响力，获取更多的曝光率和商机；能促使跨界主播不断学习、尝试、创新，提升自身专业水平和竞争力；获得更多用户的支持和认可，增加自信心和权威感。这对于跨界主播个人的职业发展和心理健康具有积极影响，同时激励更多的人去尝试跨界转型。因此，跨界主播要深刻理解网络传播特性，充分利用好网络传播过程中双向多元传输信息的渠道，力求创作内容获得更有效的传播。

---

1. 以上内容根据今日头条@赵玉平老师开讲啦视频整理。

（一）专业化的直播设计

跨界主播的核心竞争力是内容生产能力，内容的本质是价值；跨界的背后，折射出的是用户接收信息习惯的改变。从看到直播封面的那一刻开始，用户就在接触这场直播的内容：由此产生的一系列行动的欲望，如点击、停留、关注、打字、送礼物等一系列动作，都是由内容来决定的。跨界主播要对直播内容进行精细、专业设置，才能保证直播顺利进行。一场直播最基础的内容主要包括：内容运营与设置、专业化包装内容、直播时长三个方面。

▷ 做好内容运营与设置

在内容为王的时代，内容运营是实现传播价值最大化的关键。直播的内容运营是围绕人、商品、用户需求的匹配度而展开的，决定着用户的质量和数量。内容运营以组织协调为主。跨界主播本身不仅需要具备突出的内容生产能力，还要对内容质量严格把关。当跨界主播准备一场直播时，直播内容就是内容运营；同时，主播本身作为 IP，需要通过直播进行个人品牌运营和各种活动运营，形成品牌效应，再通过各种渠道去延伸直播内容的影响力，扩大传播价值。具体需从以下两个方面操作。

内容目标的定位：在确定内容运营前，主播需要对不同的目标群体匹配不同的内容策略。对内容生产目标的定位，能够帮助主播设定清晰内容输出方向，根据设定目标的方向去进行内容的生产。如果说内容目标的定位是搭建框架，那么内容定位就是浇筑在框架内的混凝土。只有二者充分结合，才能创造出专属于主播的，且能反映主播独特个性的内容。

当下，由于各级地方政府越来越重视旅游业的发展，将其视为推动经济增长和文化传承的重要手段，各地文旅局局长纷纷通过直播、拍摄小视频等方式，积极推广当地的旅游资源和文化特色。做好内容运营，文旅局局长主播可以吸引更多用户的关注，提升当地的知名度和吸引力。内容目标定位要素如表 6-5 所示：

表6-5 内容目标定位要素

目的地介绍文章	撰写关于各个旅游目的地的详细介绍文章,包括景点、美食、文化等方面的信息,为用户提供全面的旅游指南
旅游攻略视频	制作并分享关于目的地旅游攻略视频,介绍最佳旅游路线、特色体验项目等,帮助用户规划行程
风景图片和摄影集	通过精美的风景图片和摄影集展示目的地美丽景色,吸引用户目光
文化活动直播	直播当地文化活动、传统节日等,让用户身临其境地感受目的地文化魅力
历史故事和传说讲解	讲述目的地历史故事、传说和文化背景,增加旅游的趣味性和知识性

分阶段制定直播内容策略：一是单场直播内容运营规划,即对每一场直播内容进行规划与整理,以求直播呈现精彩、独特的个性。精确到每个不同时段具体内容,开场前根据直播需求和目标,通过公众号、微博、小程序等"线上方式"预热,直播开始前15分钟规划：开场小视频、自我展示、介绍直播的主题内容；直播15—40分钟规划：展示主题内容；直播40—90分钟规划：设置互动环节,进一步提升直播间的人气,直播互动氛围越好,用户观看时长越长,参与感也就越强；直播90—120分钟：新一轮的主题内容展示；直播结束前30分钟：变现转化时间；直播结束前5分钟：预告下一次直播的时间、主题和内容,让用户可以提前做好观看准备。

二是直播间不同阶段运营策划,根据直播间初创阶段、发展中期阶段、发展成熟阶段制定不同内容运营策略。发展初期：需磨合直播团队、积累初始用户,不间断地拍摄短视频内容；直播时间无须太长,直播中用心解答用户的疑问,争取忠实用户,打牢基础。发展中期：已拥有一定的用户积累量,此阶段需要把控内容生产数量和质量,运用"短视频+直播"的精准赋能,快速提升流量层级,探索更多潜在用户。此外,还可适当增加线下用户活动,增加用户黏性,做好直播体验环节。发展成熟期：加大单品内容制作和发布,树立跨界主播权威形象,加大正面曝光率,打造更加具象化的人设,以拉近互动距离、加深用户黏性、提升跨界主播信任度。

二是确定直播中与用户互动方式。如游戏、抽奖、送礼物等，这是把用户留在直播间的关键因素。以电商主播李佳琦的一场直播为例。一些明星常常会被邀请到李佳琦的直播间做带货直播。而这样的带货直播往往不是一场简单的夸产品、卖产品，更像是一档经过精心设计的人物访谈节目。直播中将访谈与产品宣传融于其中，成为一场"高端人物访谈类带货直播"。通常，李佳琦根据每期嘉宾的不同特点进行话题的选择，不再将话题停留在介绍商品上。在李佳琦的直播间，一场直播基本包括这些话题：关于明星本身的话题，与所售商品相关的话题，李佳琦和嘉宾亲身体验商品的话题，游戏环节，赠送嘉宾礼品。

案例：李佳琦带货"辣椒酱"

在 2020 年 9 月 28 日的直播中，李佳琦邀请的嘉宾是明星吴磊。吴磊是一名从童星一路成长起来的明星，所以李佳琦在第一个环节中十分用心地准备了几张照片，分别是吴磊不同年龄段的剧照，用其带领直播间用户一路回味吴磊成长变化。

李佳琦：刚刚我们提到，吴磊是一个从荧幕中走出来的，从小到大我们看着（成长）的男演员。我们今天准备了很多张照片，来回忆一下好不好？（让）大家可以更好地了解你。第一张剧照，2005 年《封神榜》是你第一部作品，是吧？你还记得你第一次参演影视作品时候的那种心情吗？

吴磊：完全不记得，只有一点点模糊的记忆。第一次拍戏感觉就是特别紧张，（感觉）很神奇，我真的拍戏了！

经过这一段互动，两个人逐渐变得熟悉，李佳琦紧接着在直播间为吴磊的新剧做了宣传。其后，直播进入第二个环节：与所售商品有关的话题。这款商品是辣椒酱，所以李佳琦从"四川人"角度逐步带入辣椒酱。

李佳琦：我听说你个人很喜欢辣椒酱，对不对？你（每次拍戏）都带一瓶辣椒酱去剧组。（转向用户）美眉们，为什么辣椒酱叫这个名字，其实有个小故事，因为这个品牌的创始人想要（在产品中）传递出来的是一个"回忆的味道"。

李佳琦：你是哪里人？

吴磊：我是四川人。

李佳琦：作为四川人，你有什么关于儿时的食物的回忆吗？跟大家来分享一下。

吴磊：因为我（经常）坐高铁，（在）高铁上吃盒饭，拌酱（后）就能直接（把米饭）全部吃光。

李佳琦：对，如果你要（强烈）推荐（用户）买这个酱，你会怎么说它？

吴磊：这个酱好吃，好吃，好吃，吃了就知道。

李佳琦：而且，（这款产品是）吴磊代言的武汉特色风味酱，它的牛肉（是）精选优质牛肉，里面的大粒牛肉无论（用来）拌饭、拌面很有嚼劲。

李佳琦运用引导和煽动的话术，与嘉宾一起对商品进行个性化的推荐。他们一起品尝了这款辣椒酱，在体验的过程中还产生了一些即兴的关于辣椒酱的小话题，直播进入第三个环节。

李佳琦：不是流水线生产出来的辣椒的感觉，就是特制、秘制辣椒酱的感觉。里面有小花生、小芝麻，吃起来很香。（二人一起品尝产品……）

在体验完产品和销售之后，直播进入第四个环节。李佳琦提出和吴磊一起做一个游戏。

李佳琦：我们来玩一个游戏，这个游戏最近比较火，就是加字游戏，我们就用"在李佳琦直播间吃酱"随便加一个字，要通顺。

吴磊：你在李佳琦直播间吃酱。

李佳琦：你在李佳琦直播间吃酱吗？

吴磊：你们在李佳琦直播间吃酱吗？

李佳琦：你们谁在李佳琦直播间吃酱吗？

吴磊：你们谁不在李佳琦直播吃酱吗？

李佳琦：你们是谁不在李佳琦直播间吃酱吗？

在围绕商品的游戏结束之后，直播进入最后一个环节，李佳琦为嘉宾送上礼物。

李佳琦：你给我带来这样的茶，说明你是一个很懂养生的人。我（送）给你一个非常时尚的保温壶，而且帮你把颜色都准备好了。

从这场大约半小时的直播时间内，李佳琦和嘉宾主要聊了这五个话题，节奏紧凑，内容丰富，话题基本上都围绕着商品展开，让用户在不断变换的话题中购物，也得到了娱乐消遣的享受。[1]

▷ 内容包装的三个技巧

确定目标用户 → 选择专业合作伙伴 → 直播效果的流畅性和可读性

图6-8 内容包装的三个技巧表

确定目标用户：目标用户是根据直播内容来设定的。当前的网络直播

---
1. 以上内容根据2020年9月28日吴磊做客李佳琦淘宝直播间整理。

大多围绕品牌推广、教育话题、商品销售、员工培训等内容展开，可根据直播内容圈定目标用户的基本特征。同类直播主题之下的细分用户群也不一样。以电商主播直播为例，直播间售卖产品不同，用户群体也不同：性别、年龄段、职业、个人爱好都有所区别。根据用户定位划分类别、精准定位，主播就能根据用户的需求痛点设计更专业的直播内容。

选择专业合作伙伴： 跨界主播需根据内容创作需求和目标来选择合作伙伴，以达到最佳合作效果。如具有一定才艺且经验丰富的编导、摄影师、化妆师、服装设计师等。他们可以为主播提供专业的服务，提升直播品质。在选择专业的合作伙伴时，又要考虑以下三点：一是专业能力。专业能力强的合作伙伴能弥补主播的短板，达到更好的创作效果。如主播希望制作一期宣传视频，可以选择一个擅长视频拍摄和后期制作的合作方。二是声誉和影响力。选择合作伙伴时关注其声誉和影响力，以此增加跨界合作的反响。三是目标市场的知名度。如主播希望在某个特定市场进行产品推广，可以选择在该市场已有知名度的合作伙伴，比如已在目标推广区域具有一定影响力的流行歌手、演员或社交媒体博主等。

要注重直播效果的流畅性和可读性： 直播的流畅性和可读性不仅体现在舞台效果、表演技巧等方面，还体现在传播内容和表现形式的深入浅出、生动有趣，才易于被用户所接受。直播的流畅性，需网络环境、设备性能、直播平台作支撑，如网络连接稳定、避免直播中的卡顿现象、选择合适的直播平台。直播的可读性来自直播内容的易读、易懂。一场好的直播应该能够让用户轻松地理解、接受传达的内容，而不是让他们感到困惑。为增强直播的可读性，跨界主播在直播中应避免过于复杂的语言（前文已述），还需控制好节奏，给予用户充分的时间理解和消化内容，并适当使用配图、视频或幻灯片等多种方式来增强内容的可读性。

▶ 设计直播时长

直播行业竞争尤其激烈，要充分考虑用户观看的随机性。首先，直播时间过短影响曝光效果，主播曝光越久，新增用户可能越多。但直播时长过长，主播与用户都会感到疲惫；如果没有充分的内容作为支撑，整个直播都会显得十分空洞，也会影响用户观感。其次，直播时长要根据内容与用户的定位相对固定，主播需要保持好节奏，设置好流程，有固定的开场白，每个时间点的节目内容、环节以及固定的结束语。如果直播有时半小时、有时3小时，忽长忽短，会让用户感觉主播过于随意，对直播内容准备不足或没有做好规划。一些娱乐型优质主播往往把自己的直播做成一档小剧场，如设置唱歌、话题讨论、游戏互动、维系粉丝关系、连麦PK等时长固定节目流程，配合时间线，尽情施展个人魅力。李佳琦惯用的一种营销手段，就是借时长控制故意营造紧张气氛。除了在表达中用激动人心的语气进行暗示、煽动外，再利用"限时购"的方式，营造紧张的氛围，总有用户禁不住诱惑去抢着下单。通过控制时长来激发消费者的购买冲动，激发用户的从众心理，觉得不买就"错过一个亿"。

（二）擅用"借势"传播

"借势"传播主要是介入具有新闻价值和社会影响力的事件，提供事件的传播素材来吸引消费者、大众及媒体。"借势"营销的"势"是一种宝贵资源，巧妙"借势"即为善于利用资源。网络营销中"借势"传播的例子已屡见不鲜，前有2008年汶川特大地震，王老吉豪掷1亿元支援地震灾区，让国人看到了这家企业的爱国情怀，从而塑造出其品牌价值，至今不曾退散。后有2021年7月，河南郑州遭遇历史罕见洪灾，一家濒临倒闭的生产体育服装用品企业鸿星尔克低调捐款5000万元冲上热搜，企业义举感动了网友。从同年7月22日开始，大量网友涌入鸿星尔克电商直播间，用下单行为表达对这个品牌的认同。短短两天，鸿星尔克淘宝直播间粉丝量已突破千万，其抖音直播间销售数据突破了1亿元，实现浴火重生。企业这种借势营销行为，既通过捐赠善款帮助了灾区人民，又加深外界对企业品牌形象的好感。在信息爆炸的互联网时代，巧妙借势，其品牌更能被广泛传播。

跨界主播

▷ 扩大内容影响力

"借势"传播能让创作内容更具影响力,主要有以下几个方法。

与热议元素建立联系:热点的两个根本属性是高知晓度、高关注度。内容生产与当下正热议的元素建立联系,才能更好地吸引关注。"她是被播音耽误的'歌唱家',今晚进行职业生涯的最后一场直播""李谷一曾劝她别唱得太好,不然专业都得改行"上面两个标题说的是一件事:中央广播电视总台《中国新闻》主播徐俐退休前在《中国新闻》节目的最后一次直播。若让用户自由选择,更会选择点开后一个标题,因为它"蹭"了著名歌唱家李谷一的名气。更进一步分析,是标题绑定了用户大脑里更关心的元素"被热议的人或事物"。因此,借势热议的元素,才能更好地吸引关注。

"借势"要"蹭"正能量:移动互联网如此发达的今天,一个社会热点的爆发瞬间便会传播给亿万的受众。"借用他人的名望,可增加自己的影响力。借用他人的才华,可以增加自己竞争的筹码"。跨界主播选择"借势"的热点一定要具备正能量。因为正能量更加容易被大众所接受,增加对主播的好感度,从而达到传播推广的效果。切忌剑走偏锋,选择负能量的热点,很有可能会受到热点事件的牵连,得不偿失。虽然当年"优衣库事件"的确赚足了眼球,但该事件本身过于负面,某些品牌"借势"反而受到了业界和受众的诟病。盲目选择热点,有可能使本来积极正面的形象产生负面影响,使用户产生偏差,对主播造成伤害。

黑龙江网红农民王强,作为"留守青年"回乡创业,直播"农村生活",卖农货、卖山货,利用互联网干出了一番事业。王强把自己采野菜、药材的过程以直播的方式呈现,配合乡音,淳厚质朴。从手工大煎饼的制作到大山深处采野菜,从山里美景到村头新屋,都是王强直播的内容。这种"原生态"的直播,让他圈粉不少。在直播平台上,王强的粉丝有几万人。每个月收到的直播打赏加上卖山货、农副产品收入能有上万元。随着粉丝越来越多,他直播"农村生活"不到四个月,收入了七八万元。王强成了"网红"后,村里的亲朋好友都来找他"借势"直播。老侯家的木耳,老孙家的400个苞米棒、20只大鹅、1头猪都在直播间被粉丝预订;当地蓝莓种值基地老板,也闻讯找他去直播。

像王强这样勤劳致富,同时不忘家乡父老,用自己的影响力向用户展示美丽山村,体现了新一代的农村青年自力更生、回乡创业,致富不忘帮助乡亲们的暖心向上的故事,是跨界主播"借势"传播,用正能量打造自身形象的典型代表,并借此完成竖立自身品牌的跨越和积淀,广大用户还能从中收获到感动和向上的力量。跨界主播"借势"正能量,才能爆发出巨大的"核聚"传播效应。

强强联合、互造声势:"借势"传播不仅可以运用于企业之间,也可以运用到跨界主播之间,达到事半功倍的效果。我们看到,影视明星争先去顶流主播直播平台直播带货,就是通过强强联合来互造声势。拥有顶级流量的网红有大批的粉丝和巨大的影响力,明星进入顶流主播直播间,依靠顶级主播的影响力获得更多的流量和曝光的机会,而顶流直播又利用明星自有粉丝效应带货,最终实现双赢。到李佳琦直播间的嘉宾通常是商品的代言人和最近大火的综艺、电视剧、电影中的明星。明星们在李佳琦直播间除了聊商品,还为即将播出的新剧造势,这就是一种"借势"宣传。

▶ 多平台运用

要达到理想的"借势"传播效果,还要善于利用互联网以及大的传媒平台传播。首先要生产优质且符合用户兴趣、阅读习惯的原创内容,以网络平台为主,配合论坛、微博、微信、各类短视频平台等为辅助手段,多管齐下。一些高端企业跨界主播,如 CEO 型主播,其自媒体营销推广平台拥有专业团队,全面掌握了新闻、论坛、微博、微信、短视频平台等几乎所有网络传播渠道,从内容策划到平台发布,可使直播营销推广达到最佳效果。

网红 papi 酱首次直播创造出令人惊叹的热度。直播前,papi 酱在微博和短视频平台上向广大的网友预告她即将要做直播,并广泛征集广大粉丝的意见,以策划直播内容。因为 papi 酱本人已具备较高的热度,加之微博"大V"们的转发,吸引了多人关注。网友们都想和"2016 年第一网红"在直播上互动。利用网络平台的渲染和知名人士的转发,多平台造势,是她直播成功的关键一步。

▶ 增大曝光量

热点事件可以分为两大类，一类是常规的节日类热点，另一类是突发热点事件。不论哪种类型，跨界主播合理"借势"，就能够为自己带来曝光量。对于事件营销的"借势"，电商向来都反应敏捷。当《舌尖上的中国》节目热播并迅速走红的时候，某电商商城就紧随其后推出"舌尖上的惠买"优惠专场，收效甚好；而在欧洲杯激战正酣的时候，许多电商网站更是围绕欧洲杯大做文章。不管"借势"营销带来的最终业绩如何，但在很大程度上增加了品牌的曝光量，比铺天盖地的广告宣传要实惠得多。2020年11月11日，在抖音平台一条不到10秒的视频中，一位身穿藏族服饰的小伙，帅气的脸庞、黝黑的肤色、眼神清澈、笑容纯真，这条来自理塘的丁真视频一经发布，立刻火爆全网，单条视频点赞量超过270万次，网友评论也"炸"了，追捧丁真为"甜野男孩"（野性与纯真并存）。11月12日，一个拥有310万粉丝的微博"大V"紧跟热点"借势"传播，将这则视频转发到自己的微博上，使丁真从抖音火到了微博。各大平台推动传播，使得全国各地的MCN机构连夜赶到丁真家乡所在地——四川甘孜藏族自治州理塘县，想要与他签约。而此时，一条微博话题"丁真该不该离开草原发展"的讨论，更是引发网友围观，阅读高达1.6亿次，促使丁真继续走红！一条"丁真签约国企"的消息再度登上热搜，引发网友大量讨论。丁真的走红，导致全国大小媒体都来"蹭热点"，加入"战团"，"借势"推介各自的旅游景点。海霞在《主播说联播》中也谈及丁真"纯真的笑容"。各地媒体的"借势"也反哺丁真和他的家乡，进而使得丁真这一IP更加强大，从而衍生出系列产品。甚至丁真乘坐的小白马也引起了关注，成为"网红小白马"。这一波"借势"与"反借势"的宣传炒作，大大增强了丁真的曝光量，由丁真引发的持续性热度甚至波及海外。截至2025年1月2日，丁真的抖音粉丝达716.2万。[1]

---

1. 数据来自抖音APP丁真账号（截至2025年1月2日）。

在内容快速更迭的互联网时代，曝光，是跨界主播保持新鲜感、推广自己的一种方式，实时曝光，并不断增强曝光量，以吸引更多粉丝。

▶ 把握最佳"借势"时机

"借势"热点传播，应通过深入调研和精心策划，将热点话题和活动策划有机结合，尽量用最低的成本，使活动达到更好的传播效果。有些事件的发生是可以预知的，如航天飞机发射、各类节假日、新品发布会、大型的赛事（如足球世界杯、奥运会）等。"借势"这类事件要抓住最佳"借势"时间，做好活动预热和上线准备。"借势"可预知事件，时间比较充裕，这就要求把握好"借势"的时间安排。根据可预知事件的准确日期，合理安排活动每一阶段的时间。如发布会活动预热内容时间、确定预热不同阶段、集中宣传时间段、内容正式发布时间。热点具有及时性。据调查，热点爆出后的 12—24 小时之内，受众会逐渐失去兴趣；而 1—6 小时内是最佳传播时间，热度最大。

突发性热点，由于具有不可预知性，所以更强调时效性，要抢时间、争速度，迅速做出反应。以下是突发性热门事件借势"蓝瘦香菇"的例子。一位南宁小哥失恋了，他非常难过，于是录了一段视频，放到微博抒发自己的满腔伤情：

蓝瘦（难受），香菇（想哭），本来今颠（天）高高兴兴，泥（你）为什么要说这种话？蓝瘦（难受），香菇（想哭）在这里。第一翅（次）为一个女孩这么香菇（想哭），蓝瘦（想哭）。泥（你）为什么（么）要说射（这）种话，丢我一个人晒（在）这里。

南宁小伙先在 QQ 空间发布视频，随后视频在百度贴吧引起讨论，但是传播范围有限，并未吸引太多关注。转折点出现在秒拍网红 @当时我就震惊了（该网红注册名）对该段视频的转发。网红大号 @当时我就震惊了拥有 2679 万粉丝，经其微博转发，微博获得 29003 个赞，又引起 1 万多网友转发，2 万多网友跟帖评论。明星林更新和颖儿的加入将这个流行语的热度推向新高。[1] 两天里，各类模仿视频、文字、表情包层出不穷，"蓝瘦、香菇"魔性地刷爆了整个网络。随后，"蓝瘦、香菇"进入传播高潮期，媒体报道陆续推出，微信朋友圈也出现刷屏。众多品牌相当成功的"借势"策划，即将"蓝瘦、香菇"推向新的传播峰值，成就了自身品牌的"借势"营销。

（三）牢牢吸引"Z世代"

"Z世代"泛指"95后"，即1996—2010年出生的一代人。作为在智能手机陪伴下成长起来的第一代，"95后""00后"是真正的"数码产品原住民"抑或"移动的一代"，他们比之"80后""90后"，更加频繁地使用手机和互联网等媒介来传递、获取信息。当下越来越多的"95后""00后"已登上历史舞台，正在各个不同领域创造着属于他们这代人的奇迹。至此，千禧一代（1984-1995年出生）已"翻篇"，"Z世代"来袭。中国的"Z世代"具有鲜明的个性化特色，他们追求自我、特立独行、极具包容心，且非常看重兴趣相投。因此，更多基于兴趣导向的社交平台——QQ（空间）在"95后""00后"中，比微信拥有更高的使用频率和活跃度。更多的选择、更挑剔的眼光、更个性的需求造就了这一代人不同于前辈们的"宅、腐、挑剔、毒舌、自黑"等特质。

作为真正意义上的"数字原住民"，"Z世代"在数字化媒介生态中形成了独特的媒介使用习惯：多使用智能化移动终端。手机、iPad等智能化移动终端，构建起属于他们这一代人的精神家园与文化游乐场。"Z世代"俨然成了互联网圈绕不过去的一个话题，不少创业家聚会的主题聚焦"Z世代"。小米科技有限责任公司董事长兼首席执行官雷军此前在微博公开表示，"世界未来一定属于'00后'"。当前，他们的兴趣习惯在资本市场里炙手可热。因此，跨界主播要做到内容传播价值的最大化，一定注重抓牢"Z世代"群体，分析他们的特性，内容生产在选题、创意、输出方式上满足他

---

1. 詹婧：《舆情观察："蓝瘦香菇"走红背后的网络青年亚文化现象》，新华网，2016-11-01，https://yq.zjol.com.cn/system/2016/11/01/021351123.shtml。

们更为个性的职业观、生活观和消费观,以及他们注重体验、兴趣优先等多元特征。

▶ 内容创意出奇

有趣的、富有创意的直播内容,才是形成直播传播有效流量的关键。年轻的互联网消费群体,注重的是传播创意、便利、品质。做好直播内容的策划,注重内容创意,才能吸引年轻用户群体。随着直播领域的细化,"Z世代"用户对直播内容的要求也在不断提高。单纯的高颜值或低俗的内容已经无法满足他们的心理,具有高质量、深文化内涵的直播内容,将成为"Z世代"用户接收的主流。因此,做好网络直播要在直播内容的创意上下功夫。

"脑洞"结合"干货":"Z世代"喜欢有趣和新奇的内容,关注时事,也喜欢猎奇。但"Z世代"的生活中充斥着各种数码产品和网络资讯,跨界主播要想吸引他们的注意,内容创作必须有真材实料。由于年龄较小,多数"Z世代"喜爱的事物披着"哗众取宠"的外衣。但如果因此判定他们只热衷于娱乐化的轻量级内容则无异于管中窥豹。这点从国内目前最大的"Z世代"网络聚集地——B站上可见一斑。B站除众多的"鬼畜"视频、番剧和二次元等潮流元素,许多质量过关的主旋律作品同样受欢迎。2015年,由"90后"编剧逆光飞行创造、B站参与制作的爱国题材动画《那年那兔那些事》首播,将中国近现代史的发展历程以一种"萌化"的形式呈现,受到活跃于B站的大量年轻人的追捧。从讨论之热度可以看出,"Z世代"由这部作品生发出的拳拳爱国心。

内容个性化:"Z世代"是最具个性化的受众群体,他们从小接触互联网,能获取来自方方面面的信息资源。因此,跨界主播的内容生产不能仅依靠单一的文字或图片,而应该将视觉、听觉融合,同时提升参与性。一个专门发布二次元相关内容的账号Tokyo Otaku Mode(东京御宅风尚)上,一条关于"手工制作仿真比例寿司店"的视频就能引来接近30万次分享,评论里纷纷感叹制作者超强的手工技能。"Z世代"最讨厌大众化的产品,同质化产品会被抛弃；个性化、定制化的产品会成为吸引"Z世代"的主流。

内容有情怀："Z世代"从小就习惯了社交网络的存在，朋友圈和真实生活的分界模糊。因此，那些带有个人真实经历、内心独白或充满感情的故事往往会引发他们更多地参与。如讲述各种心事和秘密故事的匿名社交APP Whisper吸引了众多"00后"。"Z世代"拒绝虚构，更愿分享真实故事，愿意为情怀、内容买单。在某些人眼里，"嗑CP"、混"饭圈"，是"Z世代"标签，但他们也会为《山海情》《觉醒年代》等主旋律影视剧热泪盈眶，也会在网络空间中积极讨论诸如性别平等这样的严肃议题。面对在数字媒体环境中成长的年轻一代，跨界主播的内容生产若能够为年轻人带来符合其期许的审美体验，就完全有机会大受欢迎。

▶ **掌握"Z世代"语言表达特点**

要做到与"Z世代"正确沟通，需要找准语境和技巧，与年轻人群做沟通是跨界主播的必修课。只有了解当下社交网络语境和"Z世代"的圈层文化及审美倾向，才有可能熟练掌握与年轻人沟通的技巧。中央广播电视总台《主播说联播》大获好评的一大特点，就是用年轻化的话语系统，牢牢吸引了年轻用户群。"Z世代"习惯享受社交媒体的娱乐化，交流上除了运用有声语言，更多通过输入信息来交流。信息输入运用不同的载体，如汉字、数字、字母、图片，以及通过这些载体衍生出其他信息输入方式，如缩写词、表情包、弹幕、颜文字等——这一切构成"Z世代"独特的话语体系和表达方式。

夸张修辞：作为移动社交生活的主要参与者，"Z世代"群体通过网络社区、媒体、直播APP等平台生产与消费内容，社交参与度高，好玩、有趣、表达个性化。比如，想说明一件事好笑，"太好笑了"就显得很敷衍，一定要"笑到头掉""笑到邻居报警"才显得有诚意；如果想表示自己被喜爱的内容所击中，缩写词表达为："YYDS（永远的神）""AWSL（啊，我死了）"；形容一个作品中最引人注目的一部分叫"注入灵魂"；喜欢一个作品要说"再来亿遍"；一个作品特别棒就称之为"镇站之宝"。在B站，诸如此类的用语屡见不鲜，用带有戏剧性的用词来表达自己的喜恶。追星族甚至用"想在哥哥的睫毛上荡秋千""想在哥哥的鼻梁上玩滑梯"这类的语言来盛赞偶像的颜值。

因推出线上课程被小学生集体"打一星"后，钉钉推出了一支"撕心裂肺"的《钉钉本钉，在线求饶》的"鬼畜"视频，开篇文案"天下大乱，背水一战，负心违愿，百口莫辩，反复横跳，少侠们饶命吧，大家都是我爸爸"。用户的弹幕也与视频内容风格一致，一唱一和"三天之内杀了你这逆子"等夸张话风。在直播文案设计中，适当地使用夸张的修辞和戏剧性的情绪表达，会更容易与年轻用户群的"脑电波"实现同频共振。

动漫语言：因渗透进年轻人的社交场景和沟通语境的动漫文化，被誉为"Z世代"的通用语言。漫画、动画、视频游戏是当下广大年轻人线上社交场景中的兴趣点。在年轻人聚集的B站上，就有丰富的动漫文化内容。"Z世代"认为，动漫元素符合他们天马行空的想象力，既能够增添生活中的快乐，又可以更好地展现自我的个性与趣味，富有亲切感。因此，发"动漫表情包"成为年轻人社交中最常用的语言，有"万物皆可表情包""无表情，不社交"之说。他们根据动漫内容进行天马行空般的二次创作而产出的动漫表情包和配图，成为线上社交中不可缺少的个性化语言符号。2018年腾讯官方发布的"QQ表情大数据"显示：近9亿QQ用户一年QQ表情发送量近3187亿次，其中"呲牙"表情连续五年冠军，发送量高达303亿次；其次是"微笑"和"偷笑"，发送量分别为150亿次、130亿次。如果放眼全球，根据美国一家数字媒体服务提供商Swyft Media统计，全世界的网民每天通过通信应用发送表情符号超过60亿次。"00后"用户最喜爱使用的黄脸表情包，分别为"亲亲""呲牙""发怒"。[1]极具个性的"Z世代"还把表情包容入到各种场景中，他们解构严肃，调侃一切。他们甚至将表情包用在辞职信上，用幽默的方式表达辞职的决定和想法，通过"表情包辞职信"来缓解自己和公司之间的紧张气氛，以便更加畅快地表达自己的离职意愿，彰显出与

---

1. 王清锐（歪道道）：《Z世代的第二语言：万物皆可表情包？》，投资界，2021-04-13，https://news.pedaily.cn/202104/469636.shtml。

众不同的个性。

"万物皆可表情包，万物皆已表情包"。从"90后"到"00后"，表情包的生产主体逐渐走向多元，表情包也被赋予了社交沟通之外的更多功能。"颜文字、emoji、兔斯基、阿狸、暴走漫画、动漫语言"等经历了不同的阶段，已与网络社交生活融合。伴随技术的成熟，人脸捕捉、自然语言识别生成技术和语音、触屏输入等交互技术融合得越来越自然，更多的语义表情符号通过对用户声音、表情、情感状态、语境等的判断生成和匹配。作为"Z世代"的"第二语言"，动漫语言的魅力还会继续升华，不仅承载满足着更多用户个性化的表达诉求，而且在教育、文化等更多维度也正扮演着更为重要的角色。话语体系的符号化表征背后是文化价值取向的认同，是"Z世代"对自己的兴趣和表达方式自发的选择。跨界主播掌握好"Z世代"与众不同的语言表达方式，就能更好地拉近与这些互联网主力军的距离，做到内容传播最大化。

▶ 多元的内容呈现

对内容的"强需求"和对社交媒体的依赖是"Z世代"与生俱来的特点，跨界主播内容生产是否得到"Z世代"青睐，决定了他们是否留存及其活跃度。沉闷、轰炸式的灌输不再对"Z世代"有强力效果。只有趣味性的内容，才能引发他们"我也去创作"的想法，才能与"Z世代"内容共创。B站的卡位成功，被视为面向"Z世代"内容开发的经典案例。B站提出"内容加成"（Content Plus）这一新概念，品牌和用户之间能通过内容连接，成为互相成就的好搭档。B站实现"内容加成"的主要手段是提供多元化视频编辑和创作工具，让创作者们在原有视频素材上进行多种创意的二次加工，从而创造出更加独特、趣味、丰富的视频内容，满足用户对多元化视频内容的需求。如B站自带的字幕制作工具，可以让用户在视频中添加动态字幕、插图、漫画等，使视频更具有表现力和趣味。手绘涂色选手和话本创作者，可以运用B站视频、话本等平台进行创作，手绘涂色功能使平面图像更具生命力。B站直播平台可以将游戏玩家直播内容与板块相结合，挑战游戏记录、破解游戏等，计用户在游戏直播中获得惊险刺激的体验。"内容加成"为 B 站上的视频创作者提供了更多的创作平台，帮助 B 站快速扩大平台影响力和用户规模。顺应年轻人内容需求、尊重"Z 世代"个性习惯，是跨界主播内容年轻化、多元化的精髓。要想获得"Z 世代"群体的青睐，跨界主播未来的内容生产还应具备以下三个特质。

交互性：内容生产在形式上要有更强烈的交互性。不只是在"Z 世代"群体用户之间的交互，更要有"Z 世代"群体用户和内容之间的交互，即赋予"Z 世代"群体用户更大的介入空间和更强的自主性。例如，营造更具沉浸感的社交空间，更有参与感的互动场景以及更能激发创造性的多元环境，以更丰富的、虚拟与现实相结合的综合体验提升"Z 世代"群体用户的幸福感。

平等性：在内容传播中要注重与"Z 世代"群体用户进行地位平等的交流。这就要求跨界主播对不同类型的"Z 世代"群体文化形态及其之间的融合共处关系有更多的体认，运用多元化的文化，吸引他们的喜爱和关注，引发价值认同和情感共鸣。号称在"Z 世代"群体偏爱下成长的芒果 TV，为更好地了解"Z 世代"的在线视频消费特征及心理动因，以他们喜爱的语境和方式对话，对数千万用户进行大数据分析、有效问卷调研以及用户深度访问，而得以精准洞察"Z 世代"的内容消费痛点。

广泛性：平台和渠道的持续创新已成为大众文化保持活力的前提。各行各业都在布局直播，跨界主播选择适合本行业属性的直播系统或直播平台，才能够更好地突出自身行业属性和特色，更好地实现用户沉淀、信息传递及内容变现。

有人说："得 Z 世代者得天下"。"Z 世代"消费增速远超其他年龄层，正成为新一代风潮的引领者。他们爱赶时髦、重视体验、乐于分享，把消费当成表达生活态度的一种方式。"Z 世代"的世界正在从"跨界"演变到打破一切壁垒的限制，即文化、地域、创意、潮流、认知的"无界"状态。跨界主播唯有以优质的内容、与时俱进的传播、深入肌理的创新，构建年轻化价值体系，与时间为友、趋势为友，同"Z 世代"群体一路在信任感中心意融通、情意共振，才能与"Z世代"互动契合，共同铺就鲜活的消费底色，为未来的可持续发展创造更大空间。

四 直播全流程筹备要点

5G时代，"直播＋内容"日趋多元化，直播带货红利，使得人人都想直播，却不是人人都懂直播。直播看似"即兴发挥一遍过"，实则需要非常充分的前期准备。越想直播表现没有"NG"（电影术语：不通过），越需要提前做好充分准备工作，最大限度地避免直播"翻车"。

直播中输出的内容、主播能带给用户价值观的认同、直播不同时段应做好怎样的功课，决定了跨界主播能否顺利地进行直播。直播的准备分为直播前、直播中、直播后三个阶段。

（一）直播前：不打无准备之仗

无论何种直播类型，主播都要从自身特长出发做好定位，选择从哪个赛道出发很重要。而主播定位也是直播平台将直播精准推荐给其他用户的重要依据。每次直播活动都有目的性，每场直播有期望达到的结果。不同行业跨界主播，目的不同，行为指向也不同。在直播前，明确了目标才能制定准确的直播方案。

▶ 做好直播选题策划

直播前，跨界主播要基于自身专业特长进行综合判断，形成清晰深刻的认知，了解用户可以从自身内容生产传播中获得什么，如何在自身专业领域深耕以帮助用户持续获得新的知识。直播主题是直播的核心，整场直播的内容需要围绕中心主题进行拓展。

选题定位精细化： 对主播而言，越精细的定位越有穿透力。直播主题是直播内容的中心，确定直播主题后，直播内容可围绕主题展开；定位越清晰，越能满足用户的需求。首先确定先定大主题，什么行业？直播间是做什么的？然后，以定位为核心，拓展直播内容。例如，美食直播是带领用户去品尝美食还是教用户做美食？根据主播的定位确定目标用户是家庭主妇、白领阶层，还是年轻群体？主播风格是搞笑型还是技术型？确定怎样的话术等等。直播内容定位决定了直播间的整体风格、直播流程和直播团队配置等。

精准定位目标群体：根据直播间主题定位，确定目标受众群体。不同的直播主题所覆盖的受众群体也不一样。其一，根据自身主题定位，了解目标粉丝群体的年龄结构、性别、喜好、消费能力、文化层次等标志性特征，从而在直播内容策划时更贴近用户喜好。其二，了解目标受众群体对内容呈现形式的偏爱度。不同类型的目标受众群体对文字、图片、动画、声音、视频等不同的内容呈现形式喜好各不相同。比如，游戏类用户，对视频攻略的接受度要远远大于图文攻略；带货直播中，美妆产品受众群体大部分是女性等等。跨界主播在深入分析用户特点之后，了解用户看直播需求，着手优化直播内容，将其转化为忠实粉丝。

塑造行业专家个性：跨界主播要想扩大影响力，做足知名度，就需要在直播主题中植入自己的个性标签，让用户通过这个核心标签就能感受主播的内涵；还可以借助一些有热度的事件来帮助自己发酵。在互联网时代，网上的热点词汇和事件往往能够带动用户的传播和分享。在策划直播主题时，主播要学会利用关键词汇来做由头，因为关键词汇往往最能吸引用户。作为"行业专家"的跨界主播，需要明确自身的主播特色，找到最适合自身的语言表达方式，运用个性化的语言以凸显个人特色，一些固定口头禅和开场白，可以给自己贴上鲜明的个性标签，以增加用户对主播的辨识度。

◘ 测试直播环境

直播环境测试项目，见表6-6。

表6-6 直播环境测试项目

测试项目	测试说明
网络测试	检查网络连接是否稳定，避免画面卡顿或掉线
设备测试	检查手机设备是否正常工作，保证直播质量
光线测试	确保环境光线合适，避免画面过暗或过亮
背景测试	保持直播背景整洁，避免杂乱无章
音量测试	保证直播时音量适中，防止声音过小或过大
互动测试	测试直播平台互动功能，确保互动效果良好

手机直播前，可以通过以下步骤设定手机直播画质、帧率、码率（见表6-7）：

表6-7

步骤	说明
1	打开手机直播应用程序，进入直播设置页面
2	选择直播画质，一般建议选择1080p[1]（全高清）。对于移动设备直播，可以选择更低的分辨率，例如720p（高清），以节省带宽和存储空间
3	选择直播帧率，一般建议选择25fps—30fps[2]的帧率。对于高质量的直播，建议使用50fps—60fps的帧率
4	选择直播码率，一般建议使用500kbps—1500kbps[3]的码率。对于高质量的直播，建议使用800kbps—4000kbps的码率

需要注意的是，设定手机画质应根据直播内容和目标受众来选择合适的分辨率。对于移动设备直播，可以选择更低的分辨率，例如720p（高清），以节省带宽和存储空间。如条件允许可以考虑使用高动态范围（HDR）

1.P: Progressive scan 的缩写，意为"逐行扫描"，是一种图像扫描方式。

2.fps: Frames Per Second 的缩写，意为"每秒传输帧数"。通常用于衡量显示器、视频游戏或其他实时图像显示系统的刷新率。

3.kbps: Kilobits Per Second 的缩写，意为"千比特每秒"。它是一种数据传输速率的单位，表示每秒传输的千位数。

技术，以提供更鲜艳、更真实的色彩。在选择码率时，需要考虑手机的网络带宽和存储空间的限制。此外，直播前还需要确保手机内存充足，以避免出现画面卡顿或掉线的情况（见图6-9）。

专线网络：手机直播对网络的要求比较高，需要确保网络连接稳定。如果条件允许，建议首选专线网络进行直播，以获得更好的稳定性。专线网络是一种高速、稳定的网络连接方式，专门为直播企业提供服务。它通常通过有线连接（如光纤）提供，具有高带宽、低延迟和高稳定性的特点。通过使用直播企业专线网络，直播企业可以获得更好的网络质量和更稳定的直播体验，提高用户的满意度。

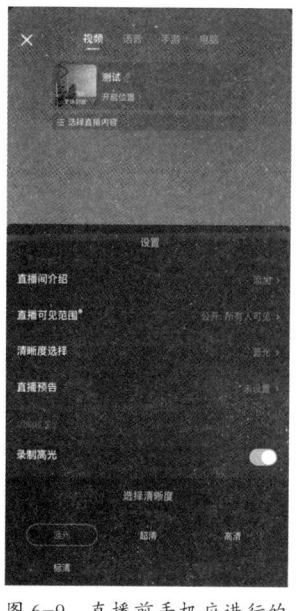

图6-9 直播前手机应进行的基本设置

无线连接：通过Wi-Fi或移动网络进行直播，其稳定性和延迟可能会受到周围环境和网络拥塞的影响。建议移动直播设备(手机等)尽可能靠近Wi-Fi发射源，保持信号强度，同时无线网络建议专供移动直播设备连接，避免其他接入设备抢占网络资源。

手机信号：在没有Wi-Fi的地方进行直播，需要提前在直播点测试手机信号。良好的观看体验是直播顺利进行的重要保证。手机上的热点功能受周围环境影响较大，谨慎使用。直播一定要选择在信号良好的地方进行。

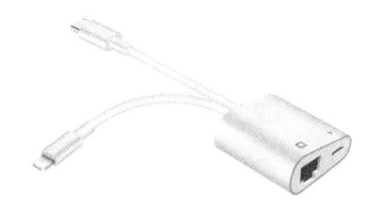

图6-10 手机网络转接器

直播间网络直播测试：在网络条件满足直播需求后就可以开通直播间，进行网络直播测试，可以完善直播室的基本信息，对直播进行观看设置，如直播倒计时设置、授权观看设置、观看人数上限设置、自定义菜单设置等。

▶ 直播前宣发

俗话说："酒香不怕巷子深"。然而在市场竞争激烈、受众选择越来越多元化的当下，没有强大的宣传造势，"酒香也怕巷子深"。做好直播前的预告文案和短视频宣发，是吸引用户进入直播间的重要手段。因此，跨界主播要在直播前进行推广性的内容策划，宣传要到位，充分做好直播前的铺垫。

多渠道宣发：直播前的预告文案和短视频宣发要运用到一切可以推广的渠道，如微博、微信、微信公众号、网站、付费渠道等。以抖音为例，在抖音上进行的直播，通常在开播前一周左右，直播运营者会在自有平台和其他社交平台上提前宣传预热。如单独在账号某一期视频中预告直播时间和直播活动，然后进行全网分发，以通知用户和吸引新的潜在用户来观看直播。

做好内容分享：除了将直播的预告分享到各个社交平台，直播开始后还可以再次在不同平台分享直播链接。在直播中，可以每隔10分钟分发一次直播链接，并不断地让粉丝转发至自己的社交平台，使更多用户触达直播入口进入直播间。

短视频宣发：自媒体盛行、短视频盛行的年代，任何一个普通人可以变成风口上的猪，乘势而上。有很多人知道董宇辉，就是来自他的直播精彩花絮小视频。"东方甄选"开播半年，反响平平。2022年6月10日有人把董宇辉直播的片段剪成视频，发到网上，引发全网爆红。一个短视频，让更多没时间看直播的人，突然想看直播了；让很多不在视频平台买东西的人，开始买东西了。一个短视频，让全国网友认识了这位来自农村的普通青年。从直播半年不被关注，到因为一条短视频突然爆火，既有偶然也有必然。也证明短视频与直播相比，短时间内迅速获得用户关注的概率更高。因此，要想直播获得更高的关注度，直播前使用短视频宣发尤为重要。每场直播前，制作预告直播日期、时间等相关信息的短视频，提前4小时陆续宣发。数量一般准备2-3条，时长20-30秒；也可将直播前期的准备、排练等花絮制作成短视频进行宣发。

制作宣发图片：添加字幕信息，直播二维码，分别在开播前1日、开播前2小时、开播前1小时、开播前10分钟进行多渠道推广，以方便目标群体保存图片，随时扫码进入直播间（见图 6-11）。

（二）直播中：家中有粮，心中不慌

直播的魅力在于现场感强、参与感强，同时风险并存。而直播的最大挑战则是，不可控因素很多，突发状况在所难免；最大的风险来自不可预测性。近年来，跨界主播直播"翻车"事件也屡屡发生。每位主播在直播中，或多或少都会遭遇一些突发状况，有经验的主播能够在用户没有察觉的情况下化解风险。而跨界主播本身缺乏直播经验，在直播中出现突发状况应该如何进行处置呢？为了保证直播顺利进行，跨界主播在策划直播方案中，一定要全方位分析、预判直播中可能出现的问题，并制定相应的解决方案，以备不时之需。

图 6-11 本书作者组织、指导的 2011 年高校毕业典礼《青春不说再见》（图片来源：作者提供）

▷ 制订相关备份计划

网络直播中经常出现的与网络信号相关的突发事件有以下几种情况：

网络信号不稳定，信号问题导致画面卡顿，有画面没声音，网络信号突然中断等。4G 时代，直播过程中的"卡顿"，"卡成马赛克"，甚至被"卡出直播间"是最常见的问题。在第 28 届金鸡、百花电影节闭幕式红毯及颁奖典礼直播上，由于直播时观看人数过多，《金鸡直播间》嘉宾朱一龙直播时被卡成"马赛克"甚至还登上微博热搜。跨界主播主要使用移动设备进行直播，上述情况在直播中是不可避免的。那么，主播一定要预演，并熟练掌握处理上述情况的相关措施，如怎样检查网络信号是否稳定，是否设置了移动数据限制功能，如何连接无线网络更新手机系统版本，如何连接有线网络、检查无线网络设置等相关问题。

直播现场遭遇变故，流程没有按计划执行，可能会出现以下几种情况：

预定的直播地点由于人为或气候因素不能使用，受邀嘉宾不能按约定

时间完成直播（迟到或提前退场），准备好的视频素材、短片或音乐无法播放，临时增减环节或修改内容，主播出现口误，主播过度紧张忘词、卡顿导致没有按设计流程进行直播等。

综上的各种问题，要求主播具备较强的心理素质，有一定的临场应变和即兴发挥能力。遭遇突发事件要做到处变不惊、从容镇定、随机应变。随机应变能力的获得有两个途径：一是广义的获取，即平日要加强对政治知识、专业知识以及百科知识的学习，做到"博"；二是狭义的获取，每场直播做好直播前的策划准备，针对可能出现的情况做预备方案。当策划完成后，还需要通过各种渠道掌握与直播相关的信息和资料，做到对直播内容心中有数、熟练驾驭，即使发生意外也能做到临危不乱。

直播中某些词汇或场景违反平台禁忌，遭遇惩罚性停播。停播时间视违规程度而定，时长不等，之后恢复直播。作为主播，一定要了解所选择的直播平台禁忌是什么，绝不可去触碰政策底线，要对违禁类词汇、内容熟知掌握，不随意违反，尽量做到不触碰直播平台红线。

考虑到直播可能发生直播中断等情况，除制订备份计划，保证网络链接的正常平稳外，还要注意直播音质，确保直播间没有太多回声，测试麦克风效果以及各种设备兼容情况等。

▷ 做好内容同步

对于跨界主播而言，直播的核心不是简单内容分享而是用户的积累。积累用户，直播才能获得持续关注。跨界主播在开播之初名不见经传，在短视频平台没有获得视频"浮现"，因此，这一阶段的内容同步分享十分重要。主播可以将直播的预告分享到自己的各个社交网站；发起直播时，及时同步到其他网络平台，目标用户能够在第一时间收到主播的直播消息。这样做有以下两个好处。

提升直播观看量：主播将直播活动交叉发布到主播不同粉丝页面，可吸引更多用户参与；同时，在直播过程中巧妙地应用给用户实时发送消息的功能，引导更多人关注直播间。

增强用户黏性：正式开始直播后，主播将直播链接分享出去，引导更多的用户围观直播间，使其真正转化成为粉丝，带来属于主播的黏性用户。

主播直播期间，做好内容同步分享，可以更好地引导用户随时关注主播。直播是个强互动的工具，跨界主播除了要用高质量、有趣生动的内容增强用户黏性外，与用户之间的积极互动也是极其关键的。

▶ 细化直播流程

俗话说：细节决定成败！跨界主播是以专业性来打造口碑的，为了让直播有条不紊，通常需要细分直播流程，为整个直播过程做引导。从直播选题到流程安排，每一个环节都要精心设计，明晰每个直播时段需完成的任务。

时间段设计：将正常直播设置成不同的时间段，每个时间段设计出具体内容。如直播开场前10分钟"热场"、结束前10分钟总结本次直播要点或答疑解惑、结束前1分钟进行下次直播预告等，中间时段的设置根据直播类型和所分享的内容而定。

制作表格版的直播脚本：使主播清晰、明了地了解各个环节的具体安排。将每个环节的内容和时间逐一排列，重点部分做标注。

直播进度设计：帮助主播控制节奏、带动直播间氛围，达到更好地推广内容的目的。此外，在直播中，跨界主播需及时查看直播间的弹幕，及时回复用户提问。

（三）直播后：总结经验，及时复盘

一次直播的结束并不意味着工作的结束，还需要做好最后一项工作：复盘直播全流程。直播复盘包括统计整理直播数据、总结直播优缺点。其目的是帮助跨界主播找到直播中存在的问题和改进之处。直播复盘需做好如下几个方面。（见表6-8）

表 6-8　作者指导的三场小屏直播后台数据

直播信息		直播时长	观众总数	最高在线	喝彩次数	评论次数	分享次数
	第七届四川省大学生原创大学生微电影大赛直播 2021年10月27日　07：54 成都市	9时25分59秒	4792	70	6284	132	178
	秋日下的绵城 2021年10月29日　13：29 成都市	3时57分56秒	3710	128	11000	359	150
	艺术学院2019级出镜记者期末展演 2021年12月16日　19：00 成都市	2时30分16秒	2193	115	6894	51	62

▶ 观察数据寻找规律

观察直播结束后的数据，包括用户活跃度、直播间转粉率、直播数据分析等。观察之后再对数据复盘，如最高在线、累计互动、累计观看人数、分享数、点赞数、人气峰值和平均在线、观众平均停留时长等。通过对这些数据分析，寻找规律：在直播过程中，哪个时间段人流量最多？哪种互动方式最容易带动直播间的气氛？哪种方式的引流效果最好？哪种引导容易让用户加关注？在以后的直播中可扬长避短，取得更好效果。

▶ 调研直播后的用户评价

整合直播后期的反馈非常重要，直播的最终目的是要落实在转化率上。所有的反馈主要体现在数据上，整合数据可以知道下一次怎样制定直播方案、优化策略。

▶ 回看直播视频

直播结束后，很多直播平台都会保存直播视频，以供用户回放观看。跨界主播与团队可以通过回看视频，发现直播过程中的错误并将发现的错误一一列出，在下次直播时进行纠正。尤其要关注直播中的实时目标，对主播处理突发事件的预警能力、控场能力进行分析、总结并记录。通过回顾和记录，强化主播对突发事件的处置能力。

▶ 对直播脚本进行总结

在回看直播视频复盘时，不能只把注意力放在直播过程中内容常见的部分，而忽视前期准备对直播呈现效果的影响。前期的直播脚本的策划，对于后期的直播有很大的影响。

温州商学院毕业的"90后"学生陈凯创立了温州逆行网络科技有限公司。2016年，他开通淘宝直播渠道后，通过聘请模特主播为客户提供直播服务。当年"双十一"期间，他与公司团队一起对直播进行了精心的策划：直播间设立三块区域：直播区、换衣区和仓储区；三位不同身材、装扮风格各异的模特穿着搭配好的衣服，配合精致的妆容，在镜头前轮番展示各种商品，与网友互动并回答提问。经过这样的准备和实施，直播间评论区气氛十分活跃。后台数据显示：在2016年11月10日的直播中，1万多用户围观；在随后11日的直播中，上线人数达到5万；由他们运营的淘宝店当日营业额飙升到35万。仅模特手上拿的抱枕，就在主播们看似简单的"谈笑间"创造出一小时销售上千单的成绩。陈凯介绍，模特主播们说的每句话、穿搭的衣服和鞋子，都在策划脚本中早做精心安排，并敦促主播提前熟悉台词，才能获得如此效果。

因此，在直播前期，跨界主播要对直播脚本反复打磨；复盘时更要思考前期的直播策划准备有何纰漏，提出问题并找到需要改进的地方。从直播前期脚本的策划到直播的过程内容呈现，再到用户的反馈，制作出详细的直播脚本，在直播前进行反复演练，方能获得最佳直播效果。

Chapter 7

第七章
跨界直播行业趋势分析

　　2020年开始的新冠疫情,使网络视频直播行业再掀波澜,为大众瞩目。网络视频直播行业的发展,使一批有才华的、优秀的网络主播脱颖而出。一些主播从最初的定位不清慢慢地找到了位置;行业从开始的混乱,逐步发展成熟。网络的便捷加之新冠疫情的推动,导致人们的生活习惯、消费习惯、就业方式发生了巨大变化。"80后""90后""Z世代"群体成为互联网主力消费群体,各直播平台为年轻人提供更方便快捷的消费方式。2020年以来,网络平台与传统媒体的"春晚之争",使其逐渐确立了自身媒体地位、权威性及综合媒体属性。在抖音等短视频平台上,人们能看见主流媒体、官方媒体以及传统媒体播音主持人的身影。这也标志着网络视频直播已成为打造新型主流媒体的标配,并在全媒体传播体系构建中发挥重要作用。

　　网络视频传播内容更加具体,用户代入感强、互动性高,深得网络用户的喜爱,也因此吸引各路大咖、专家学者化身跨界主播的加入,分享原创的优质内容,增加了网络视频直播的知识属性。越来越多的专业人才,在各自领域深耕与挖掘,让直播从免费时代向知识付费时代过渡。经过一段时间的发展,网络直播已度过"千播大战"的野蛮生长阶段,步入理性发展阶段,直播行业正在发生重大改变。5G 技术的加持,将使直播行业发生更加迅速和猛烈的变化。

一 5G时代跨界直播行业新特征

网络直播是基于互联网时代发展而崛起的产物,在这个时代最具鲜明特色。它不能仅用行业、职业,或者工具来界定,任意一种界定方式都不够完整。网络直播,不仅潜移默化地影响着人们的生活,也在快速地改变着人们的生活方式。如果说几年前人们讨论的是每天在手机上花多少时间刷微博、发朋友圈,现在则成了每天会花多少时间看网络直播。网络直播正无声无息渗透到人们的生活,颠覆原有的娱乐生活方式,浸入人们的消费行为、社交生活甚至是一些不被常人关注的领域。

岱山秀山岛常石集团(舟山)造船有限公司的"90 后"电焊女工唐其沙,白天头戴安全帽,面戴防尘罩,在钢板包围的船舱里焊接高难度的船身外板缝。晚上,她打扮得漂漂亮亮,坐在摄像头前,当起了网络主播。唐其沙直播的内容不是游戏和美妆,而是电焊知识。刚开始出于好玩,她将焊接作品和造船厂工作环境的相关视频发到网上,吸引了不少同行发私信请教技术。由于问题实在太多,她干脆开启直播。在直播中,她聊工作和生活,还与朋友们一起学习、讨论。经过 7 个多月的直播,唐其沙已有了一群忠实粉丝,"他们长期收看并点赞。我给他们动力,他们也给我动力"(唐其沙语)。以"女焊子沙沙"为名,唐其沙和网友分享电焊知识、焊接作品以及日常生活。没有游戏美妆,更没有低俗搞怪,只有朴实工作和日常,但散发着满满的正能量。有人看吗?有!目前她已经拥有 54.2 万名粉丝。[1]

网络直播的 UGC 生产模式比 PC 端的直播更明显,在手机普遍被使用

---

1. 何伊伲:《直播电焊知识"女焊子"唐其沙收获 54.2 万粉丝》,浙江在线,2017-11-07,https://zjnews.zjol.com.cn/zjnews/zjxw/201711/t20171107_5547787.shtml。

的当下，全民直播、随时随地开播，完全顺应了互联网的开放性原则，将内容生产潜力发挥到最大。"网红经济"的火热，更是刺激更多人去创造和传播优质内容。如今，新的技术不断被运用到直播中，跨界主播在直播的角色定位、职业功能、社会影响上不断地被刷新，被赋予更多新的内涵。

（一）跨界直播范围更广

网络直播从诞生之日起已经历了不同发展时期，手机升级换代使其可以承载的内容愈加丰富多彩，文字、声音、视频，用户体验更加便捷和直观。不同于过去 PC 端，或秀场直播，清一色高颜值的娱乐美女主播展示歌舞才艺；或电子竞技赛事直播、职业游戏直播主播，仅满足游戏爱好者的需求。如今的网络直播已由娱乐功能转向更多功能，在垂直细分领域范围更加广泛，成为全民直播时代最显著的特征。草根的明星梦成为可能，草根人群不可企及的梦想和期待得以实现。全民直播的出现，一方面给网络直播行业带来巨大冲击，另一方面又带来新的机会。VR/AR 技术与直播相结合，又为整个行业的未来提供了新的发展空间。VR/AR 直播能够给用户营造身临其境，带动主播与用户更贴切真实的互动，大大提高平台的用户参与度。而穿戴设备等进一步创新的硬件设备与直播的结合，带来更加丰富的传感器，更方便地采集信息，也将会大大拓展直播未来的应用场景。新冠疫情期间网络直播很好地承接了不便出门的人们对在线工作、消费娱乐、教育、远程问诊等方面的诉求，第一次真正意义上与各行各业深度融合。

▶ 专属跨界主播将成为行业标配

网络成本在逐渐下降，网络带宽和速度逐渐提高，为直播行业提供一个极佳的发展环境。直播特有的实时性、互动性、广域性、传播性成为各行各业活动的推广营销利器。新冠疫情下催生的线上"云经济"，使不少实体企业把线上直播作为"云复工"首选，各行业专家在"云经济"时代下又多了一重身份——跨界主播，这一切都显示了网络直播在 2020 年进入新的时代浪潮。随着国家互联网信息办公室《互联网直播服务管理规定》的发布，直播行业开始加速进入洗牌阶段。企业直播作为直播多元化深入发展的产物，正开始走向社会的中心舞台并逐渐引起资本的关注。教育、社交、电商、金融等各个行业都可以通过直播形式开展新业务，增强与用户之间的互动，提高用户黏性。

随着5G时代短视频直播的商业化进程得到提速，小视频广告、直播打赏、带货成为最主要的商业模式。网络直播正在改变人与人、人与物的交流方式与合作方式，也改变了企业的生产、宣传与销售模式。360公司董事长周鸿祎表示："直播就如同以往的论坛，是各个网站都需要的表达自我的地方。未来直播会嵌入各个网站、各个行业。"[1] 在未来，所有的企业都将必备网络直播这一标配能力，培养熟知本企业、行业的内行主播，将是各行各业的迫切需要。在传统网络经济时代，靠颜值担当、怪诞通杀成名的网红主播已经过时，取而代之的将是以知识、技术以及高度接地气的优质内容为传播己任的新时代跨界主播。

▶ 跨界直播人才需求加大

网络直播行业的崛起，导致相关岗位人才需求直线上升。由于网络直播行业对人才的综合能力要求高，一些地区对直播人才招聘大多不限学历，但对语言表达能力、才艺能力、带货能力、互动能力、控场能力等多方面综合能力的要求比较高。以福建省为例，2020年7月福建省经济信息中心发布的首份《福建省直播行业人才需求监测报告》显示，同年5月，全省有245家企业在相关求职招聘网站发布了762个直播岗位需求、2.31万个直播人才需求，比2019年四季度月平均数分别增长1.6倍、81.1%、3.56倍，呈现逆势猛增态势。这当中，小型企业是直播人才招聘的主力军。规模在20—99人的企业发布直播人才需求最多，占比达47.1%；规模在1000—9999人、500—999人、100—499人的企业，发布直播人才需求占比分别为19.6%、12.8%、13.5%。月平均薪酬方面，从事直播的视频主播、艺人最

---

1. 张皓月：《周鸿祎：未来直播会成为各行各业的标配》，《新京报》，2016-08-24，http://www.bjnews.com.cn/finance/2016/08/24/414509.html。

高，约为 1.3 万元；直播运营、直播商务 BD（负责商品销售的销售人员）岗位的月平均薪酬均突破 9000 元；其他直播相关岗位薪酬也都在 5000 元以上。[1]

而根据 2020 年 6 月 17 日拉勾网旗下的拉勾大数据研究院发布的《电商行业人才报告》，相比 2019 年，2020 年上半年电商行业对"直播运营"相关岗位人才需求增幅达 47%。2020 年 1 月起，电商行业对"直播运营"岗位的人才需求逐月递增，同年 2—3 月新冠疫情防控期间，该岗位的需求增幅明显高于同行业其他运营岗位。另外，2020 年"MCN/直播/网红"成为电商行业里的热门职位标签，杭州对该职位的人才需求最多，广州、北京紧随其后。直播相关的核心岗位中，北京、深圳对市场商务类需求增幅最大，广州、杭州更需要技术类人才。[2] 当网络直播在人类生活中显现出愈发重要的作用时，网络直播就绝非普通人想象的那样，打开手机连接网络，在镜头前随意展示那么简单，从直播脚本写作到直播过程运营策划管理、直播后复盘分析，从短视频制作到社群推广、用户管理，直播的每个环节都日趋专业化，需要相关人才各司其职。2023 年，网络直播产业链对行业人才需求呈专业化、差异化和多元化的趋势，对高素质人才的需求持续增加。网络直播行业的人才供给仍然无法满足市场需求，人才缺口较大的直播行业核心岗位中，视频主播、艺人仍为第一刚需。唯有经过专业化、系统化的培训，方能提高直播人才质量，助力直播行业健康有序发展。伴随着直播人才需求的增加，各地亟须加强校企合作，加快建设一批直播人才培训孵化基地，为企业输送稳定的跨界直播人才。

（二）直播更具随意性和生活化

从电视直播到网络直播，直播这一形式并非一个平台的简单平移，这

---

1. 王永珍：《福建省直播行业人才需求量猛增》，《福建日报》，2020-07-24，https://www.cnstock.com/v_industry/sid_rdjj/202007/4567891.htm。
2. 任明杰：《拉勾网：电商行业对直播运营相关岗位人才需求大幅增加》，《中国证券报》，2020-06-17，https://www.163.com/dy/article/FFBNIUL30514R9KC.html。

里隐含着传播逻辑的本质性变化。中国传媒大学新闻传播学部副部长王晓红提出:"网络直播是从社会传播和人际传播两个层面,将人类交互活动推向了一个全方位、立体化、多样性展开的层次。网络直播以'微内容'方式更广泛地展现人类生活,电视直播是规范的、有内容价值的书面用语,关注信息,但网络直播更具有口语化和生活化的特质,这是因为网络互动性和人际性加强了人们自我表达和维系情感的需求,同时也创造了沟通交流的生活化情境。在很多情况下,网络表达所激发的并非对某一种话语或哪一个主题的评价,而是更多像平常打招呼'吃了没'等似乎没有意义的对话,所以未来直播产品的研发,注重创造对话的情境很重要。"[1]

一部手机、一个账号就能搭成一个直播间,在便捷的生产方式下,网络直播圆了很多草根的明星梦。全民直播时代,网络直播在真正意义上还原了人类面对面的、即时互动的情境。每个人的身份既可以是看客也可以是主播。大学生在菜市场直播卖菜,每天能卖出三千斤,收入可超白领。在餐厅打工的厨师小哥,把手机架在工作台附近,直播自己日常的工作,切鱼、做菜、熬汤……直播时长并不固定,也没有刻意安排,只是每个工作日的普通一天。就这种看似再平常不过的直播内容,也能在某直播平台的播放人气排名中位列前三,因为它展现出了直播的轻松随意性。智能手机的普及,使得普通网友不管身处何处,无论遭遇突发事件还是发现了好玩、有趣的事物,都能立刻打开手机上网直播。教师能边上课边直播;医生可以边看病边直播;领导干部下基层走访调研也可以随时开直播,接受群众监督。在5G时代,人们可以随时点击任何一个直播,看到原汁原味的众生百态,没有后期编辑、配音,每个画面都是真实、即时展现的。跨界主播们的直播呈现出更鲜明的个性,更便捷、更随性,也更加真实、接地气。

(三)跨界主播队伍愈加庞大

不同职业、不同年龄、不同身份的人,纷纷涌进直播间,带来了全新

---

[1] 王晓红:《网络直播更口语化、生活化》,《光明日报》,2016年11月26日。

的网络文化景观。当前，直播行业人员复杂，跨界主播队伍愈加庞大。电商直播的迅速发展吸引了越来越多的人走进直播间带货，尝试通过直播进行品牌宣传转化。除网红主播和商家运营人员外，明星、垂直类KOL（Key Opinion Leader，关键意见领袖）、企业高层管理人员、政府官员、民间素人等，通过自己直播或参与其他主播的直播等形式开展带货。这些场外人士的积极参与，极大地丰富了跨界主播群体。

▶ 各路明星持续加入跨界直播

网络直播平台可以涵盖许多不同行业的直播内容，取决于平台的定位和用户的需求，主要分为经济金融类，如股市分析、财经访谈；电子竞技类，如电竞赛事、直播游戏；美妆时尚类，如化妆教程、时尚搭配；美食烹饪类，如美食制作、美食文化；体育健身类，如运动、健身、瑜伽、舞蹈；文化艺术类，如数字图书馆、音乐会演唱；教育培训类，如课程分享、教学直播；生活娱乐类，如旅游直播、综艺节目、脱口秀；医疗保健类，如健康知识、专家访谈、手术直播等。伴随网络直播的发展以及用户需求的不断增多，网络直播行业分类还将会进一步细化。目前，网络直播平台上以观看才艺直播内容的用户居多。虽然各直播平台主播群体比较庞大，但观看量最多的还是明星直播。对于直播平台来说，素人直播还有待培育，很难立竿见影获取好的流量，而明星入驻几乎是"捡"现成的流量。每次明星直播都会吸引大批粉丝观看，除引入忠诚度较高的用户之外，还同时构筑直播平台多元直播生态。目前，许多直播平台纷纷邀请了演艺明星、体育明星、知名人士入驻，有的甚至专门开设了明星频道，便于粉丝更快速地找到自家"爱豆"，粉丝与明星之间互动，并倡导社交分享。2019年6月，携程旅拍发布了"KOL"招募令，宣布平台将以流量扶持、专属福利、商业合作、IP孵化等形式继续汇集优质KOL，可见明星KOL让平台尝到了流量甜头。头部明星作为巨大流量体，令直播平台欢欣雀跃，平台也诚意十足地摆出所有平台资源以便头部明星们触及一切站内流量。2020年以来，或许是看到直播带货的魅力，越来越多的大咖明星涌入各网络平台直播间。

不仅在电商直播间，电竞直播间也出现了许多明星的身影。明星跨界电竞直播既有偶像内容，又有电竞内容，两者结合之下，拥有巨大的商业潜力。明星入驻直播平台成为趋势，"闲置的流量"逐渐变现，同时也考验着平台与明星的信誉。网络直播使明星艺人有更多的曝光渠道。通过跟直播平台的合作，能够使明星/艺人原有的粉丝群体与直播间的用户达到交融，达到"破圈粉"目的，互相导流。各类直播平台也可以借助艺人的影响力，快速实现从小众圈层到大众圈层的蜕变。

▶ 各行业加快培养专属主播

随着直播实践的增多，越来越多的企业对自身的业务与网络直播如何更好地协同发展有了更多的思考，将搭建自身直播平台纳入其数字化战略计划中。一方面，相较于电商、短视频等公域流量平台（如淘宝、抖音、快手等）做直播，虽然从用户和内容上看，公域流量平台流量巨大，但平台提供的内容类型各有差异，面向的目标用户群体不够精准，导致性价比越来越低。而若想获得公域流量平台的良好排名，必须投入巨大的资源和推广费用竞价，成本增高。另一方面，邀请头部网红主播或明星直播带货，即使咖位不够大，出场费也已经不菲，很多中小商家难以承受。即便一些大企业花重金请到高流量的明星直播，除去成本，收益依然难以保证。加之明星直播带货对产品不够了解，也导致了普通用户难以买单。因此，培养本行业、本企业专属主播势在必行。其优势体现在以下两个方面。

一是便于加强输出内容的把控度。各行业可以根据自身行业特点，有针对性地培养本行业专属的主播，通过专业化的行业知识的培训，不断输出与本行业相关的社交媒体内容。同时，主播更容易把控直播内容生产质量以及发布频次等。

二是便于降低企业成本。从现有企业员工及市场伙伴中招聘潜力人才加以培养，节省大量外包外请费且忠诚度高；主播能够对企业品牌理念深刻认同并深度熟知本企业相关产品知识；企业自己的专属主播能为用户提供更贴心的服务，为企业创造最大价值。

企业专属主播能为行业带来更好的直播资源和成果，与此相对，对主播个人有诸多积极影响。企业专属主播是根据行业需求量身定制，从而掌握特定行业的专业知识和技能，因此，在业内拥有更高的认可度和竞争力。这不仅有利于其个人的职业发展，还可以帮助其扩展职业领域。企业主播相对其他主播而言，有以下显著优势。首先，企业将为其打造个人IP。企业将从行业特点和主播特点出发，打造符合企业和主播风格的个人IP，并提供先进的播出平台和技术支持，帮助主播实现多种直播形式和功能（如带货、互动等），提高直播体验。其次，企业专属主播的工作性质将为其带来更好的经济回报。他们在得到本企业的支持和赞助的同时，还能获取更多的行业资源和机会。除了单纯地制作直播内容，企业与主播可在研究和开发方面进行深度整合，共同推出新产品和项目，带来更多的社会价值和经济效益。再次，企业主播的社会认可度将获得增加。企业对直播的精细化、专业化运营，提高企业主播在行业中的认可度和影响力，对产品、对企业、对主播本人，都能增加用户黏性，提升品牌忠诚度，获得社会美誉度。

（四）职业要求更趋于专业和规范

据中国互联网络信息中心发布的第45次《中国互联网络发展状况统计报告》数据，截至2020年3月，我国网络直播用户规模达5.6亿人，占网民整体的62%，其中泛娱乐直播行业移动用户规模超过1.5亿人。此外，预计2020年中国企业直播服务领域市场规模将突破50亿元，同比增长150%，至2024年市场规模将达191.29亿元，行业发展空间巨大。[1]对于用户而言，直播有着极强的黏性。

▶ 直播岗位对跨界主播学历要求增高

网络直播发展初期阶段称为"秀场直播"，即"唱歌、跳舞聊天室"，娱乐主播主要在直播间展示才艺以及与粉丝聊天来圈粉，靠打赏、点赞获取盈

---

1. 訾谦：《根治乱象，让网络直播扬帆远航》，《光明日报》，2020-08-23，hhttp://jinbao.people.cn/n1/2020/0824/c421674-31834359.html。

利。"颜值高"的主播确实较占优势，一些年入百万的主播，很大一部分都拥有比较高的"颜值"。高"颜值"做直播固然是一种优势，但是不具备才艺，单靠"颜值"撑不起一个好的直播节目。

5G 时代，主播正在从"颜值直播"向"价值直播"转型。根据智联招聘携手淘榜单共同发布《2021 年直播产业人才报告》，直播行业在为求职者带来更多岗位机会的同时，对于直播人才的要求也在逐步提高，2021 年第三季度，直播行业大学生求职人数同比增加 69.52%，高于行业总体求职人数增幅的 46.69%。过去对直播岗位工作经验要求为"经验不限""学历不限"的占比下降，而对于求职者学历的要求正在缓步上升，学历硬性条件门槛提高态势已然显现。随着网络直播产业商业价值的凸显，产品或服务成为创造价值的核心。在整个价值实现的过程中，各类商家与"知识型主播"联动的进步是实现品质提升的主要趋势。当下，大多数主播是以自我探索和其他职业转型为主，缺乏系统性的职业技能培训。一些院校也逐渐开设与直播相关的课程或专业。加之近年来在线教育、网络营销等快速发展，越来越多的企业意识到直播在商品营销中的作用，专业化的直播人才需求量还会进一步增加。"董宇辉现象"给了直播行业一个有益的启示，"文化"是直播带货的新进阶、新路径、新蓝海。企业需精心打造"文化 IP"形象，通过文化输出，让受众在文化接收、文化认同中产生购物冲动。

▶ 规范管理跨界主播刻不容缓

网络主播是对社会具有一定影响力的人物群体，他们的言行以及价值观都影响着粉丝群体。网络直播间不仅具备个人属性，还具备公共属性。网络直播不受时空限制，其即时性和实时互动性，使网络直播的受众群体庞大。正因为网络直播门槛低，导致该行业存在大量主播素养良莠不齐的现象。同时，由于在互联网上观看网络直播的大多是年轻用户，对于价值观、人生观尚未完全形成的青少年，某些低俗直播不良影响较大（前文已细述）。南京大学长三角文化产业发展研究院研究员郭新茹表示："在数字经济技术的推动下，我国网络直播平台发展迅猛，泛娱乐化、强交互性的特点使其吸引着越来越多的用户，而经济利益、社会名望的诱惑也致使部分网络直播平台所发布的内容存在明显失真、失范的现象，对网络直播平台内容进行规范化管理已刻不容缓。"[1]

某些跨界主播，在直播带货的过程中虚标交易量、夸大产品作用，商品销售后质量存疑和售后无门等问题层出不穷，遭到消费者大量投诉。井喷式的网络直播形式提高了乱象的衍生概率。如何让网络直播在高速发展的同时规范发展，是当前亟待解决的问题。跨界主播不仅是能够给主播带来不菲收入的"新职业"，对社会更可发挥出健康向上的作用，应对用户群体起到正确的引领作用。一方面，经历了前期的野蛮发展，跨界主播职业管理终将逐步走向规范。另一方面，不同类别的跨界主播入局，使得网络主播身份日趋多样化，导致行业竞争更加激烈的同时，也提高了内容质量水平，主播们必须努力提高专业素养和综合能力来保持竞争力。5G时代，机遇多、要求严，在时代变革中抓住机会，扛住冲击，对于直播从业者和跨界主播来说至关重要。随着国家对直播平台的监管更加严格，对跨界主播要求也将更加规范。唯有如此，网络直播才能走上健康的发展之路。

（五）跨界融合主播"破壁出圈"

"破圈"为网络语，意思为某人、某事件的走红热度不仅在自己固定粉丝圈中传播，而且被更多圈外人所知晓。本质就是从私域流量突破到公域流量，再将公域流量转化为私域所用的过程。在过去，传统媒体主持人、网红主播、演艺明星三者之间有着行业界限，都在各自圈层发展。但是，伴随着"互联网+"时代行业之间的跨界融合，三者之间的壁垒似乎有消失的趋势。

在传统媒体遭遇新媒体冲击、收视率下滑的背景下，传统媒体主持人必须"破壁出圈"，创新传播产品样态、增强传播实效性，以更可视化、沉浸化、年轻化的方式吸引更多用户关注。"跨圈层"传播，使主流媒体声音更加深入人心。演艺明星、网络主播们，为了延长职业生涯，也在积极寻找突

---

1. 訾谦：《根治乱象，让网络直播扬帆远航》，《光明日报》，2020-08-23，hhttp://jinbao.people.cn/n1/2020/0824/c421674-31834359.html。

破口。互联网技术的发展给"破壁出圈"的各类主播提供了土壤,尤其在短视频直播平台上,能看见他们相互融合的身影。

▷ 传统媒体主播下沉短视频平台

网络用户和消费主体越来越年轻化,网络流行的内容愈加轻松愉快,传统媒体也在改变过去严肃高冷的姿态而不断探索新的内容风格和传播模式。直播和短视频是一个将内容产品传播到年轻群体中的快速通道。短视频最早出现于传统门户和网络视频分享网站,随着社交网络迅速发展,以更直接的传播优势使用户量明显增长。短视频目前成为社会化自媒体生产的重要形式,改变着网络舆论生态格局。短视频在热点舆情传播链条中成为关键一环。目前主流媒体非常重视与短视频融合创新,通过媒体融合将传统媒体的优势延续到互联网平台,"视频先行"已成为打造新型主流媒体的新方式。不同类型媒体与短视频平台融合产生独特优势,调动用户广泛参与,有利于构建立体传播体系。越来越多的传统媒体主持人把演播室搬到了移动网络直播间,将专业化的服务进行本地化触达,传统媒体主持人正在成为短视频平台媒体生态里不可或缺的力量。

传统媒体对主持人个人能力培育主要为两个方向。一是补齐短板,全面提升能力,打造全能型主持人。当前,各大广播电视台中的全能型主持人经过长期历练和自我提升,能够胜任多种类型的节目,突发状况下"控场"能力极强。如湖南广播电视台节目主持人汪涵,台风大气端庄,既能在脱口秀节目中妙语连珠,又能在文化节目、晚会、网络综艺节目中担当重任。目前也在进军电商行业,直播带货。二是要求主持人深耕垂直领域,进行专业化探索。湖南卫视著名主持人张丹丹,是一名优秀的新闻主播,曾被评

图 7-1 湖南卫视主持人跨界主播张丹丹(图片来源抖音 APP@张丹丹的育儿经视频截图)

跨界主播

为年度中国最佳电视新闻主播,获得过全国广播电视节目主持人"金话筒"奖。2019年4月,已为人母的张丹丹开通"张丹丹的育儿经"抖音号,不到半年的时间,200多万妈妈粉凝聚在张丹丹的"育儿大本营"(见图7-2)。新冠疫情暴发后,张丹丹在自己的抖音账号开启了疫情防控期间对广大年轻父母的陪伴直播38场,每天晚上一个半小时,回答年轻妈妈爸爸们的育儿问题。直播节目一经推出,异常火爆。每场直播,参与互动的粉丝都有近万人。张丹丹从传统媒体的新闻节目主持人,转变为母婴领域的"意见领袖"主播,正是传统媒体主持人跨界融合的成功实践,起到了示范引领的作用。截至2022年2月,张丹丹的抖音粉丝已有580多万。当前,面对网络主播的兴起,传统媒体主持人要赢得用户,也必须打造专场、张扬个性,树立某领域的专业化形象,强化自身意见领袖特质,以应对"主播"之间日益激烈的话语竞争。

目前在短视频平台,传统媒体主持人重点在以下两个方面发力。

@主播打造个人IP:短视频随时分享的特点,开辟了政务信息传播的新路径。随着越来越多政务号入驻短视频展示自身形象、解读相关政策、开展主题宣传,既增加了媒体自身公信力又获得网民广泛认可。2019年8月24日,《新闻联播》正式入驻短视频平台抖音、快手,刚加入快手,节目粉丝数瞬间达到1210.9万(见图7-2)。在发布的第一条视频中,李梓萌用网络语气非常接地气地讲述了《新闻联播》入驻快手的原因:"《新闻联播》开播至今已经41年了,可能比很多老铁的年龄还要大。我知道,快手的Slogan是'记录世界,记录你',《新闻联播》每天都在记录中国,记录真正追求幸福与进步的中国人。在这一点上,我们是一样的……"据统计,这条视频在第一个小时的播放量就达到了5400万人

图7-2 中央电视台《新闻联播》前主播张宏民入驻抖音
(图片来源:抖音APP@张宏民视频截图)

次，有网友在评论中惊呼，"看完一条视频，粉丝就涨了10万！"[1]同月27日，仅在快手上发布了三条视频，节目粉丝量达到了1669.3万。截至2023年8月17日，《新闻联播》抖音粉丝量已达3604.6万。与此同时，从中央台到地方台，大量传统媒体主播入驻抖音、快手等短视频平台，如家喻户晓的中央台现任或前任新闻主播或主持人们：@康辉、@劳春燕、@尼格买提、@张宏民、@徐俐、@董浩叔叔……在电视屏幕前，他们给观众的印象是身着正装、表情严肃、体态端庄，而在短视频平台上却"放飞自我"。他们发布了许多有趣、接地气的关于主播日常生活的短视频，调皮、搞笑，真实展现了屏幕外的另外一种生活，也让网友走近真实的、接地气的主播，圈粉无数。

当下，传统媒体主播们不断尝试，努力适应新媒体端对业务能力的要求，力图在内容上、主播IP的打造上下功夫。平台流量需要主播个人IP，而主播个人IP也需要平台扶持。直播最重要的三要素是主播、生态和平台，人永远是最大的IP；今后一段时间，自带流量的头部主播是稀缺资源，是用户集散地。在短视频平台上主播们形成了个人IP后，由于粉丝效应和IP流量的加持作用，用户改变了对传统媒体节目及主播们的刻板印象，使传统媒体获得了更多的关注度。传统媒体行业内的主持人、记者在短视频平台获得转型与突破。

"国家队"下场带货：传统媒体主持人"下场带货"是互联网发展的一种趋势。传统媒体主持人具有广泛的知名度、影响力和粉丝群，他们的加入不仅可以提高品牌曝光度，也能通过他们的推荐增加消费者的信任度。另外，由于电商直播具有娱乐性和趣味性，传统媒体主持人的加入可以更好地激发消费者的兴趣和购买欲望。

目前，传统媒体主持人下场带货主要为公益性质。2020年，为助力湖北复工复产，中央电视台开展了一系列公益直播节目用于产品销售。早在"小朱配琦"的"谢谢你为湖北拼单"公益直播带货之前，中央电视台的节

---

1. 祖薇：《〈新闻联播〉入驻快手、抖音一天涨粉超千万》，《北京青年报》，2019-08-27，http://epaper.ynet.com/html/2019-08/27/content_283867.htm?div=-1。

目主播已频频为湖北带货。主播海霞说:"湖北产品不带毒,带的是荆楚好味道,帮湖北一把,让湖北早日归队。"主播郭志坚在为湖北农副产品打call提道:"大家消费起来,才能让烟花三月的武汉更有烟火气。"2020年4月15日,尼格买提、李思思、朱迅、陈伟鸿和龙洋5位央视主持人在淘宝直播间与湖北的30位县长连麦带货,进行了长达14小时的"马拉松"直播。4月27日,朱迅、李梓萌组成的"央视girls"在快手直播销售湖北产品多达8012万元。[1]

与此同时,随着两微(微博、微信)阵地进入红海领域,中央主流媒体开始将重心转移至短视频领域,其他地方主流媒体也在积极尝试带货等新的传播形式。2020年1月12日,《大河报》联手快手等平台策划了"我为河南两会来带货"特别报道,邀请人大代表、政协委员带货扶贫产品;同年3月19日,安徽广播电视台新闻中心推出《助农战"疫"》公益行动,通过电视新闻报道推广农产品。一方面,主流媒体的公益带货直播的模式为电商直播行业带来了新形态,也提高了行业的天花板。另一方面,在网络用户和消费主体越来越年轻化的当下,"主流媒体主播+明星艺人+直播带货"的全新尝试,展示了主流媒体主播开放创新,在媒体融合发展的过程中不断突破边界,不断探索新的传播内容风格和经营模式。在现场电商直播带货中,无论是朱广权"激动的心颤抖的手,推荐什么都买走"的段子式的广告语,还是"央视boys"的相声小品式带货,都颠覆了他们以往电视屏幕上端庄严肃的形象,引发了大众的热议。

▷ 艺人、明星直播间"破圈"传播

当网络直播成为网上冲浪的潮流,尤其在冠新疫情重创之下文娱停摆的特殊时期,直播也成为众多明星"线上再就业"的聚集地。越来越多的明星开始下场拍抖音、发小红书、做直播带货,俨然成为网红博主。当头部网红主播们越来越像明星时,艺人明星却开始跨界向网络直播发展。在董宇辉

---

[1] 于晓:《央视频×快手强强联合 央视girls首秀湖北公益直播带货8000万》,中国新闻网,2020-04-28,https://finance.eastmoney.com/a2/202004281470530968.html。

直播间人们看到了著名作家梁晓声、阿来，搜狐创始人张朝阳，影视明星吴京、王宝强，中央电视台主持人敬一丹、倪萍等众多明星的身影。各路明星也纷纷开启网络直播，变身主播来展示不同的另一面！

为平台定制原生内容：明星艺人制作的短视频，从内容策划、个人定位、更新频率都精心设定，他们会结合自己的内容属性，将作品进行多平台分发。明星通过内容和形式的创新转型，有了话题点，获得了关注度；平台也借助明星吸引了更多人的注意力。小品演员郭冬临在快手和抖音发布的搞笑短视频，抖音的粉丝高达 900 万量级，快手也获得了 500 多万的粉丝。歌手薛之谦自导自演的 1 部 12 分钟的短视频小电影在抖音平台和新浪微博发布，其中在抖音上将视频剪成 3 段发布，获得了大量点赞和转发。薛之谦入驻抖音不到两个月，用了 13 条视频轻松收获了千万量级粉丝。著名喜剧演员陈佩斯与儿子做的"@陈佩斯父与子"抖音账号，以短视频形式传播喜剧艺术。截至 2023 年 8 月 1 日，粉丝量已经达到 1032.9 万。为了将自己理解并创造出的喜剧观念与艺术思想，传递给更多的普通民众，他克服困难，将过去一部 15 分钟的小品创作，浓缩成 5 分钟甚至 30 秒的小视频。初入短视频领域，陈佩斯就曾立下"不直播、不带货"的规矩，更多是利用新媒体平台传播推广陈佩斯的喜剧艺术。而在 2022 年 8 月，陈佩斯父子首次开启抖音直播，并共同携手走进"东方甄选"直播间，和新东方创始人俞敏洪展开了一次特别的对话。一个半小时的直播，他们回顾生活经历，畅谈艺术创作，带领舞台喜剧完美"破圈"。谈到"破戒"直播的初衷，陈佩斯希望通过这次直播能让更多网友今后有机会走进剧场，感受舞台魅力。同时，通过直播与更多观众进行交流，为其即将上演的新剧进行预热。

增加曝光率，保持热度：很多艺人、明星风光之后热度减退，退隐"江湖"、只余传说，大部分艺人会被人们遗忘。而短视频和网络直播的出现改变了这一点。一些告别屏幕多年的明星重出江湖，在短视频直播平台上重新活跃起来。由于艺人明星表演天赋远超普通人，因此那些短视频中得天独厚的表演水平受到网友的喜爱，既增加曝光率又保持热度。

跨界主播

▶ **头部网络主播进军传媒界与演艺圈**

经过几年来的大浪淘沙、规范化、职业化运作，头部网络主播的集群效应显现，越来越多的主播C位出道，完全具备了出圈实力。目前一些头部网红主播人气直逼一线明星，逐渐突破网红与明星的壁垒，显出他们的优势。他们与明星一样，拥有庞大粉丝群，话题度不输一线明星的流量，毋庸置疑是明星的强"替代品"。网红主播选择从不同的途径进入娱乐圈，在传统综艺或网综的舞台与明星同台献艺。参与综艺节目是他们跳出手机小屏迎接更大舞台的第一站。网络综艺的门槛比较低，是打开民众认知，提升知名度的重要一步。

以李佳琦为主咖的《吐槽大会》播出后，随即上榜了国民级综艺节目《奔跑吧》拟邀名单。冯提莫参加《蒙面唱将》获得了猜评团成员的认可。papi酱坐拥《明星大侦探》《吐槽大会》等多个综艺节目，并跨界出演年度贺岁电影《妖妖铃》成为流量明星。抖音平台上的网红吕小雨和段奥娟，凭借才艺展示收获了许多粉丝。参加《创造101》综艺节目时，段奥娟成为"火箭少女"的成员，显示了自己的颜值与实力，获得多方资源。吕小雨虽然未能成功出道，但由此增加了曝光度，成功接戏拍摄登上荧屏，迈进了娱乐圈。开创"竖屏剧"先河的《生活终于对我下手了》中的辣目洋子，对戏剧表现出了很强的野心。相对参加综艺来说，获得电视剧角色门槛较高，但却是网红主播跨界发展的大趋势。其流量热度会让制片方抛出橄榄枝，但若要在行业内长效发光，主播们仅靠人气远远不够，必须找对风格戏路并不断磨炼演技提升专业素养，才能获得可持续性的发展。

2019年11月20日，首个国家级5G新媒体平台，中央广播电视总台基于5G+4K/8K+AI等新技术打造的综合性视听新媒体，横屏短视频加个性化APP"央视频"上线。"央视频"对外公布创作者招募计划，邀请创作者加入央视频号的"账号森林"，并承诺提供流量激励以及国家级内容渠道加持等扶持政策。基于这项计划，"央视频"开展与市场上的内容公司、明星、红人以及MCN机构的合作，包括美食、教育、综艺、电影、音乐、搞笑、舞蹈、汽车等20多个细分垂直分类。许多主流红人和MCN都已经入驻"央视频"，例如一禅小和尚、李子柒、视知TV、飞碟说等。[1]

2022年2月4日，第25届冬奥会在北京举行，不少明星都纷纷加入赛前冬奥文化的推广宣传中来，其中的"冬奥有我，点亮双奥之城"冬奥会官方值日生计划火热进行。在中央广播电视台《中国电影报道现场直击》节目中，影星吴磊作为"冬奥值日生"的一员，独家探访"冰立方"，来了一次现场报道（见图7-3）。在报道中，吴磊外形清新自然、阳光帅气，肢体语言表现自然，体验冰壶运动时表现出的真实的情绪，极具感染力。与教练闲聊时的对话，给用户营造出强烈的代入感。而一些科班出身的传统媒体播音主持人，还不适应网络语言表达风格，一旦考虑到镜头，往往语言不松弛、动作机械。

图7-3 吴磊在采访中体验冰壶运动项目（图片来源：抖音APP@中国电影报道融媒体中心《吴磊打卡冰立方迎冬奥》视频截图）

无论演艺明星还是网红主播，许多人都是想在职业生涯走下坡时换一条路重新出发。自媒体脱口秀《罗辑思维》主讲罗振宇的跨年直播被深圳卫视播出，李佳琦的一次直播甚至能影响上市公司的股票价格……越来越多的网红主播在传统媒体上亮相，现象级网红主播的影响力早已出圈。如今，小小的直播间不但为各路媒体贡献了热点，创造这一代年轻人的流行风尚标，也正在触及中国经济跳动的脉搏。

二 语用技能决定跨界主播的职业生涯

5G时代为自媒体的发展创造了良好的环境条件，所有人都可以基于网络平台进行信息传播。当下，网络媒体环境较为复杂，跨界主播用手机等移动终端完成网络直播，直播间里虽无一个在场用户，但却引导着网络平台

---

[1]. 三声、齐朋利：《"国家队"如何来到短视频》，界面新闻，2019-11-24，https://www.jiemian.com/article/3713100.html。

另一端成千上万的用户，稍有不慎出现纰漏或瑕疵，就会引发用户刷屏"攻击"。许多顶流网红主播都曾因言语不慎、用词不当而被网友声讨。5G时代，要顺利完成一档完美的直播，跨界主播的"语用技能"相当重要。"语用技能"是指具备一定的语言知识，并能注意使用语言的得体性，两方面兼顾，才可能完成一次成功的播出。这种运用语言进行得体交际的能力，被语言学家们称为"语用技能"，包括运用手势的沟通技能、听的技能、说的技能。手势与词结合，可以形成更有效的沟通手段；听的技能可以帮助主播更好地理解用户的表达；说的语用技能能够使主播根据用户表达的特点，调整说话的内容和形式。跨界主播要想在愈发激烈的直播竞争中谋求一席之地，一方面应迎合用户需求，另一方面则要遵循行业发展趋势对自身知识结构进行优化，以获得更多的关注度。由于网络媒体的传播相较于传统媒体，有其自身的特殊性和传播规律，跨界主播要想在竞争中立于不败之地，除需具备较高的"语用技能"，还要力争培养自身语言表达的独特性。同时，具备较强的语言逻辑能力，才能使语言表达条理更清晰。

（一）艺术性地分享直播内容

语言表达是跨界主播重要修养之一，语言表达能力直接关系到直播内容的质量。首先，跨界主播的语言能力和水平决定了直播最终呈现的效果。用户能顺利感知直播内容，跨界主播的语言表达艺术是关键。其次，主播渴望"求关注"的心态提高了用户的地位，用户在评论区也能实时评价主播语言表达水平。因此，在直播中，跨界主播不仅要考虑内容呈现的多元化、艺术化，更要考虑表达的艺术化。只有其语言艺术水平不断提高，用户才能更好地感受到分享内容的艺术美。

案例："东方甄选看世界"直播的"3780时刻"

2023年2月3日的云南，因为董宇辉和七七两位主播在"东方甄选看世界"文旅号直播的出色表现变得更加热烈。董宇辉原本与家人正在外地度假,被紧急召至云南丽江,与先期赶到的主播七七临时组合成直播搭档。在销售一款价格3780元的旅游套餐时,两位主播完全即兴发挥,配合默契、语言流畅,紧密贴合旅游线路特点,发挥语言技能,被网友誉为王炸组合。"3780"就像莫尔斯电码,刷爆直播界。

董:想要追赶时尚,去有风的地方打卡,成为朋友圈点赞王的,选"3780";

七七:想去丽江、大理、香格里拉,自己随便组合路程的,选"3780";

董:想离天最近,手摇转经筒、诵读佛经,想要虔诚地匍匐在地上找回内心平静的,选丽江、香格里拉,"3780";

七七:想去离天堂最近的地方,去感受长江第一险峡虎跳峡的朋友们,选"3780";

董:想要在藏家土司宴上,晚上大家一起饮酒、一起有节奏地拍打唱歌,(来自)五湖四海的兄弟们围坐在一起,把酒言欢直到深夜的,选丽江、香格里拉,"3780";

七七:想要去看非常本土化的原生态风情歌舞秀《丽水金沙》的朋友们,选"3780";

董:想看在阳光照射下,地上一大片一大片宛如散落在山间翡翠(一样)的蓝月谷的,选丽江、香格里拉,"3780";

七七:想要在大理的苍山洱海旁,吹着风,呼吸新鲜的空气,眼望着一望无际的湖水,跟你心爱的人骑上你的小摩托、骑上你的电动车、骑上你的自行车……车篮里面放满鲜花,你的身后(车座上)还有个她,选"3780";

董:想要骑上矮脚马,感受千年以来崇山峻岭中马队铃声悠

扬、清脆，感受那些（先）人曾经蹚过的激流险滩，选"3780"；

七七：想要去那一片神奇地，非常纯净的、一片洁白就像我们心灵一样干净且没有污染的（土地），如同东方的圣托里尼，选"3780"；

董：想要坐在彩色的吉普车上，穿上美丽的衣服，成为自己在抖音里（那天）点赞（量）新高峰（最多）的，选择丽江、大理，"3780"；

七七：想要去看巍峨秀丽的玉龙雪山，感受一下高海拔给您呼吸带来一点点压迫的感觉，体验生命、体验自然魅力的，选择"3780"；

董：想要骑自行车穿行一片花海，想（寻找）到那年她在花丛中回头朝你笑的地方，选择丽江、大理，"3780"；

七七：想要带上你的好朋友，骑上云南特色的小矮马，两个人诗酒话年华，走过（探寻）那些（当年）马帮人曾经走过的茶马古道，选择"3780"；

董：想要去感受白族的非物质文化遗产——扎染，去体会当地的民俗风情的，选"3780"；

七七：想要体验云南特色藏传佛教文化的，选"3780"；

董：想要去看一下丽江古城，触摸那些古老的建筑，感受几代人含辛茹苦，用毕生的心血建造起来的精致的房子，在山脚下（排列）错落有致的，选"3780"；

七七：想要体验纳西族、摩梭人、彝族风情的朋友们，选"3780"；

董：想要看到太阳落山的时候，玉龙雪山如金光笼罩，让人无比向往的，选"3780"；

七七：想要在某一个风平浪静的下午，跟你的好朋友，两个

> 人踏在喜洲古镇的石头路上，你们一起聊聊人生谈谈理想，看看街边的特色小吃，去尝一份饵丝、饵块，想要这样体验的朋友们，选"3780"。
>
> ……
>
> 此时，评论区全都是"3780"，网友已被3780"种草"，欢乐一片，大家纷纷调侃：
>
> 今晚睡觉说梦话都是"3780"（哈哈）；
>
> 孩子考多少分？"3780"；
>
> 工资发了多少？"3780"；
>
> 房租多少？"3780"；
>
> 下个月房贷多少？"3780"[1]……

师徒二人精彩纷呈的排比句，让看直播的网友直呼过瘾。

> 案例：董宇辉"七夕节"销售向日葵的直播
>
> 在2022年中国传统的"七夕节"到来之际，董宇辉在直播间销售向日葵。直播间的桌子上，花瓶里的向日葵正开得灿烂。董宇辉手里拿着一叠文森特·凡高的各种作品图片，一边讲凡高作品，一边给大家展示图片，精彩表述把直播间变成了一堂凡高作品鉴赏课。
>
> 董宇辉讲到：过两天"七夕节"就到了。"七夕"一般被定义为情人之间或者夫妻之间、男女朋友之间的爱。我为什么讲凡高？因为今天我们在卖向日葵。我想让大家把它（七夕）理解成可

---

1. 以上内容根据2023年2月2日"东方甄选看世界"抖音APP直播视频整理。

以给身边的人都表达爱的一个节日。至少凡高的经历告诉你，有的时候我们需要的不只是男女（之间的爱），我们更需要的是一种亲人之间包容和赞赏的爱；是一种没有要求的、没有前提的，任何时候都愿意理解你、愿意陪在你身边的爱。或者更多的时候，是一种朋友之间志趣相投、志同道合的一种爱。爱，可以很坚定。（此时，向日葵已经卖完）凡高，一个从小没有被爱过的人，内心是极其敏感的，就像长大之后的我们一样，总是言不由衷地说："我根本不期待，我无所谓，我才不稀罕呢。"其实，你只是怕失望而已。就像当时的凡高一样，弟弟没有来（看他），他难过，以为自己是弟弟的负担。你知道（在）爱情里有人会卑微，其实不只是爱情，只要是（在）爱里的人都会卑微，（在）亲情、友情、家人之间（有爱）都会（卑微），所以凡高就（朝自己）开了一枪，但是没有立即死去。两天之后，他的弟弟终于到了，躺在弟弟的怀里去世了。在凡高去世一年之后，他的弟弟也去世了。凡高一直深陷贫困、孤独和精神的困境，他的作品也并没有受到当时画坛的认可和欣赏。世界上只有一个人赞美他、支持他，就是他的弟弟。有这样一句话："每个人心中都有一团火，路过的人，只看到了烟。但总有一个人能看到这团火。"人们非常愿意这句话是凡高说的（因为人们愿意相信）。面对冰冷和黑暗、孤独和痛苦的世界时，一个人仍然会用浓墨重彩在画布上，涂下那么多的向日葵，如此地充满了生命力，就在阳光下绽放着，自由地、慷慨地绽放……[1]

董宇辉在直播中总是即兴发挥，每句话都飘着书香，并散发出高超的共情能力。这样的直播间远离纯粹的"消费主义"，用知识赋予商品情怀。这种寓教于乐的优质直播内容，为用户带来更好的体验。

---

1. 以上内容根据 2022 年 7 月 31 日"东方甄选"抖音 APP 直播视频整理。

简单的图文宣传已经不能满足以"Z世代"为代表的互联网年轻用户群体的心理需求。在"碎片化"的大环境里，准确洞察用户真实的内心需求，为年轻用户们营造一种个性化、锐不可当、积极向上的语境，用极具视觉冲击力、文艺气息和时代感的直播"大片"才能赢得他们的强烈共鸣。

▶ 语言要"美"

跨界主播的语言艺术性首先体现在声音的艺术性，传统媒体时代对播音主持人在语言表达能力的要求中，特别强调对声音的塑造能力。声音的音色变化能够让语言更富有活力和美感，使语言更加高贵、优雅、清晰、柔美。而跨界主播是非播音主持专业出身，靠的是以生产优质内容来博得用户的关注，对跨界主播声音塑造能力上不能有硬性要求。然而，一个甜美或有磁性的声音比一个"破锣嗓子"更能带来视听上、精神上的愉悦，增添主播的吸引力和亲和力。因此，跨界主播选拔、培养还应对其声音塑造能力有所考虑，优先选拔。其次，语言表达的"美感"要有积极的示范性和交流性。说话时，适当地使用细节描写、比喻、修辞等艺术手法，能够更好地表达情感和主题。董宇辉在直播间推销玉米时随口说出："回忆起那些无忧无虑的童年时光，放学后背着书包回到家里，着急忙慌地把书包扔在凳子上，一溜烟到巷子里跑了一整个下午。没有那么多的作业要写，也没有那么多人的情绪要照顾；没有那么多的烦心事要处理，也没有那么多的痛苦要焦虑。仲夏夜的风里，大人们坐在院子乘凉；夜风袭来，树叶沙沙作响；天空偶尔飞过一两只不知名的鸟，发出清脆的叫声。你一个手里拿筷子杵着玉米棒子在啃，一个手里还贪心地抱着水井里刚取出来的冰镇西瓜。大人们在忙着说他们的事情，有时候低声细语，有时候开怀大笑，你不关心。那个时候，人间的事情你还没有经历，无忧无虑，你正年轻……"网友感叹："我就是来买个玉米，你却把我说哭了。"一场生动活泼、富有美感的直播，能够树立跨界主播的语言形象个人魅力，充分地调动广大用户积极性，帮助主播顺利地完成内容传播。跨界主播口语表达是需要技巧和分寸的。语言的美感来自以下四点。

发音清楚、节奏适度：语言的标准、流利、清晰和节奏是语言韵律美的一种表现。发音浑浊不清、囫囵吞枣、节奏太快，极易给用户带来抵触情绪，基本的交流都难完成，更谈不上美感了。在节奏上，主播要根据自身主题和用户特点做出相应调整。控制语速不仅可以让主播表达更准确，也能更好地引发用户的注意力和兴趣。

真诚的态度：古人说"情欲信，辞欲巧"，语言表达时态度真诚，不炫耀、不过分自夸，及时把握用户心理和情感态度，根据用户心理和情感态度调整言辞措辞。主播应设身处地站在用户的角度，去领会并理解他们的情绪、想法，进而满足他们的需要，与用户达到同频共振。"小朱配琦"的公益电商直播，朱广权首秀跨界带货，开场的自我介绍的押韵四连："初来乍到，技术不好，手艺不妙，请多关照。"既谦虚又有底蕴，瞬间惊艳了广大网友。

运用语气展示语言美感：语气是展示语言魅力的重要方面。语言的美感不仅仅包括语言本身，还与情感的结合、传达的信息、环境的对应等各方面有关。正确运用语调、音量、节奏等语音元素，可以使语言更加生动、感性、优美（见表7-1）。

表7-1

语气	表现方式	美感
喜悦	音调上扬、声音轻柔、语速加快	轻松愉快
伤感	音调下降、声音低沉、语速缓慢	深情厚谊
紧张	音调抖动、语速加快、声音微弱	紧迫热血
愤怒	音调升高、声音变大、语速加快	激动暴躁

表现喜悦的语气，语气中的喜悦美感是通过音调上扬、声音轻柔、语速稍微加快等方式表现，给人带来轻松愉快的感觉。比如，"我终于得到了梦寐以求的工作，真是太棒了！"表现伤感的语气时，可用音调下降、声音低沉、语速缓慢等方式，给人带来一种深情厚谊之感。比如，"我好想

你啊，我的心好冷，一点温暖都找不到"。表现紧张语气，通过音调轻微的抖动、语速加快、声音微弱等方式，给人带来紧迫而充满热血的感觉。比如，"我很紧张，这场比赛很重要"。

在语气的运用中，温柔的语气能够使用户感到舒适和温暖，起到促进合作、友谊和爱情的作用；坚定的语气可以使人感受到主播的信心和决心，相信主播能充分控制场面；理性的语气能够使人感到主播思路清晰、才思敏捷；优美的语气能够使用户感受到主播的文学修养与情感，激起用户的共鸣和感悟。

增强情感共鸣：优秀的跨界主播能够在保持原有信息内容不变的情况下，以艺术性的口吻和手段将生产内容分享给用户。朱广权在"谢谢你为湖北拼单"公益带货直播中，就是巧妙地结合历史文化找到不同的切入点："烟笼寒水月笼沙，不止东湖与樱花，门前风景雨来佳，还有莲藕鱼糕玉露茶，买它买它就买它，热干面和小龙虾"。而董宇辉的卖货方式是"情感诉求法"：不讲产品的物理卖点，从精神和情感层面对用户进行价值观"渗透"。当文案用真诚、温暖的情感进行表述时，用户的内心就被狠狠击中而产生购买行为。情感共鸣能够使信息传递更加有趣，提高用户的兴趣并带来积极影响。

▶ 语言要有"文艺范"

运用比喻、拟人、夸张等修辞手法，可使语言更具形象化，而这些修辞手法既使语言更具有美感效应，又增强主播的魅力。2020 年 5 月 1 日，为助力全面复工复产，中央广播电视总台新闻主播、节目主持人康辉、朱广权、撒贝宁、尼格买提跨界化身成专业带货主播，一场主题《为了美好生活，拼了！》的直播节目 3 小时带货达 5 亿元！这场直播，将"带货直播"带上了此类节目的巅峰水平，有"梗"、有内涵，硬是把带货直播做得比综艺节目还要精彩。康辉是《新闻联播》主持人，平时给观众的印象是严肃、端庄。在该场直播中，康辉的带货风格既温文儒雅又不失调皮可爱。在推荐一款咖啡机时，他展现了自己朴素又文艺的风格："我们这个咖啡机，它很纯粹，它就是个咖啡机，咖啡中的战斗机。有一句很文艺的话叫'喝一杯咖啡是为了跟生活相遇'，我们今天喝了这一杯咖啡，是为了跟更丰富美好的生活相遇。"推荐空调的时候，他又化身中年"养生辉"上线："5月5号就是立夏，此时心胜于夏，干木之气防心火烧，赶紧买台空调凉一凉。"这时，搭档"文化权"朱广权接话道："窗外三伏炕，台前笔墨凉。"这种充满浪漫气息的语言，将家用电器卖出了文艺范。"与美好生活相遇"戳中了很多人内心的柔软情愫，这样的语言犹如一颗小石子扔进山谷下一处静如镜面的池塘，就这么漾进了人的心田……

"口红一哥"李佳琦之所以能将口红卖到极致，他的语言运用具有形象、具体的特点，经常使用比喻、拟人、对比、排比等修辞手法，让产品的细节更清晰。他尤其擅长创建修辞性场景，引发用户大脑的兴奋和敏感，为用户提供想象空间；如"穿着白纱裙在海边漫步的女生，非常干净……"使用户从话语中陶冶情操。运用比喻的修辞手法，描述不为人熟知的口红颜色"有点像红柿子，非常漂亮"，突出产品的特点。运用排比与夸张的修辞手法，增强语言的气势，如"这是一支天不怕地不怕的颜色。这是忘记前任的一支颜色。穿风衣的时候，一定要有这种颜色"……这些不落俗套、生动活泼的修辞手法的运用既营造了直播间的氛围，又达到很好的语言交际效果。而朱广权在新闻节目中关于"立秋"时节的描述，竟让人觉得比春天还美："都说指缝太宽，时光太瘦，未觉三夏尽，时序已新秋；虽然仍觉热浪翻滚、暑气蒸腾，气温并未下行，但秋的脚步已至门庭。您是在听蝉鸣声声，用草帽扇风，跳进荷塘，摘菱米莲蓬，还是要开始贴秋膘，聚亲朋；酒香馔美，饫甘餍肥，一壶美酒喜相逢。吃得汗流长，盼着秋风凉。俗话说，秋不凉，籽不黄，秋来神清气爽，河谷金浪翻似狂，终到开花结实，大豆结荚渐转黄；农作物旺盛生长，瓜果也迎来丰收忙，肆意飘香赛蜜糖。"这种唯美的语言表述，使人感受到属于立秋的美，也将原本枯燥的、单调的新闻播报变得有声、有趣、有韵。网友既获得了资讯新闻信息又愉快了心情。有网友为了看他播报的节目，开始关注相关新闻。

案例:"为知识付费"的四袋大米

2022年6月,某网友四次进入东方甄选直播间。由于主播董宇辉绝妙的口才,让该网友情不自禁地买了四袋大米。

第一次走进直播间,董宇辉说:"你后来吃过很多菜,但是那些菜都没有味道了,因为你每次(参加饭局)吃菜时都要回答问题,都要迎来送往(忙于接待),(说话)都得小心翼翼,你(心情)不放松。你还是怀念回到家里(下厨去)炒一盘土豆丝,炒一盘麻婆豆腐,炒一个西红柿鸡蛋(再配上这样的米饭),吃得真让人舒服。"听完董宇辉的推荐,该网友买了第一袋大米。

第二次进直播间,董宇辉又在卖大米。他说:"我想把天空大海给你,把大江大河给你,没办法,好的东西就是想分享给你。譬如朝露,譬如晚霞,譬如三月的风、六月的雨,譬如九月的天和十二月的雪,世间美好都想赠予你。你对我的好,就像这盛夏一样,就像我所用莎士比亚那句诗,叫作 Shall I compose it in the summers day(我是否可以将你比作夏日)?"听罢,网友买了第二袋米。

第三次进直播间,董宇辉还在卖大米。他说:"我没有带你看过长白山皑皑的白雪,没有带你去感受过十月里田间吹过的微风,没有带你看过沉甸甸弯下腰犹如智者一般的谷穗,没有带你去见证过这一切……亲爱的,但是我想让你品尝这样的大米。"然后,这位网友买了第三袋。

第四次进直播间,仍然是在卖米。董宇辉提到:"我在当老师的时候对自己有(严格的)职业要求,我希望自己每一次出现在学生面前,是清醒的、是振奋的、是心态良好的,不管我上一秒还在处理生活中怎样的苟且和痛苦,都希望自己能西装革履,很正式地

> 出现在学生面前。希望学生通过我的着装，感受到我很重视这里（上课）。"这种对于职业的热爱感、敬畏感打动了网友，因此，又买了第四袋。
>
> 后来，这位网友把自己买这四袋大米的经历分享到网上，并感叹"三十岁了，从来没有这么不靠谱"。董宇辉得知此事后在直播间劝说网友："别买了，退掉多买的那几袋，吃完再买，答应我做彼此的天使，拿起（你）毛绒的小手把前三单退了吧，听话。理性消费，钱都不是（风）刮来的"。董宇辉说，我本意不是让你们买大米，我只是在说人间烟火，想唤起人们感受生活中更多的喜悦。但就是这人间烟火的描述，打动人心。[1]

▷ 增强语言表达的趣味性

语言表达的趣味性能提升用户对主播的亲切感和喜爱度。在网络媒体时代，语言艺术不仅要体现出语言的美，同时还需要有"有趣的灵魂和外表"，只有这样才能在提升用户兴趣的情况下，将生产内容准确无误地传播出去。因此，跨界主播在语言运用中，要以发挥语言艺术的内涵为基础，挖掘语言的趣味性。

在 2021 年全国网上年货节期间，著名主持人撒贝宁与某位顶级网红女主播合作，语言当中各种套路犹如说相声，让整个直播间充满欢声笑语。一壶刚刚泡好的茶，女主播喝了烫嘴，撒贝宁却一饮而下，难道不是同一壶茶（泡的茶）？撒贝宁回应："是信念支撑着我……"茶杯售卖过程中，撒贝宁十分认真地对着屏幕说道："买七个杯子可以凑齐七个葫芦娃。但是直播间只会给你发六个，因为第七个隐身……"（音乐起）"小朋友你是否有很多问号"？此情此景数不胜数，用户看得津津有味。撒贝宁的语言，可以称为

---

1. 以上内容根据根据 2022 年 6 月 17 日 "东方甄选" 直播视频整理。

有趣的灵魂加外表，使用户感觉在看小品，而不是一场带货直播。

在《为了美好生活，拼了！》的节目直播中，押韵"狂魔"朱广权、活蹦乱跳撒贝宁、"怼言"大师康辉、广告鬼才尼格买提，四个男人一台戏，各种金句起飞。网友对他们的评价是"群口相声、可乐可爱可甜可盐、太欢乐了……"直播开场四人在谈到各自带货优势的时候，撒贝宁说："我没有什么优势，就是身高和价格成正比。"朱广权也非常"谦虚"地说道："我也是没什么优势，干啥啥不行，身高高过撒贝宁。"康辉是"坦率"地承认："我的优势主要是靠脸，大家仔细看一看，这样一张童叟无欺的标准好人脸，推销的产品能不好吗？"尼格买提则拿起自己的名字做文章："试问有史以来哪位带货主播的名字里，这么赤裸裸地写着'买'字？不光'买'，还能'提'！"

这样的带货优势介绍，可谓是别出心裁。而四人介绍产品文案更是充满奇思妙想、花样百出。

朱广权介绍智能电烤箱里的内置摄像头功能时称赞："它不光是个电烤箱，还能让你在网络世界里信马由缰，它可以让你拍完了照，发朋友圈。他的所有功能特别适合像小尼（尼格买提）这样的，一年就下两次厨房，挑一次没煳的照片晒给外行。"然后顺势介绍了洗碗机的三个功能："你以为它是水槽，其实它是洗碗机；你以为它是洗碗机，实际上它是净化机；你以为它是净化机，其实它是三合一。"在推荐同一款"四无小风扇"时，撒贝宁和尼格买提用了不同的表达风格。撒贝宁用《今日说法》的风格，直播现场秒变"演播室"，主持人与嘉宾分坐两旁。小撒（故意）一脸严肃："亲爱的观众朋友们，欢迎收看《今日说法》，产品质量是每个人最为关注的问题，当一件产品拿在手里的时候，需要注意和检测哪些问题？今天我们请到了几名当事人和受害者（指着"康、朱、尼"三人），来谈谈他们的看法……"尼格买提不但表达（因高考推迟）对学生们的关怀，还巧妙地把自己主持的节目名称融入其中："我最关心的是因为高考推迟，在炎热夏季要考试的考生们，我希望一个小小的电风扇，能够给你忙碌的学习添加一些清凉，能够为你打开一扇扇难以挑战的大门，为你实现一次次的《开门大吉》，祝你走上人生的《星光大道》，开启美好的'尼好'人生。"有网友表示：明明是去看相声表演的，却买了两个电饼铛……

"央视 Boys"有颜、有料、有趣、有才的直播收获了一众网友的好评。直播获得如此成功，不光来自中央级媒体平台的信用背书，更是来自四位跨界主播自身的魅力和直播手段的丰富的艺术化呈现。

（二）精准化展示直播内容

优秀的语言表现力在直播中的体现就是"简明、准确、生动"。英国语言学家利奇将语言经济原则理解为"快捷"。互联网时代的"快餐文化"，人们习惯于吸收碎片化知识，以最快的时间去了解时事、新闻、资讯。互联网取消了空间和时间的隔阂，任何人、任何时间地点，都能生产内容，这就导致了信息的爆炸。每天打开手机，各种信息潮水般奔涌而来。跨界主播如何在这信息大潮中脱颖而出，语言表达的精准和特色是关键！用户对主播语言表达的基本要求首先是通顺流畅；其次是语言生动、句式灵活，善于运用修辞，文句有意蕴。在网络直播间，由于时间空间有限、用户流动量大，主播如果不能在有限时间内迅速抓住用户的眼球，就会造成用户流失。因此，跨界主播的语言表达必须简洁明快，并有较强的感染力和号召力。诚然，语言表现力的提高不是一蹴而就的，需要对大量优秀作品进行认真观摩学习，进行持之以恒的艰苦训练，才能达到洒脱自如的境界。

▶ 严格用语规范

跨界主播语言本身就具有时代特色，是不断创新、展现个性的必然趋势。为了更好地将用户转化为忠诚粉丝，提高表达效果和沟通效率，语言表述要做到准确、恰当、规范。跨界主播语言表达会受到媒介传播的影响。互联网是自由开放的，它赋予普通公民传播权，信息的传递是双向的、交互式的、不区分发布者和受众的。这种创新、竞争、自由表达的开放环境，使得信息获得和发布的门槛大大降低，语言规范性降低，网络语言盛行。跨界主播置身于网络环境之中势必受到周围语言的"熏陶"，语言规范性受到影响。同时，用户在与跨界主播互动的过程中，其语言会对跨界主播的语言表达产生直接影响。如果用户使用了网络语言，或是语言表达不规范，主播就可能由于复述内容或发表风格相同的回复而忽略了语言的规范性。早在2014年11月27日，国家新闻出版广播电视总局发出通知，要求严格规范使用国家通用语言文字。各类广播电视节目和广告应严格按照规范写法和标准含义使用国家通用语言文字的字、词、短语、成语等，不得随意更换文字、变动结构或曲解内涵，不得在成语中随意插入网络语言或外国语言文字，不得使用或介绍根据网络语言、仿照成语形式生造的词语。[1]

经过多年的发展，有些网络语言简洁生动，逐渐受到了民众的喜爱和社会的接受，如"山寨""雷人""给力""PK""hold住""世界那么大，我想去看看""神马都是浮云"，让人听得懂、看得懂，从网络"方言"变身成为"大众熟语"，得到了社会的认可。但也有一些网络新词汇，因为编造生硬、晦涩难懂甚至低级庸俗，难登大雅之堂。当前网络用语不规范主要存在于以下几个方面。

发音、发声不规范：在语音失范方面，首先表现为语音不纯、发音错误。跨界主播没有受过专业的普通话训练，尤其草根出身的素人主播，平时使用方言较多，声调、字音等读错的现象比较普遍。其次，由于没有经过专业的发声训练，气息不足、口腔控制力度不够，其语句缺乏连贯性、发音不够清晰、吐字不清，影响到传播效果。（本书第三章已详述）

语法、逻辑不规范：一些网络词语在句法上过分简省，造成了很多不符合语法的现象。如：缺少谓语："我今天下午你那里""你这个人太实在，为什么真话呀！"分别缺少了谓语"去"和"说"；再如，语序不当，"找个幽默的北京人聊天会""我都急哭了快""找多几个啊"等等。虽然这种不符合语法的句子结合上下文及语境能明白其所表达的意思，且迎合了网络快捷的特点，但这种现象不符合已有的语法规则，应对其引导和规范。

为快速交流，高效、简单，大量使用省略句，并将中英文、中文和数字

---

[1] 尚杨：《主持人网络语言使用分析》，《视听纵横》2017年第3期。

混用等缩略类语言，如下列对话：

A：哪？

B：成都，u？

A：北京，见到 u 真高兴！

B：Me 2！呵呵，o^

A：家？

B：n, 公司。

A：我有事，走先！886！

破坏传统语言的运用规则，改变词性，出现名词用作动词、形容词用作动词、名词用作形容词等现象。如"你雅虎了吗？"（名词被用作动词），"某某被黑，一旦被黑，不要轻易放弃，什么手段都用下。"（形容词被用作动词）等。

跨界主播要在网络直播空间占据一席之地，获得可持续发展，在语言规范方面就不能降低对自身的要求。因此，主播应做好如下几点。

增强规范用语意识：当前的网络消费主力军"Z 世代"群体将逐渐成为社会支柱力量。这对跨界主播的语言规范提出新要求：既要适应大众化，也要适合网络虚拟社区的语境。随着跨界主播队伍的壮大、影响力的增强，以及传统媒体主持人下沉网络平台，其语言使用不规范的行为会波及传统媒体主持人，给传统媒体主持人的语言带来冲击。因此，跨界主播要肩负起引导、示范语言使用的职责，正面利用网络特性，更好地传播规范语言。将私语性、口语化特征的小众语言转变为具有公共性、书面语特征的大众话语，就不可避免地产生一些负面影响，既造成中老年群体的视听困难，又对活跃在互联网上的青少年群体日常用语习惯带来负面影响，影响现代社会语言生活的健康发展。

方言用语需慎用：在短视频平台上，有不少主播使用方言直播或拍摄小视频。方言有着浓厚的地域文化，有着天然的人际传播亲和性，"接地气"，能迅速拉近与用户的距离。但地域限制又是使用方言传播无法跨越的障碍。跨界主播使用方言需要定位内容传播的范围和受众群体。如果使用方言进行全网传播，势必造成方言区外的用户难以理解而影响传播效果。同时，用方言表达难免会派生出很多歧义，给人们的思想交流造成诸多障碍和误会。如有的方言把"爱"读成"乃"，"我"读成"挪"。有的用普通话加方言，组成固定用语，如海南的"努夹了不""的的乎"，不伦不类，或把音译字取代本义字或将音译字加以演绎。更有甚者，利用方言打擦边球，如福建莆田某主播在直播期间使用本地方言频发污言秽语，将低俗玩笑作为噱头与网友互动，影响恶劣。这样的行为受到网络监管部门的明令禁止。

拒绝粗俗用语：目前网络主播进入门槛低，层次良莠不齐，缺乏相关规定进行约束管理，直播过程中，低俗网络语言出现密度比较大。充斥在秀场主播、游戏主播等的直播当中，在2015年6月2日由国家互联网信息办公室主持召开的"净化网络语言"座谈会上，人民网舆情监测室公布了《网络低俗语言调查报告》。报告指出，按照原发微博提及量排行，"尼玛""屌丝""逗比""砖家叫兽"的转发率最高，均超过千万次。语言有雅有俗，网络语言也不例外。语言表达要做到"雅俗共赏"。"雅"要典雅、儒雅，"俗"要通俗，雅与俗之间应当相互包容，使用户乐于接受。跨界主播要认真识别网络用语，切忌为了增加表达趣味性而使用低俗网络语言。

▶ 语言表达需高效

在经济学上，经济原则强调以最小的投入或成本获取最大的满足或利润，运用到语言中即是以最简洁的语言高效地传递信息，且不至于使人难以理解或误解。我国著名的语言学家张志公先生曾经指出："能用简单、易懂、标准的普通话表达出自己的思想意图，是语言文化表达能力较高的一种表现。"复杂的语言内容、特殊的语音语调都加大了用户接受理解的难度。在以快节奏阅读为主的网络时代里，普通大众都愿意利用碎片时间去观看短小精悍的内容。

跨界主播在直播主要是以口语传播，要使传播内容达到尽可能高的准确和可理解度，语言组织须简明清晰。能够用一个词表达清楚的绝不用一句话；能一句话说清楚的事情不用两句话；不重复，不说多余的话。清晰，是使用户明白无误，不产生歧义。语言表达效率不高或者表达的意思不清晰，都会影响直播效果。保持语言的精简，让用户在单位时间内获得更多的信息是优质内容必须具备的要点。

及早切入主题：围绕主题，不说废话，开场不要做过多的无用的铺垫。信息爆炸的时代，用户极其没有耐心，主播如果在最短时间内抓不住用户、触发其看下去的欲望，用户就会离开。2012年，一项来自马萨诸塞大学阿默斯特分校的研究发现，在线视频缓冲时间只要超过2秒，人们就会开始不耐烦。网速快的用户愿意等待的加载时间，比网速慢的用户还要更短一些。根据网站设计公司Go-gulf调研，在互联网上，55%的页面得到的关注时间都不超过15秒。人们在浏览网页时的平均注意力时长，从2000年的12秒降低到了2012年的8秒。人们浏览网页的时候，平均只会看其中大约20%的内容，一篇文章只有10%—20%的人会滑到最后读完。[1]因此，直播开始后，主播语言表达切不可节外生枝、随心所欲，如果在15秒之内没有成功吸引用户，就会造成用户流失。

忌用生僻晦涩之词：视频直播主要通过声音传递信息，辅以其他技术手段配合，如画面、音乐、特效等。跨界主播声音传播效果如何，决定了直播的质量。由于声音的传播与文字不同，听得见抓不住，声音稍纵即逝。在直播的情况，主播使用生僻、晦涩的词，容易造成用户听不懂、难理解、来不及反应。耳朵不同于眼睛，听不清时就容易使人烦躁。用户兴趣大为消减，理解就会出现阻碍。因此，主播语言表达的措辞尽量简洁高雅，不要讲让人难懂的词，不要滥用术语，不要说自己也不懂的话，同样的言辞不可用得太频繁，不要乱用流行语和口头禅。

关键信息点突出：首先要重视直播开场。直播的开场是用户关注度最为集中的时刻，要充分利用这个环节告诉用户为什么这场直播值得观看，可以为用户解决哪些问题。直播中，跨界主播的开场第一分钟极为重要，要在最短的时间内吸引用户，需将直播的重点信息、关键词和直播内容进行高度

---

1. 刘融：《"即时满足"的互联网时代，你的耐心能维持多久？》，好奇心研究所，https://www.digitaling.com/articles/93218.html。

凝练，尽量包含所有想说的内容。其次，要增加单位时间内直播内容信息量，增加表述吸引力，去掉琐碎，挑出精华，让用户了解重点。如一条标题为《零下28度，男子寒冬醉倒街头，宝马女司机开双闪灯保护》视频，讲述了一个开宝马的女司机为躺在地上的醉酒男子打开双闪车灯保护他的故事。视频的标题强化了核心信息，交代出"零下28度""宝马女司机"等具有话题性、冲突性的看点，加上现场实录声音，极具代入感，唤起人们继续看下去的欲望。

三 如何寻找优质内容

好内容是吸引用户的关键。直播领域的竞争已进入下半场，区别于卖场式直播，"泛知识"直播的崛起成为直播平台竞争的新"赛点"，而胜出的关键在于谁能用优质内容真正抓住普通用户的心。5G时代契合社会信息需求趋势的优质跨界主播——"泛知识型主播人才"，已成为各大直播平台争夺的重点。

> **案例：园艺跨界主播"海妈"的故事**
>
> 在成都市双流区彭镇，有一个叫"海蒂和噜噜的花园"的地方（见图7-4）。这是一位园艺师妈妈为两个女儿打造的"童话世界"，一年四季鲜花不断，并向游人免费开放。这座花艺园，占地3000平方米，园内设有十个不同主题小花园。走进园内，粉色的龙沙宝石爬满墙垛，紫色的蛇鞭菊与观赏
>
> 图7-4 海蒂和噜噜的花园（图片来源：@海蒂的花园）

跨界主播

草相伴挺立，在樱草、月白、橘红等各色草木的映衬下，怡然自得。在这里，万物共生，自由生长。

花艺园的主人叫邱亚敏，因为大女儿名叫"海蒂"，被人叫作"海妈"。创业初期，"海妈"一边工作，一边兼职开花店。坚持了一年，花店倒闭了，但喜欢花的"海妈"又经营起花卉园艺。随着市场前景变好，"海妈"开始全职经营，将几十平方米的花店发展到如今的花艺园，成为成都爱花人的好去处。海妈的创业之路历尽艰辛，经历了一道道"难关"：12年搬家13次，花苗遭遇洪水，起早贪黑、治理虫害……这都成为海妈的日常。虽然历经挫折，但为了心中的"花园梦"，海妈破釜沉舟，没有因为遭遇"严冬"而放弃。"海蒂和噜噜的花园"建好后，海妈的花卉交易曾一直以线下为主。2014年线下交易遭遇瓶颈期，从2015年开始拓展线上交易。她开通了抖音@海蒂的花园的账号，分享她的花园、她的生活和种花经验（见图7-5）。意外出镜的海妈，为用户分享种花知识的小视频达到了上千万次的播放量。海妈的视频内容选题，囊括各个品种的花卉植物，涵盖养护知识的方方面面。视频里的她，围着围裙，戴着套袖，捧着花盆，常常笑得一脸灿烂，就如同她背后的花朵。开展线上交易以来，海妈每天晚上做直播。在直播中，她介绍花艺园植物栽种、花卉搭配及属性，分享花卉养护技巧，回答用户的各种问题。

海妈的"花园版图"从街边的小花店，到如今花园加卖场加种植基地，一步

图7-5 海蒂花园视频号截图（图片来源：抖音APP @海蒂的花园视频截图）

> 步拓展壮大。"海蒂和噜噜的花园"深受园艺爱好者喜爱。直播间的海妈梳着朝天小辫、魔力笑声和质朴的语言，由内而外散发出的亲和力和感染力，塑造了一个"中年少女萌"形象，成为抖音短视频平台粉丝的"园艺达人"。截至2023年8月3日，海妈在抖音平台粉丝已达到264.1万。[1]

（一）优质内容是稀缺资源

2012年8月17日晚，新华网、华龙网、头条、抖音、快手等各大新媒体平台账号联手，为广大用户奉献了一场精彩的文化艺术大餐，获得极高的关注度。在这场长达一个多小时的"网络大V与艺术大咖的对话"直播中，著名油画家、四川美术学院院长庞茂琨，围棋世界冠军古力，围绕主题"美育有大用"，分享了美育修养、艺术成长等相关话题，唤起社会对"美育教育"重视。美术与围棋，两个本不相干的领域，通过跨界融合，将美育的意义深入浅出地作了阐释。一个是腹有诗书气自华的画家，一个是阳光帅气、充满定力的围棋世界冠军，两位跨界主播带来的整场直播正能量满满，艺术气息浓厚。这次直播受到追捧，正是用户期待高质量内容的生动体现。

跨界主播内容生产最终目的为"变现"，每个主播的直播间界面会有"关注"二字，被"关注"了才会产生效益。跨界主播唯有生产、分享优质内容，才能有效提高用户留存度，提高主播影响力。用户评论、点赞、分享行为，可以使跨界主播被更多的用户关注到，形成一个良性循环。所以，持续创作优质内容才是跨界主播获得长远发展的关键。

---

1. 以上内容根据红星新闻《从IT销售到百万园艺达人 她用15年热爱打造3000平米"海蒂的花园"》2023-05-24、四川观察《一年卖花2个亿，她是如何做到的？》2024-02-12资料整理。

▶ 优质内容是专业的

跨界主播的优势就在于"专业化",在未来竞争中,只有做到更为专业化,才能使竞争优势凸显。首先,跨界主播所生产内容的专业度是独特的,在许多直播平台上,跨界主播都是带有专业技能、能够传播知识的医生、教师、律师、金融专家、书画家、民间匠人等"知识网红"。其次,跨界主播以真实身份出现在用户面前,其内容的专业性深得用户信任。如医疗行业的跨界主播,由于具备医生执业资格证、从业医院和科室等专业认证,向用户分享相关医疗知识具备极高的权威性。再次,直播经历几轮发展,高学历主播在行业占据的份额逐渐增高。其为用户带来更具知识、技能的价值认知,内容专业度不断提升。随着直播垂直细分领域的进一步发展,跨界主播和直播内容的专业化升级,传递的价值从娱乐休闲上升到知识、技能分享和资讯传递等多元化价值传递。

2020年9月,百度直播启动"千播计划"百亿流量、五亿现金扶持千名知识型主播。该计划直接面向泛知识型主播,抢占行业竞争的腹地。招募计划面向健康、教育、情感、美食、热点板块等各领域有权威性、专业过硬的主播人才,壮大优质直播创作者群体,目的就是向用户提供泛知识分享和专业服务,通过直播为用户提供更多延伸服务,以增强平台竞争力和吸引力。今后,各直播平台都将通过对创作者输出平台支持,聚拢优质创作者生产优质直播内容,从而增强用户黏性,形成良性发展的正循环。以生产专业内容为主的优质跨界主播将更加受到青睐。

▶ 优质内容是用户需要的

从用户层面,用户希望能够寻找到最有利的信息,以满足获得新知识的求知欲;从主播层面,优质内容分享能为用户创造快乐,增强用户忠诚度、转发和分享。优质内容的生产就要充分做好市场调研,调查目标用户的行为和习惯,进行有针对性的投放,才能提高用户的关注程度以及点击率。

有价值:直播内容必须给用户提供足够的价值,俗称"干货"。高质量的内容比低质内容能够产生更多的传播、更多的互动、更多的线索、更长的生命期。使用户感受收看直播的价值，有收获，才能掌声不断。

参与感强：内容生产要找到用户的关注点，能够引起用户的共鸣，从而引发用户与主播的互动意愿。主播通过互动与用户建立情感纽带并形成对用户的影响力。

内容有品位：用户观看直播也是为了某种精神需求，保持内容较高的品位，才能拥有固定"粉丝"；题材、形式、美感、跨界主播个人形象等都决定了直播内容的品位。

▷ 优质内容生产者是权威的

前文已述，许多跨界主播都是本行业的专家、学者，兼具行业知名度和影响力，如拥有政府工作背景的干部主播、企业领导背景的 CEO 主播等，其身份本身就具有真实、权威的特点，所提供的内容服务自然具备相当的权威性。

"互联网+"时代，直播的商业化功能更加凸显。打赏、直播带货、内容变现只是直播商业化的初级阶段。虽然许多平台在内容变现领域发挥得很好，但不同精英学者主播带来的知识分享、优秀教师主播带来的远程教育、生活服务类主播带来的生活分享、行业专家主播带来的优质直播内容才是真正的稀缺品。如财经类直播节目呱呱财经、知牛财经等，知识类直播节目 V 来秀、龙珠《wuli 实验室》等。

同样，在集结了众多企业家、教育家、艺术家，以打造专业的知识网红、企业带货平台为宗旨的"李强 365"直播平台上，每天都有五千余位名师、网红明星、企业家、素人小白等，在线直播、传授知识。其中的一些跨界主播在本行业拥有相当高的权威，他们拥有本领域过硬的专业素养，在所属领域进行垂直内容传播，既满足了用户需求，又在直播平台上实现"知识变现"和品牌、产品推广，实现了平台、用户和跨界主播共赢的局面。

2020 年，百度在医疗健康类直播节目中邀请钟南山、李兰娟等学界顶流科普直播，普及医学知识和免费义诊。权威专家的持续加入，使得百度健康信息和知识入口优势越来越强，从而吸引更多的优质资源，品牌影响力愈大。极光大数据 2020 年 8 月发布的《2020 年 Q2 移动互联网行业数据研究报告》指出,以百度为代表的泛知识类直播逐步壮大,正在推动直播行业向知识直播转型。泛知识直播将与卖场式直播带货一起,成为直播行业的两大重要的分支。百度"千播计划"通过加大扶持力度,加速主播成长,完善生态。[1] "颜值"主播、秀场主播犹如互联网上潮水般涌来的海量信息一样,转瞬即逝,技能型、知识型跨界主播却能走得更长远、红得更持久。知识型跨界主播是网络主播发展的未来。

(二)掌握新媒体技能

在多媒介融合的形势下,对跨界主播自身能力亦提出更高的要求。跨界主播应及时抓住时代发展特点以及用户的多元化需求,在激发出自身的独特优势前提下,朝更加专业性的方向发展。

▶ 拍摄短视频技能

跨界主播优质内容的生产中包括短视频优质内容输出。短视频是近几年伴随自媒体行业快速发展而兴起的,且有势如破竹发展趋势。首先,短视频作品突破了语言的局限性,具有生动直观、新颖易懂的特点,更具跨文化的传播力,非常契合当下用户碎片化的阅读习惯,深受用户喜爱。以抖音为例,在上海举办第二届抖音创作者大会上,北京字节跳动 CEO 张楠公布抖音最新的数据:截至 2020 年 8 月,包含抖音火山版在内,抖音的日活跃用户已经超过了 6 亿。[2] 跨界主播依托于抖音 APP 的抖音直播,在流量方面将会拥有行业内绝对优势。其次,抖音直播的主要流量来源于短视频,直播状态的主播所发的短视频会获得更多的曝光和最强的推荐位。

短视频或将成为行业标配:短视频异军突起,内容已经覆盖上至经济基

---

1. 王新:《百度直播启动"千播计划"百亿流量、五亿现金扶持千名知识型主播》,光明网,202-09-01,https://it.gmw.cn/2020-09/01/content_34142117.htm。
2. 王小孟:《字节跳动 CEO 张楠:抖音日活跃用户已超过 6 亿》,《电商报》,2020-09-15,https://www.dsb.cn/127368.html。

础、上层建筑,下至普通民众衣、食、住、行、娱乐等多个垂直领域。"互联网+"及5G时代,短视频将随着用户喜好的变化,衍生出更加细分的垂直领域,短视频平台已经成为各大品牌的流量入口。目前,各行各业都把短视频作为行业发展的重要元素,与跨界主播一样,短视频将成为行业标配。

短视频成为营销新赛道:短视频成为营销新赛道,主要得益于四个方面的原因:传播速度快、数据化精准营销、支持社交分享、个性化与互动化。首先,移动网络的提速,方便用户随时随地流畅播放短视频。其次,平台的数据分析工具实现用户投放更精准,有效提升品牌影响力和用户体验。再次,社交分享功能使短视频可在社交媒体上随意分享,提高曝光度,提升流量。最后,短视频制作更加个性化,满足不同受众需求,带来更好的视觉和体验效果;支持更多互动形式,如投票、留言等功能。短视频的火爆,验证了其内容消费形式已经被用户广泛接受。Quest Mobile 数据显示,每10名移动互联网用户就有4人使用短视频,其使用时长已占据移动互联网整体时长的7.5%。[1] 李子柒在海外的强势"圈粉",体现了短视频传播的强大力量。截至2023年8月,李子柒的 YouTube 账号总订阅数约为1740万人次,总观看量为29.18亿次,总观看时长约9185万小时,总视频数量128个。[2] 中国互联网络信息中心(CNNIC)发布的第45次《中国互联网络发展状况统计报告》中,把李子柒作为经典案例进行分析。

短视频与直播交互融合:短视频时长短,制作讲究、炫酷、有趣,将内容极度浓缩,但缺乏表达更多内容的能力。直播能提供较大的信息量和内容的深度,直播时主播可以相对较长的时间与用户互动,但却存在即时性和消逝性缺陷。2019年以来,短视频市场规模节节攀升,众多主播开始将自己的优质直播内容剪辑成短视频在平台发布,以增加二次曝光的概率;而短视频平台同样也需要这些自带流量的主播入驻,以扩充自身内容。李佳琦正是

---

1. QuestMobile:《2020中国移动互联网年度大报告(下)》,澎湃新闻,2021-02-02,https://www.thepaper.cn/newsDetail_forward_11045335。
2. 范佳来:《李子柒海外粉丝破千万,成YouTube中文创作第一人》,澎湃新闻,2020-04-29,https://www.thepaper.cn/newsDetail_forward_7197204。

在平台上发布口红推荐短视频脱颖而出。短视频与直播的交互融合、模式互补，以短视频拥有更低成本与更多曝光机会，稳定的直播与稳定的短视频生产相互促进，可以形成闭环增长的模式。

随着直播和短视频行业的发展，两者更好地融合将变成直播 APP 制作的重点，也将是直播平台运营和发展的重点。当下，短视频已经成为跨界主播提高用户黏性和活跃度的有效介质。短视频的出现，带来了时代沟通语境的集体性转化，这种新的媒介具有可探寻的营销可能性。如何利用短视频来帮助跨界主播实现传播效率与竞争壁垒的建立，成为跨界主播当下思考的重要命题之一。

▶ 增强用户运营意识

一场直播，跨界主播除了要做好直播策划及内容管理外，还需具备用户运营管理意识及能力，目的是与用户建立良好的关系，提高用户的黏度。用户运营是通过互动管理方式聚合用户，保持用户的持续活力及巨大的吸引力。若要提高将普通用户转化为核心用户的转换率，需尽可能提高主播在用户群体的活跃度。

设立用户管理小助理：设立用户群体里的主播小助理非常重要。一个拥有统筹能力的小助理，在主播不在线的情况下，可以帮助打理群内事务，如发布群公告、登记用户详细资料、对不同用户进行分类管理，举办福利活动等，以保持用户群体活跃度。

7-6 本文作者指导的第六届四川省大学生原创微电影大赛（图片来源:颁奖典礼小屏直播宣发图片）

互动需及时：若要保持用户对主播良好的印象，获得持续关注，不管是用户公开留言还是私信都需要进行回复。长期及时回复用户留言，能树立良好的形象，久而久之就能提升主播的号召力。

引发用户分享裂变传播：分享裂变传播是一种用户主动进行分享传播，使新用户裂变式增长的二次传播行为。跨界主播需经营好老用户，并利用老用户的社交关系，通过微信好友、朋友圈、QQ好友、QQ空间、微博等社交圈分享，以达到发展新用户的目的。这种主动分享主要基于利益和情感，分享裂变活动可以使跨界主播以最低成本来获取更多的用户。

▶ 直播间推广引流能力

跨界主播需具备推广链接能力，即利用一切可以利用的资源渠道和流量为主播内容带来最广泛的传播。从自媒体时代大而全的新闻资讯端到视频分发，再到垂直各行各业的自媒体平台，都给跨界主播免费提供了一个传播内容、打造个人品牌影响力的绝佳通道。

跨界主播完成一次直播，不能限于在某个平台设立的直播间，还可通过转推流的方式将直播信号分发到其他平台，使不同平台的用户共同关注直播，争取传播最大化。

多平台同步直播： 跨界主播可通过例如"芯象直播助手""易动直播"等手机APP进行"云导播"，用各平台推流码推送至微信视频号、抖音、快手、B站等主流视频网站进行同步直播，吸引多平台用户关注。其中，微信视频号是继微信公众号、小程序后又一款微信生态产品。利用微信平台"朋友圈＋微信群＋个人微信号"的方式，放开异平台传播限制，让更多的用户更便捷地看到直播，形成新的流量传播渠道，能同时解决活跃、转化、裂变几个传播效果。每个平台都有自己的特点和受众群体，主播应根据平台自身特点、目标用户情况，寻找适合自己领域的平台重点投入。园艺跨界主播海妈就是在抖音、快手、B站、微淘、微信公众号、微博等平台做投放，采取的全平台运营，积累"花粉"。新冠疫情防控期间，海妈主攻抖音直播，和花友保持互动，相互鼓励和安慰，粉丝一个月增长50万。[1]

热点小视频引流： 直播前制作内容简介小视频预热，增加主播直播前曝光量，达到对直播引流的目的。首先，热点小视频制作要利用"关键词""社会、行业话题"制造悬念、突出亮点，引导用户进入直播间。短视频和直播

---

1. 张萌：《花卉园艺直播开启疫情下的"云端生活"》，《中国绿色时报》，2020-04-01，http://greentimes.com/green/news/lscy/cjxw/content/2020-04/01/content_451642.htm。

是持续相互增流、推动的一个过程。直播前两个小时，先发短视频预热。开播后，可将从短视频产生的流量引入直播间，如抖音零食测评达人"奶油小鹿爱测评"，在直播开始前的 2 小时左右，发布一条"用 1000 根钉子绕线画一幅斗罗大陆小舞的钉子画"来吸引用户的目光；同时，这条视频并不告诉用户这幅画最终是否完成，而是让用户去直播间看结果，引发用户好奇心而进入直播间寻找答案，达到预热小视频引流目的。其次，使用直播花絮小视频预热也是一种简单而直接的方式。将直播准备阶段的各种花絮作为内容编辑制作，不断强调直播主题等重点信息，对直播事件"广而告之"。

社交平台软文预热：在社交平台上进行软文预热是一种很有技巧性的广告形式。它不要华丽的辞藻也无须震撼，但一定要推心置腹、打动人心。微信、微博等社交平台往往是用户的聚集地，更是跨界主播传播自我、实现变现不可或缺的引流渠道。不管是直播前预热还是海报文案预热以及站外预热，都需要设计一个有吸引力的直播预热文案。海报的设计一定要别出心裁，除体现出直播重点信息，还有主播的人设等信息。

罗永浩直播预热海报的文案这么写的：不赚钱，交个朋友（见图 7-7）。"也许是"中国第一代网红。这张海报文案的醒目的大字就是"不赚钱，交个朋友"，弱化了广告的效果，拉近了与粉丝的距离；而"基本上"和"也许是"，字体小，处于画面不起眼的位置上，词性缓和、态度谦和，让用户读出了幽默感和轻松感，也激发了用户强烈的好奇心理——达到这样的效果，直播预热文案就成功了大半。

图 7-7 罗永浩抖音首场直播宣发海报

（三）直播间"双向话语权"

话语权是公民的基本权利，而网络话语权就是指作为公民组成部分的网民具有表达观点的权利，主要通过网络媒体对国家事务、社会事务及各种社会现象提出建议和发表意见的权利。网络话语权也能通过集合性意见对权力机关产生一些规劝效果，发挥潜在影响力。[1] 网络媒介与传统媒介最大的区别和优势在于拥有双向互动性。以传统电视媒介来说，以往线性单向、以一对多的传播方式使得当信息由传播者发出之后，单向地流往受传者，没有即时反馈的发生，因此并未形成"互动"过程。"只有当信息的接受者在接收到信息传播者发出的信息之后，做出反应并将反馈有效地传回给传播者，信息的互动回路才得以形成。互动行为构成的第一个前提，是信息在传播者与接受者之间形成流动的回路。"[2] 在网络直播中，主播和用户之间不但可以通过直播间评论区和弹幕实现实时互动，双方还能够用某种方式表达认可，诸如设置充值功能，通过打赏、个性化符号信息（如虚拟礼物符号、VIP身份符号）等方式增加互动。当主播和与用户建立了情感上的认同，用户和内容之间的关系从单向的分发，转变为了双向互动，产生更加频繁的互动行为。这种互动途径便捷、迅速，是网络直播所具有的独特魅力。互动带来的最大价值就是更短的变现路径，直播打赏是因为直播而产生的变现方式，让内容生产者利用直播将内容制作通过传播手段更好地变现。

在网络通信技术通道打开的前提下，跨界主播与用户的互动无障碍、无时差，使来自四面八方形如散沙的用户凝聚成团队。一方面身处直播间的跨界主播与用户建立起情感沟通的通道，对用户形成影响和引导；另一方面，直播间作为自由、开放的公共领域，赋予了用户宽松自由的多元化话语表达的场域。在此场域，进入直播间的用户之间也能形成互动，发表观点或表达喜恶。网络直播突破了传统媒介单向传播的弊端，其开放、平等、匿名登录，用户自由交流、尽情抒情达意等特性，使直播间成为公众话语表达的场所。这种空前的表达自由，最终的影响是用户在社会中前所未有的主动姿态。网络直播间的"双向话语权"是时代的进步，它使话语权公众化、自由化，达到了人类历史上空前的话语表达自由。

但是，互联网的隐匿性和自由开放的环境，使得隐匿状态下的用户群体非理性行为增多。由于缺少现实中传统道德观念的影响，某些用户在网络

---

1. 刘鹏飞：《网络话语权规范策略的背景分析》，《新闻世界》2009年第6期。
2. 藤依舒：《网络媒介时代电视传播策略探析》，《东南传播》2011年第4期。

直播中表现出双重的道德标准，在互动表达时更加不受约束，因此带来大量不良话语。此外，网络直播行业对于所有人来说都是开放的，而准入门槛不高正是网络直播行业部分主播素质不高的原因之一。某些主播文化素质、网络素养欠缺，言谈举止低俗，导致用户在互动中言语表达肆无忌惮、无所不言。由于人员和手段的限制，直播平台在管理和监管直播时存在困难，难以及时发现和预测不良话语的规律和特征，及时采取有效的措施，导致直播间双向互动问题不容小觑。例如，在直播间发布、传播违法违规信息，煽动对主播或用户的攻击和谩骂、发表负面评论和恶意"灌水"等语言暴力，弹幕中充斥各种低俗用语，营造斗富炫富、博取眼球等不良互动氛围。

因此，在网络直播间"双向话语权"的语境下，要营造健康的表达与互动环境，除了构建行之有效的把关机制，依法规范平台发展，采用科技手段控制，提高用户媒介素养，从净化直播间语言环境等方面入手，跨界主播要成为直播间互动的"把关人"，营造一个良好的直播环境，才能引导用户朝健康积极的道路上发展。

▶ 在直播中主导互动

媒介所传播的信息都是经过"把关人"取舍而再现真实世界的一部分而已，这里的"把关"就是按照一定标准对信息进行取舍选择，它体现的是媒介组织的立场和方针。一般来讲，个人也是从媒介组织角度的定位出发行使"把关"权的。因而个人因素在其中所引起的作用是相对次要的。总的来说，对"把关"影响最大的主要有三个定位角度，即社会角色定位、专业角色定位和传播对象定位。"社会学意义上的社会角色就是指，处于特定社会地位的个体依据社会客观期望、借助自己的主观能力所表现的一整套权利、义务的规范和行为模式。它是构成社会群体和社会组织的基础，是社会地位或社会期望与个体能力相统一的产物，既指人们对具有特定地位和身份的人的某种期望，也包括人们的相应行为。"[1] 跨界主播的社会角色定位关注

---

1. 李开琼：《浅谈学习型社会与教师角色构建》，《教师专业发展论坛》2007年第5期。

的是社会责任和政治责任，主要体现在对生产内容的倾向性及其传播效果的质量进行把关；主播的专业角色定位强调业务水准，以直播分享内容的真实性、准确性、时效性等为标准决定取舍；传播对象的定位是从满足目标群体需求和兴趣的角度出发对信息进行取舍。三个定位角度决定"把关人"如何对所生产内容进行把关取舍。

跨界主播作为本领域行业专家，对其专业角色定位、传播对象精准定位非常明确（前文已详细阐述），同时要严格确立自身的社会角色定位，承担跨界主播这一角色应担负的社会责任和政治责任，把握好直播互动中的话语导向。

有目的沟通：跨界主播不把个人体验当用户体验，理解用户需求，才能在互动中给出相应策略，做到精准、快速回复。把握住用户特殊的心理，才能机敏地跨入用户的情感世界，有目的沟通永远是主播在直播中应该掌握的重要技能。

挖掘引发共鸣的内容：进入直播间的用户往往年龄、环境、身份、职业、知识结构、政治阅历不同，与这样一群人组成的用户群体进行互动，尺寸把握难度很大。但用户的共性是，对主播专业内容的"共同关注"，"共同关注"又让用户在短时间内迅速"聚合"。不同类型的用户基于"共同关注"的内容产生提问和回复的行为，提高了用户在互动中的存在感和参与感。因此，抓住用户兴趣共同点，能引发用户共鸣而获得认同，话语权的行使才能深入人心，收到最佳效果。

掌控互动节奏：在互动中控制节奏、掌握好频率是一件很重要的事情，它决定了主播与用户是否能愉快地进行交流。主播既不能滔滔不绝而不给用户说话的机会，也不能任由用户跑偏将直播节奏打乱。尤其当有人发表不当言论，主播要早预断、早发声，立即采取措施及时控场，抢占话语先机，增强话语的主动权。

▶ 拥有用户视角

作为跨界主播，要达到内容传播最大化，在互动中占据主导地位，必须拥有"用户视角"：站在用户的立场去思考问题。人的本能都是从自己的角度去思考问题，能站在别人角度思考问题的能力，都是后天教育的成果。绝大部分的跨界主播没有经过刻意训练，往往很难站在用户的角度去思考，但工作属性决定了必须改变自己的思维方式，学会换位思考。心理学者武志红说："情侣之间容易产生矛盾的原因是双方都试图用自己的意愿去改变对方，让对方按照自己的意愿去对待自己，所以矛盾就产生了，因为没有人希望被改变。"主播和用户的相处中，这个问题依然存在，如果试图去教育用户、改造用户，就会在用户那里吃闭门羹。因此，缺乏"用户视角"，对直播运营、直播文案、跨界主播来说都是一个重大的缺失。

英国著名诗人拜伦在街上散步，看见一位盲人身前挂着一块牌子，上面写着："我是一个盲人，请给我一些帮助！"可是路人都好像没看见一样匆匆而过，很长时间过去了，盲人手中乞讨用的破盆子里还是没有一毛钱。这时，拜伦走上前去在盲人的牌子上加了一句话："又是美好的一天，可是我却看不见。"这句话一下子激起了人们的同情心，过路人纷纷伸出援助的手。选择站在过路人的角度去激发他们的共鸣，这个故事告诉主播应站在用户的角度去思考问题。以下是5G时代用户的共同心理特征。

用户"忙"而没耐心：著名的诺贝尔奖获得者赫伯特·A.西蒙在对当今经济发展趋势进行预测时指出："随着信息的发展，有价值的不是信息，而是注意力"。这种观点被IT界和管理界描述为"注意力经济"。"注意力"是繁荣经济里的稀缺资源。在注意力经济时代，用户把注意力集中在处理信息上的能力是有限的，而网络世界的信息是无限的。吸引到用户的注意力，意味着抢占市场，意味着跨界主播的传播效能和收益成败。吸引注意力的首先是内容生产的有限、稀缺性（前文已述）。其次，信息爆炸时代，注意力的高强度应用，会给人带来很大的负荷。用户自然不会把注意力用在没有意义的地方以减少对注意力的占用，将宝贵而有限的注意力放在其想要关注或是真正有价值的信息内容上。所以，一场直播，其内容、直播场景、直播海报设计信息页面是否繁杂、要点是否集中、形式是否过于花哨，都决定了跨界主播能否降低用户注意力成本，抢占用户注意力。

用户"懒"而不想动：有人说"5G时代，我们终将成为懒人"，准确地说是时代让我们"越变越懒"。2018年12月10日，淘宝发布的《懒人消费数据》显示，2018年中国人为偷懒花费160亿元，较上年增长70%，其中"95后""懒需求"增长最快，增幅82%。[1]扫地机器人、自热火锅、懒人手机支架、懒人甩脂、闪送、外卖等一系列"懒人神器和服务"，使得快节奏生活、时间高度碎片化的用户，多了一种省时省力的选择，从而获得更高的时间自由支配度。直播间里要留存用户，就是要使其在轻松愉快中去获得某种需求和满足。从用户的角度去思考，能否用浅显、简单、有趣、简洁的方式来分享过于专业、深奥的内容，语言表达更通俗、接地气，由宣传海报进入直播间可"一键式"便捷操作，互动的方式多样化，直播间的一些功能设置是否具有人性化等。

理解并尊重用户表达：有些主播与用户互动效果不佳，往往是因为不能精准地理解用户所传达的信息，或是因内心傲慢而不屑于理解用户。这势必影响主播与用户建立情感连接而使内容传播效率大打折扣。每当用户向主播传递了信息，主播要判断用户的情绪、表达的目的、想要解决什么问题，并及时回复。长此以往，主播的互动能力、用户黏性会逐步提高，在商业层面能够为跨界主播创造超额的价值。

▶ 营造直播间"归属感"

网络的广泛普及使得身处不同地方的人们突破地域空间的限制，或是因为某种缘分，或是因为共同的兴趣爱好和经验，在互联网上组成一个个虚拟社区。虚拟社区的出现，使民众一方面渴望保留私人空间、保护自身隐私，另一方面又渴望与他人交往、融入集体狂欢的这种人际交往的二元分离状态有了出口。传统网络虚拟社区依据不同的方式可以分为不同的类型，如长期性、短期性社区，论坛、聊天室、博客、贴吧等。社区内成员可以通过虚拟社区共享信息与沟通、发表评论、张扬个性。每个成员在社区中都有相

---

[1] 靖明：《懒人经济大爆发》，《工会博览》2020年第21期。

应的身份，在长时间的沟通下，成员个人的身份就能够渐渐被其他成员所接受，关系得到进一步亲近。有的非即时性虚拟社区成员之间的交流讨论，只表达观点和感受，不要求立即回复。此种非即时性互动会导致社区成员互动的"局部性"，降低成员的责任感，加之难以感受彼此的情感，容易出现互动效率低下甚至中断的情况，因此在某些传统网络虚拟社区互动中普遍缺乏人际信任。

网络直播间为用户打造出的虚拟社区互动形态创造了超越时空限制的社会信息关联空间，满足了用户基于深层次互动的内在需求，填补了快节奏生活的碎片化时间。网络直播的双重互动，主要是依托直播的"弹幕文化"来实现的。弹幕作为一种互动方式，能烘托出共同在场的氛围，提高网络直播的真实感和临场感。在网络直播间，跨界主播通过摄像头直面用户，用户通过"弹幕"和直播间评论区与主播进行互动，主播通过评论和弹幕获得用户反馈及时调整直播内容。这种互动的实时性类似于"面对面"交流，因而这种人际互动相对于传统虚拟社区来说更有效果，互动的质量也得到提高。

用户相对固定：行业型跨界主播，内容生产范围相对固定，如骨科医生主播分享骨科方面的医学知识，经济学家主播分享社会经济方面的知识，厨师主播分享的一定是美食。用户选择观看直播内容时一般都具有明确目的，因此，直播间的用户与主播聚焦共同兴趣点成为忠诚用户（粉丝）。主播为用户提供贴心服务，促进情感互动，这就使得跨界主播、用户之间形成较强的黏性。

具有共同价值意识：网络直播互动中的用户是主动的参与者而非被动的旁观者和接受者，进入直播间的用户都具有平等话语权利。直播中主播处于直播间的关注焦点，占据较高的情感能量，用户在评论区随时发出评论。一场关注度较高的直播，可能会在一瞬间产生百万条评论，而主播需要时刻关注这些"评论"并及时回复。除此之外，主播还应不断抛出话题寻找共同点，增强用户的存在感和归属感。直播中实时、高效的互动，能给用户良好的体验。在直播间形成的虚拟社区中，用户之间由于频繁的双重互动会逐步形成共同的价值意识，增强了用户的社区归属感。

降低流动性： 在直播间，用户之间的互动基本上是围绕直播的内容进行的，因而其互动对象具有一定的稳定性。加之直播间特有的双向互动的特质，使得直播间用户群体的流动性没有传统虚拟社区那么频繁。互动过程中，用户存在强烈的情感能量，他们在互动时进行符号资本的交换，互动的过程加强了用户自豪感、自我满足感。主播能提高用户不断地参与互动的积极性，直播间的黏度会更高。跨界主播提供的优质、专业化内容，个性化服务，使直播间不再是传统意义上的直播间，而是由跨界主播依靠专业特长构建的虚拟场景的个人空间。在这个空间里，跨界主播与用户都找到了虚拟网络中的固定表达交流空间，并结合自身兴趣进行互相选择，进行高频互动交流，开展更加精准、自由的虚拟互动，直播间成为忠实用户的"精神家园"。不久的将来，人工智能、增强现实等技术的全面应用，将加速直播的个性化选择、深层次互动及场景化体验，跨界主播、直播间、用户三者将更加深度融合，全新的移动社交模式将给互联网用户生活带来深刻改变。

网络直播的未来是"全民直播、直播全民"。5G时代下，网络主播阵地正逐渐被新兴的后起之秀占领，未来的跨界主播、网红都来自现实生活中的普通用户，他们一举一动具有强烈的时代感。而直播的受众——用户更趋于年轻化，后"Z世代"们正在崛起，他们不喜欢一成不变的生活状态，渴望沟通交流、展现自我。每个人都有自己存在的价值，每个人亦可成为引领潮流的网红。从目前网络直播行业发展趋势来看，跨界主播职业前景依旧可观。但是，未来谁能走得更稳、走得更远，就要看谁能透过当下网络主播表面的"浮华"，看到其内在的空洞。转变当下网络主播"外强中干、空有皮囊"的负面形象，用品质树形象，用内容换口碑，才能打造一个"内外兼修"的新跨界主播形象。